Christian W. Röhl
Werner H. Heussinger

COOL BLEIBEN UND DIVIDENDEN KASSIEREN

Mit Aktien raus aus der Nullzins-Falle

FBV

Bibliografische Information der Deutschen Nationalbibliothek
Die Deutsche Nationalbibliothek verzeichnet diese Publikation in der Deutschen Nationalbibliografie; detaillierte bibliografische Daten sind im Internet über **http://d-nb.de** abrufbar.

Für Fragen und Anregungen:
info@finanzbuchverlag.de

1. Auflage 2016

ein Imprint der Münchner Verlagsgruppe GmbH,
Nymphenburger Straße 86
D-80636 München
Tel.: 089 651285-0
Fax: 089 652096

Redaktion: Judith Engst
Korrektorat: Sonja Rose
Umschlaggestaltung: Melanie Melzer, München
Umschlagabbildung: Die Hoffotografen, Berlin
Satz: inpunkt[w]o, Haiger
Druck: GGP Media GmbH, Pößneck
Printed in Germany

ISBN Print: 978-3-89879-957-7
ISBN E-Book (PDF): 978-3-86248-864-3
ISBN E-Book (EPUB, Mobi): 978-3-86248-865-0

Weitere Informationen zum Verlag finden Sie unter
www.finanzbuchverlag.de

INHALT

GELEITWORT

Marc Tüngler, Deutsche Schutzvereinigung für Wertpapierbesitz e.V.

Seit fast einem Vierteljahrhundert sind die Zinsen schon im Sinkflug. Je weiter sie gefallen sind, umso mehr waren Anleger bereit, sich auch auf riskante finanzielle Abenteuer einzulassen, um überhaupt noch auskömmliche Renditen zu erzielen. Dabei ist durchaus einiges schiefgegangen; beispielhaft sei hier nur der Markt für Mittelstandsanleihen erwähnt.

Irgendwann rückte auf der Suche nach Kapitaleinkünften auch die Aktie wieder in den Fokus. Der Grund: Die im Vergleich zu den niedrigen Zinserträgen durchaus interessante Höhe der Gewinnausschüttungen. »Dividende ist der neue Zins«, lautete schnell die Parole, die in vielen Medien zu lesen war und die Anfang 2016 immer noch mehr als 2.000 direkte Google-Treffer bringt.

Aus Sicht der Deutschen Schutzvereinigung für Wertpapierbesitz (DSW), die sich nicht nur um Anlegerschutz, sondern auch um die Aktienkultur in Deutschland bemüht, wäre eine nachhaltige Hinwendung zur Aktie natürlich begrüßenswert – zu lange hat diese Anlageklasse unter dem Malus gelitten, der aus dem misslungenen Börsengang der Deutschen Telekom und den fatalen Ereignissen am Neuen Markt resultierte. Doch die Aktionärsquote ist in Deutschland im Vergleich zu anderen westlichen Industriestaaten nach wie vor ausgesprochen niedrig. Kein Wunder, dass die meisten der großen, hierzulande börsennotierten Unternehmen mehrheitlich ausländischen Aktionären gehören.

Gleichwohl ist die Schlussfolgerung »Dividende ist der neue Zins« in der Form nicht richtig, auch wenn es nur allzu verständlich ist, dass man sich an etwas Vertrautes klammert und versucht, dieses hinüberzuretten in eine andere Zeit. Doch sind Dividenden eben nicht dasselbe wie Zinsen, die man fest einplanen kann, solange der Schuldner nicht in die Insolvenz geht. Gewinnausschüttungen sind vielmehr das Ergebnis einer unternehmerischen Beteiligung. Damit ist ein spezielles Chance-Risiko-Profil verbunden, das man kennen und abschätzen sollte, um die nächste Enttäuschung zu vermeiden.

Die DSW hatte das Thema Dividende schon auf der Agenda, als es noch kein Modethema war. Bereits seit 2004 veröffentlicht sie jährlich eine Studie zu dem Thema. Seit 2010 erscheint diese Studie – die ein zuverlässiger Wegweiser für Dividendenjäger in Deutschland ist – in Kooperation mit dem von Christian W. Röhl und Werner H. Heussinger gegründeten isf Institute for Strategic Finance an der FOM Hochschule. Umso mehr freuen wir uns natürlich, dass diese Arbeit nun in Form eines Buches ihre Fortsetzung findet.

Das große Verdienst der Autoren ist, dass sie dabei nicht einfach Kennzahlen wie Dividendenrendite oder Ausschüttungsquote »herunterbeten«, sondern das *Big Picture* zeichnen. Anhand zahlreicher Anekdoten und Beispiele aus ihrer über 25-jährigen Finanzmarkt-Erfahrung verdeutlichen sie die fundamentalen Unterschiede zwischen Aktien und Anleihen. Sie erklären, warum Dividenden – etwa im Gegensatz zu Aktienrückkäufen – ein echtes Qualitätsmerkmal darstellen.

Diese Informationen helfen nicht nur beim Einstieg in die Aktienanlage, sondern sind auch für erfahrene Anleger lesenswert. Gleichzeitig kommt der konkrete Nutzwert nicht zu kurz. Nach einer Analyse der gängigen Anlage-Konzepte wie *Dogs of the Dow*, *DivDAX* oder *Dividend Aristocrats* kann der Leser den beiden Autoren bei der sukzessiven Entwicklung individueller Dividenden-Strategien über die Schulter schauen. Hierbei profitiert er davon, dass Röhl und Heussinger vor allem Investoren sind, die ihr eigenes Vermögen anlegen und denen die Zwänge, Schwierigkeiten und Probleme, die das mit sich bringt, bestens bekannt sind. Zusammen mit den Auswahllisten in diesem Buch haben Anleger das komplette Handwerkszeug beisammen.

Gleichzeitig bringen die Autoren auch die Risiken, die gerade Anfang 2016 vielen Anlegern wieder schlagartig vor Augen geführt wurden, offen zur Sprache. Wichtiger noch als innovative Konzepte zur Risikosteuerung und Risikobegrenzung ist dabei die Perspektive: Röhl und Heussinger raten, sich vom Kursverlauf zu lösen und – dividendenstarke – Aktien eher wie vermietete Immobilien zu sehen, die einen zwar nicht sicheren, aber doch zumeist kontinuierlichen Ertrag generieren und in den meisten Fällen auf lange Sicht auch eine Wertsteigerung erfahren. Ein Ansatz, den zu verfolgen sich lohnt!

Düsseldorf, im Januar 2016
Marc Tüngler, Hauptgeschäftsführer
DSW Deutsche Schutzvereinigung für Wertpapierbesitz e.V.

Marc Tüngler, Jahrgang 1968, ist Rechtsanwalt in Düsseldorf. Für die Deutsche Schutzvereinigung für Wertpapierbesitz e.V. (DSW) ist er seit 1999 tätig. Nach einer Zwischenstation als Landesgeschäftsführer NRW wurde er 2007 zum Mitglied der DSW-Geschäftsführung ernannt und bekleidet seit 2011 die Position des Hauptgeschäftsführers. Marc Tüngler ist Mitglied der Re- gierungskommission Deutscher Corporate Governance Kodex, Geschäftsführender Vorstand des Arbeitskreises deutscher Aufsichtsrat (AdAR), Mitglied des Übernahmebeirats der Bundesanstalt für Finanzdienstleistungsaufsicht sowie Mitglied des Börsenrates der Börse Düsseldorf und des Nominierungsausschusses der Deutschen Prüfstelle für Rechnungslegung. Zudem hat er Aufsichtsratsmandate bei mehreren börsennotierten Unternehmen inne. Im Rahmen seiner DSW-Tätigkeit berät er die DSW-Mitglieder in allen Fragen rund um das Börsen-, Kapitalanlage- sowie Gesellschaftsrecht und ist darüber hinaus für die Bereiche »Sammelklagen« und »Investment Education« zuständig.

Die 1947 gegründete DSW ist mit rund 30.000 Mitgliedern Deutschlands führender Verband für private Anleger. Sowohl auf der politischen Ebene als auch gegenüber Aktiengesellschaften und Banken setzt sich die Schutzvereinigung für die Interessen der privaten Anleger ein. Mit über 70 Sprechern vertritt die DSW jährlich Stimmrechte auf mehr als 700 Hauptversammlungen in Deutschland und im europäischen Ausland.

01

Opa Wilhelm und die Silvesteranleihe

Es war der 1. Januar 1991 in einer grauen Kleinstadt am Ostrand des Ruhrgebiets. Wenige Stunden zuvor war das frisch wiedervereinigte Land zu den Klängen von Nenas »Wunder geschehen« ins neue Jahr geschunkelt und während draußen die Überbleibsel des ersten gesamtdeutschen Silvesterfeuerwerks vom Nieselregen aufgeweicht wurden, hockte irgendwo im Neubaugebiet ein Achtklässler vor dem Fernseher. Erstes Programm, Live-Übertragung aus Wien, das traditionelle Neujahrskonzert – nicht unbedingt der klassische Zeitvertreib für einen 14-Jährigen. Doch Claudio Abbado und seine Philharmoniker lieferten ja nur die Begleitmusik für jenen silbergrauen Altstar, der auf seiner nachweihnachtlichen Tournee durch die Familie endlich bei seinem größten Fan Station machte: Opa Wilhelm.

Nachdem er aus Hitlers wahnsinnigem Krieg schwerst verwundet heimgekehrt war, hatte er Jura studiert, mit seiner geliebten Frau Marlene drei Kinder großgezogen und eine veritable Karriere in der Finanzverwaltung hingelegt. Auch jetzt, als Regierungsdirektor im Ruhestand, sah man ihn selten ohne Krawatte, und auf seinem Schoß ruhte natürlich keine karierte Wärmedecke, sondern die *Frankfurter Allgemeine*. Politik, Wirtschaft, Finanzen, Sport, Feuilleton – kaum ein Artikel, den er nicht zumindest überflogen hätte und zu dem ihm nichts eingefallen wäre: Gereimtes von Heinz Erhardt hier, ein lateinischer Aphorismus dort, dazwischen ein paar Erinnerungen an die Währungsreform und das Wirtschaftswunder, dann wieder ein leidenschaftliches Lamento über diese »Sozen«, die nach dem Untergang des Kommunismus doch einfach mal ehrlich zugeben könnten, dass sie jahrzehntelang auf dem Holzweg gewesen waren.

Sein Enkel liebte diese Stunden, in denen er sein großes Vorbild ganz für sich allein hatte. Und obwohl er schon damals nicht auf den Mund gefallen war, hing er die meiste Zeit nur an Opas Lippen: Bloß nichts von dem verpassen und vergessen, was der weise alte Mann mit den fröhlichen Augen in rheinischem Singsang an Erfahrungen und Erlebnissen, Anekdoten und Sprüchen zum Besten gab. Und deshalb stutzte er auch, als Opa Wilhelm irgendwann zwischen Furioso-Polka und Radetzky-Marsch den Finanzteil beiseitelegte und dabei etwas von einer Silvesteranleihe murmelte, die er am nächsten Tag unbedingt noch *zeichnen* müsse. Silvester war doch schon vorbei, und der Großvater konnte prinzipiell alles – aber hatte er am Abend zuvor nicht auf ganzer Linie versagt, als er beim *Activity*-Spiel im Familienkreis einen Bundesadler zeichnen sollte, der dann aber eher nach einem gerupften Suppenhuhn aussah!?

Der Opa bemerkte die Fragezeichen im Gesicht seines Enkels, der dank seiner gymnasialen Bildung trefflich über die Tracheenatmung der Bienen oder die charakteristischen Merkmale von Tundra und Taiga parlieren konnte, aber keinen blassen Schimmer von Geld und Kredit hatte. Dabei war das mit der Anleihe ziemlich trivial: Statt seine Spargroschen zur Bank zu tragen, gibt man den Zaster einfach dem Staat. Natürlich nicht geschenkt, sondern gegen Zinsen. Und auch nicht bis zum Sankt Nimmerleinstag, sondern nur für eine von vornherein begrenzte Zeit. Danach wird alles auf Heller und Pfennig genau zurückgezahlt – garantiert durch die Bundesrepublik Deutschland, mithin so sicher wie das Amen in der Kirche.

Und weil der Staat mehr Geld brauchte, als die fleißigen Finanzbeamten – von denen der Opa lange Jahre einige Hundertschaften befehligt hatte – dem Bürger legal abknöpfen konnten, gab es ständig neue Anleihen. Eine davon wurde traditionell zu Silvester aufgelegt, sozusagen als Rendite-Rakete für Privatanleger, die ihre Kohle nicht komplett verballert hatten. Und was das Zeichnen anging: Das war bloß der *Terminus technicus* dafür, dass man gleich am Ausgabetag mit von der Partie war und nicht erst abwartete, bis die Anleihe an der Börse gehandelt wurde.

Coole Sache, dachte sich der Enkel. Wieder etwas gelernt, um beizeiten den Sowi-Lehrer zu ärgern – jenen jutesackbepackten Deodorantverweigerer, der mit größter Inbrunst das Elend des Kapitalismus am Beispiel südamerikanischer Bananenbauern durchdeklinieren konnte und wohl nur deshalb ein SPD-Parteibuch besaß, weil die KPD 1956 verboten worden war. Und so hätte man sich fast schon dem Sportteil zugewandt und der existenziellen Frage, mit welchem Trainer Alemannia Aachen vielleicht doch noch dem Abstieg aus der 2. Fußball-Bundesliga entrinnen könnte – wenn dem Enkel nicht noch eine Frage eingefallen wäre: Lohnte sich das überhaupt, sein Geld dem Staat anzuvertrauen?

Juristen sind ja eigentlich berüchtigt für knappe und prägnante Formulierungen, bei Opa Wilhelm hingegen lag die Würze bisweilen eher in der epischen Breite als in der knackigen Kürze. Er machte es richtig spannend, referierte über Wirtschaftszyklen, erinnerte sich wehmütig an die zweistelligen Zinssätze in den 1970er-Jahren, verwies auf die jüngsten Kommentare des Bundesbankpräsidenten in der F.A.Z. – um dann fast schon beiläufig zu erwähnen, dass die diesjährige Silvesteranleihe mit einem Kupon von neun Prozent p.a. durchaus akzeptabel ausgestattet sei, wobei man aber bedenken müsse ...

Bedenken? Hallo? Wenn diese Szene ein Comic gewesen wäre, hätte der Enkel jetzt eine leuchtende Glühbirne über dem Kopf und Dollarzeichen in den Augen gehabt. Neun Prozent! Halleluja! Auch wenn's im Sowi-Unterricht nur für Bananenbauern reichte, wusste der Junge diese Zahl durchaus einzuordnen – wiederum dank der Großeltern, die ihm zur Kommunion sechs Jahre zuvor ein Postsparbuch geschenkt hatten. Damit war er vor nicht allzu langer Zeit stolz wie Oskar in die Postfiliale getigert, um die Zinsen eintragen zu lassen und daher wusste er ziemlich genau, was die Bank fürs Geld zahlte: Lumpige 2,75 Prozent.

Doch wahrscheinlich verhielt sich das mit diesen Anleihen ähnlich wie mit dem Prämiensparen der örtlichen Sparkasse – eine Art Lotterie, bei der man zwar kein Geld verlieren konnte, jedoch eine gehörige Portion Glück brauchte, um mehr als den gemeinen Sparbuchzins einzuheimsen. Aber nein, beschwichtigte der Opa sogleich: Bundesanleihen seien zutiefst demokratisch, alle Bürger könnten mitmachen, schon ab 100 Mark, und die neun Prozent würden für jeden gelten, der gleich zeichne. Man müsse halt die volle Laufzeit abwarten, bei der Silvesteranleihe immerhin zehn Jahre. Klar, mit einem Verkauf über die Börse käme man auch schon früher wieder ans Geld, eventuell aber nur mit Abstrichen. Und zehn Jahre, das sei schon eine lange Zeit, zu lange für die meisten Menschen und eigentlich auch zu lange für ihn mit seinen fast 69 Jahren. Andererseits wollte er ja mindestens so lange leben, bis die Alemannia wieder in der 1. Bundesliga kickte und außerdem seien gerade ein paar andere Anleihen fällig geworden und das gute Geld sollte ja nicht auf dem Konto verwesen. Kurzum, er würde morgen gleich die Bank anrufen und »e bissje wat« von der Silvesteranleihe ordern.

Als er »e bissje wat« dann noch in D-Mark übersetzte, dämmerte dem Enkel, dass der Mercedes, mit dem seine Großeltern durch die Lande reisten, wohl nicht nur mit Opas Beamtenpension bezahlt war. Der Junge war elektrisiert: Erst kurz vor den Ferien hatten sie in der Schule den Lohn eines Bananenbauern mit dem deutschen Durchschnittseinkommen verglichen und wenn er das, was Opa Wilhelm morgen in die Silvesteranleihe stecken würde, mit neun Prozent multiplizierte, kam ungefähr dasselbe heraus, was ein hiesiger Facharbeiter im Monat verdiente. Nur musste der eben jeden Tag früh aufstehen, mindestens acht Stunden schuften, vielleicht sogar seine Gesundheit aufs Spiel setzen – während der Opa ein bisschen in der F.A.Z. blätterte, kurz die Bank anrief und sein Geld für sich arbeiten ließ. Und das, dank staatlicher Garantie, auch noch ohne Risiko!

Komisch nur, warum ausgerechnet Opa Wilhelm dennoch bei jeder Gelegenheit gegen diesen Staat wetterte, der nicht mit Geld umgehen könne und nach kaufmännischen Maßstäben ohnehin schon zu Zeiten der sozialliberalen Koalition pleite gewesen sei. Aber diese Frage stellte der Junge genauso wenig wie er einen Gedanken daran verschwendete, wofür der Finanzminister die drei Milliarden Mark, die ihm durch die Silvesteranleihe zufließen sollten, wohl ausgeben würde – und woher in zehn Jahren die Mittel für die Tilgung kommen sollten. Schuldenfalle? Ja, schon mal gehört, schlimme Sache, da unten in der Dritten Welt, bei den Bananenbauern. Doch *hic et nunc*, wie der Opa zu sagen pflegte, zählte nur eines: Neun Prozent.

Es war dann noch ein langer Abend, der damit endete, dass am nächsten Tag ein aufgeregter Enkel, eine leicht genervte Mutter und ein routinierter Opa zur Sparkasse marschierten und erklärten, dass etwas von dem Geld, das die Eltern zur Geburt ihres Sohnes auf ein Sparkonto gepackt hatten, nun in die Silvesteranleihe des Bundes investiert werden sollte – wobei die Wertpapiere nach der Zeichnung natürlich spesen- und lastenfrei in ein kostenloses Depot bei der Bundesschuldenverwaltung zu übertragen seien. Und während der Achtklässler sich fühlte wie ein Großkapitalist, wurde der Bankbeamte so grau wie sein Anzug: Er ahnte wohl, dass dies nur der erste von vielen lästigen Zeichnungsaufträgen war, die er in den nächsten Jahren würde bearbeiten müssen.

02

Die große Gier nach dem kleinen Bisschen

Zehn Jahre später waren Opa und Enkel noch immer ein Herz und eine Seele, auch wenn der promovierte Jurist nie ganz verstehen wollte, warum der Knabe sein Studium geschmissen hatte und vorzeitig dem Ruf des Geldes gefolgt war. Schon kurz nach dem Abitur heuerte er bei einem Finanzvertrieb an und während des zweiten BWL-Semesters ergriff er dann die Chance, bei der Gründung eines neuen Börsenmagazins mitzumachen – das er bald wieder im Stich ließ, als der legendäre Bruno Kling, damals die unumstrittene Nummer eins unter den Frankfurter Börsenmaklern, ihm einen Job am Parkett angeboten hatte.

Aktienhandel, Börsengänge, Business Class nach New York, Interviews in der *Telebörse* des Nachrichtensenders *n-tv*: Es waren wilde Zeiten, ein bisschen wie bei Bud Fox, dem von Charlie Sheen verkörperten Jungbanker in Oliver Stones Hollywood-Klassiker *Wall Street*. Atemloses Geld, schnell verdient und noch schneller wieder verloren – abgesehen von der Silvesteranleihe. Die blieb all die Jahre brav im Depot und immer wenn der Neujahrskater verflogen war und die Zinsen gutgeschrieben wurden, erinnerte der Junge sich lächelnd, wie alles angefangen hatte mit ihm und dem Geld.

Und dann, Anfang 2001, war Schluss. Laufzeitende, Fälligkeit, Tilgung – die zehn Jahre waren um und, wie es sich für einen ordentlichen Schuldner gehört, zahlte Vater Staat das seinerzeit investierte Geld pünktlich und bis auf die zweite Nachkommastelle genau zurück. Gleichzeitig endete damit eine Ära, denn erstmals seit Jahrzehnten legte der Bund keine neue Silvesteranleihe mehr auf. Wahrscheinlich hatte Finanzminister Eichel, von Spöttern ob der leeren Kassen bisweilen auch »der blanke Hans« genannt, schlichtweg Angst, dass die einstigen Rendite-Kracher wie Blei in den Regalen liegen bleiben würden.

Denn eingangs des Jahrtausends waren Zinsen ähnlich uncool wie Stützstrümpfe oder deutsche Schlager. Wer auf der Höhe der Zeit sein wollte, kaufte Aktien. Zunächst die von einem glatzköpfigen TV-Kommissar angepriesenen »Volksaktien« der Deutschen Telekom, später dann die Hoffnungsträger vom Neuen Markt: Junge Technologiefirmen, Internet-Buden und Medienklitschen, die noch nie schwarze Zahlen geschrieben hatten, häufig nicht einmal nennenswerte Umsätze vorweisen konnten – dafür aber kühne Visionen, mit denen man seinerzeit nicht frei nach Helmut Schmidt zum Arzt, sondern eben an die Börse ging.

Neun Prozent gab's damals nicht *per annum*, sondern pro Woche – wenn man sich dämlich anstellte. Oft reichten schon ein paar Stunden für zweistellige Gewinne. Endlich konnte jeder reich werden, vom Professor bis zur Putzfrau, ohne Arbeit und sogar ohne lästiges Wissen. Beispiel Biodata: Elektrisiert davon, dass die einst vom 16-jährigen Tan Siekmann gegründete Firma ja wohl gleich die beiden heißesten Megatrends des neuen Jahrtausends – nämlich Biotechnologie und Datenverarbeitung – ins Visier nahm, entwickelte sich um die am 21. Februar 2000 zu 45,00 Euro platzierten Aktien ein solcher Hype, dass der erste Börsenkurs einen Tag später bei sage und schreibe 240,00 Euro festgestellt wurde. Ein Plus von 433 Prozent, wodurch der 100-Mann-Laden, der im Jahr zuvor gerade 8,2 Mio. Euro umgesetzt hatte, mit vier Milliarden Euro bewertet wurde. Aber das war egal, genauso wie der Umstand, dass es sich bei Biodata bloß um einen schnöden Netzwerkausrüster handelte, der mit Biotechnologie ähnlich wenig am Hut hatte wie die Lufthansa oder andere Dinosaurier der mitleidig belächelten *Old Economy*.

Dabei war der Gipfel des Irrsinns schon vorher erreicht worden. Am 1. April 1998, als überall im Land die Angst vor einer schwammartigen Gehirnerweichung bei Rindern grassierte, medizinisch *Bovine Spongiforme Enzephalopathie* genannt, hatte das Düsseldorfer Maklerhaus Schnigge in seinem Handelssystem die BSE-Aktie freigeschaltet. Und obwohl keinerlei Bilanzen oder Prognosen verfügbar waren, ja nicht einmal Angaben zur Geschäftstätigkeit, stieg der Kurs binnen weniger Stunden von 150,00 auf 200,00 DM. Erst am Nachmittag, als der Ansturm zeichnungswilliger Anleger allmählich die Telefonleitungen zusammenbrechen ließ, wurde der Aprilscherz aufgedeckt und die fiktive Notierung eingestellt.

Ein Blick in die Geschichtsbücher lehrt: Solche Exzesse nehmen früher oder später ein böses Ende. Und wie die Tulpenzwiebel-Hausse im 16. Jahrhundert, die Südsee-Spekulation um 1720 oder die japanische Immobilienblase Ende der 1990er-Jahre entlud sich auch der Aktienboom der Jahrtausendwende in einem fatalen Crash. Reihenweise kollabierten die Firmen, Hunderttausende Anleger verloren einen in Summe dicken zweistelligen Milliardenbetrag und, viel schlimmer, das Vertrauen in die Börse. Zugegeben, wer am beerdigten Neuen Markt Blendern wie den Haffa-Brüdern auf den Leim gegangen war und dabei Haus und Hof verzockt hatte, war zuallererst Opfer der eigenen Gier geworden und durfte nicht unbedingt Mitleid erwarten: »Der Herr hat's gegeben, der Herr hat's genommen«, treffender als der 2011 verstorbene Filmmogul Leo Kirch, der damals mit ein paar halsbrecherischen Geschäften sein über mehr als vier Jahrzehnte aufgebautes Imperium ruinierte, kann man es kaum auf den Punkt bringen.

Anders verhält es sich indes mit den braven Bürgern, die den blumigen Sprüchen von einer rosaroten Zukunft erlegen waren und anlässlich des Telekom-Börsengangs ihre Sparbücher geplündert hatten, um zumeist das erste Mal im Leben Aktien zu kaufen – schließlich hatten neben Manfred Krug und dem smarten Vorstandschef Ron Sommer sogar die christsozialen Minister Waigel (Finanzen) und Bötsch (Post) für die *T-Aktie* getrommelt. Doch die vermeintlich solide, weil von Vater Staat orchestrierte Geldanlage entpuppte sich schon bald als Luftnummer. Nachdem die dritte und mit Abstand größte Telekom-Tranche im Juni 2000 zu 66,50 Euro platziert worden war, lag der Jahresschlusskurs nur noch bei 31,76 Euro. Und selbst das war gemessen an dem, was noch kommen sollte, ein Fabelwert. Bis auf 7,69 Euro ging's runter und sogar heute, mehr als 15 Jahre nach der Telemedien-Blase, müsste der Wert sich schon vervierfachen, damit die Erstzeichner bloß ihren Einsatz wiedersehen würden.

Kein Wunder, dass die Deutschen von Aktien die Nase gestrichen voll hatten. Plötzlich lautete die Devise wieder *safety first* – bloß nicht noch mehr Geld verlieren. Doch dummerweise waren die guten alten Bundesanleihen zwar nach wie vor sicher, aber lange nicht mehr so lukrativ wie früher. Wo zum Jahreswechsel 1990/91 noch neun Prozent gestanden hatten, gab's nun bloß noch die Hälfte: »Klar, dass ein so guter Schuldner wie die Bundesrepublik Deutschland nur wenig Zinsen zahlen muss. Derzeit sind es magere 5,2 Prozent für eine Anleihe mit zehnjähriger Laufzeit«, klagte das Wochenblatt *Euro am Sonntag*.

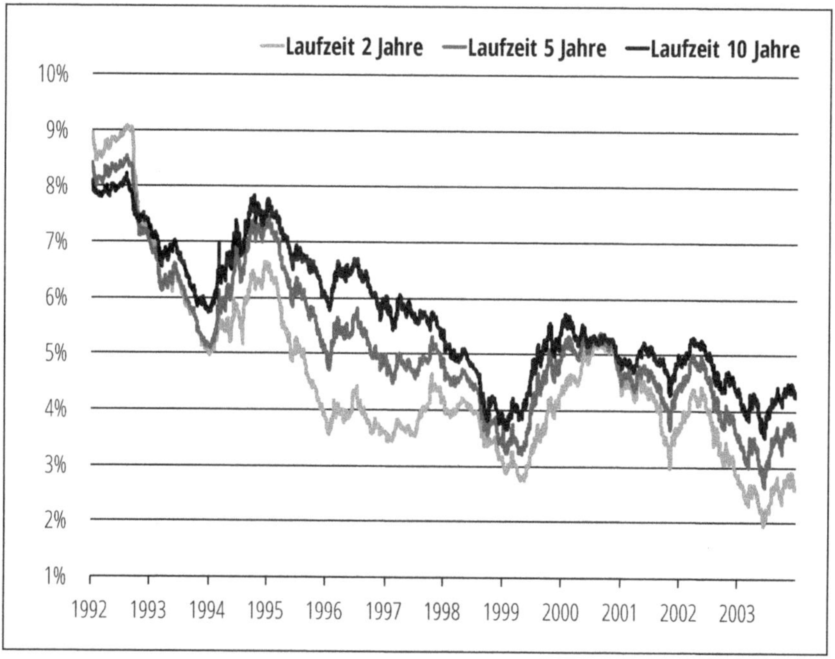

Deutsche Bundesanleihen: Renditeentwicklung 1992 - 2004

Dabei hätten die Zinsen eigentlich steigen müssen, nachdem die Deutsche Einheit noch weitaus teurer geworden war, als von Helmut Kohl versprochen und von Oskar Lafontaine befürchtet. Aber weil die blühenden Landschaften im Osten nicht so recht gedeihen wollten, war gleichzeitig die große Inflation ausgeblieben. Das hatte die Bundesbank in die Lage versetzt, ihre Leitzinsen sukzessive herabsetzen zu können, ohne die Preisstabilität zu gefährden. Der Politik kam das natürlich zupass, denn auf diese Weise durfte man für dieselbe jährliche Zinslast doppelt so viel Geld aufnehmen wie zehn Jahre zuvor – womit sich reichlich Wohltaten finanzieren ließen. Hinzu kam die Euro-Einführung: Niedrige Zinsen signalisieren geringe Risiken, und so konnte niemand ernsthaft behaupten, der neue Währungsclub sei schon vom Start weg so eine Art paneuropäische Bananenrepublik.

Was die ehemaligen Hochzinsländer rund ums Mittelmeer genauso frohlocken ließ wie die fleißigen Häuslebauer zwischen Rhein und Oder, sorgte bei Sparern und Anlegern natürlich für Katzenjammer – vor allem weil die fünf Prozent, die zur Jahrtausendwende noch als mager gegolten hatten, im Rückspiegel schon bald wie ein Festmahl aussahen. Um der Weltwirtschaft nach den Anschlägen vom 11. September 2001 und nach der Implosion der *New Economy* wieder auf die Beine zu helfen, wurden unter Führung des sagenumwobenen US-Notenbankchefs Alan Greenspan rund um den Globus die Zinsschrauben gelockert. Anfang 2003 war der Referenzsatz für Euro-Tagesgeld bereits auf zwei Prozent abgesackt und selbst langlaufende Bundesanleihen warfen kaum mehr ab als vier Prozent. Abzüglich Steuern und Inflation blieb da kaum noch etwas übrig, was den üblichen Sozialneid auf das arbeitsfreie Einkommen aus Kapitalvermögen gerechtfertigt hätte.

Und nun zeigte sich: Wenn die Wirtschaftspresse kritisiert, die Deutschen seien in Finanzdingen passiv, verstockt und Neuem gegenüber wenig aufgeschlossen, grenzt das fast schon an üble Nachrede. Denn solange ein halbwegs akzeptabler Zinskupon draufsteht und das Ganze so hübsch verpackt ist, dass kein Risiko mehr durchschimmert, lässt sich die Nation der Dichter und Denker auf die abenteuerlichsten, komplexesten und unsinnigsten Finanzprodukte ein.

Zum Beispiel auf offene Immobilienfonds, die im Kern ja durchaus gut gemeint sein mögen. Weil Otto Normalsparer sich vielleicht eine Wohnung oder maximal ein Mehrfamilienhaus leisten kann, bei Bürotürmen, Shoppingcentern oder Gewerbeparks jedoch meistens passen muss, zahlt jeder in einen Topf ein, für den man dann ein professionelles Management engagiert, das sich nicht nur um die Auswahl und den Kauf geeigneter Objekte kümmert, sondern auch um das, was neudeutsch *Facility Management* heißt – die ganze lästige Hausverwaltung, vom tropfenden

Wasserhahn bis zum säumigen Mieter. Das kostet zwar Geld, ist aber bequem und unterm Strich reicht es trotzdem für jährliche Ausschüttungen von vier bis fünf Prozent, die überdies auch noch teilweise steuerfrei sind.

Damit hätte man den deutschen Michel, dessen Steuerspartrieb ja bekanntlich ausgeprägter ist als sein Sexualtrieb, eigentlich schon an der Angel – wenn Immobilien bloß nicht so illiquide wären. Ans Tagesgeld kommt man, *nomen est omen*, täglich heran; Spareinlagen lassen sich innerhalb bestimmter Fristen (oder gegen entsprechende Vorfälligkeitszinsen notfalls sofort) kündigen; Bundesanleihen und Aktien werden an der Börse gehandelt. Um jedoch Grund und Boden wieder zu Geld zu machen, braucht man gute Nerven und vor allem Zeit. Zwischen der Entscheidung für einen Verkauf eines Hauses und dem Glücksgefühl, wenn der Erlös endlich auf dem Konto eingegangen ist, liegen selten weniger als sechs Monate – und mehr Unwägbarkeiten, als man dem durchschnittlichen Sparer zumuten kann. Deshalb hatte die Finanzindustrie schon 1969 einen besonderen Service ersonnen, die permanente *Rücknahmeverpflichtung*: Wer raus wollte, konnte seine Anteile jederzeit an die Fondsgesellschaft zurückgeben, und zwar zu einem Preis, der aus einer regelmäßigen Bewertung des Immobilienbestands durch renommierte Gutachter resultierte.

Die Sicherheit von Immobilien, so flüssig wie Tagesgeld und vor allem netto weitaus renditestärker als Bundesanleihen – Anlegerträume waren wahr geworden. Wobei die Traumfabriken sich dafür fürstlich entlohnen ließen: Fünf bis sechs Prozent *Ausgabeaufschlag* wurden den Betongold-Sparern zumeist abgeknöpft, so dass man sich die erste Jahresrendite aus eigener Tasche zahlte. Trotzdem konnten sich die Fondsmanager vor Mittelzuflüssen kaum retten.

Die Rücknahmeverpflichtung war – wie bei jedem ordentlichen Schneeballsystem – kein Problem, da stets genügend frisches Geld hereinkam, um die paar Anleger abzufinden, die aussteigen wollten. Das änderte sich jedoch abrupt, nachdem 2008 im Zuge der Finanzkrise vor allem institutionelle Investoren Mittel abziehen mussten, um anderweitig entstandene Löcher zu stopfen. Eine Zeitlang konnten die Anteilsrücknahmen aus der gesetzlich vorgeschriebenen Liquiditätsreserve bestritten werden, dann beschaffte man sich durch Kredite ein bisschen Spielraum, aber als dann auch noch die Privatanleger begannen, ihre Einlagen zurückzufordern, ging bald nichts mehr: Gleich mehrere Fonds mussten die Anteilsrücknahme für bis zu zwölf Monate aussetzen.

Nun rächte sich der Konstruktionsfehler der offenen Immobilienfonds, nämlich dass eine *per definitionem* unbewegliche Anlageklasse mit dem Versprechen täglicher Verfügbarkeit ummantelt wurde. So etwas kann vielleicht gutgehen, solange nicht zu viel Geld im Spiel ist; ab einer gewissen kritischen Größe jedoch ist der Kollaps nur noch eine Frage der Zeit und dann wird's teuer. Dies umso mehr, weil die Schieflage der Fonds spätestens durch die temporäre Schließung öffentlich bekannt war. Das schwächte die Verhandlungsposition der Manager weiter, die nun unter erheblichem Zeitdruck Objekte verkaufen mussten, um frisches Geld in die Kasse zu bekommen. Nicht nur, dass manche Perle notgedrungen regelrecht verramscht wurde: Weil die Wirtschaftsprüfer auf höheren Risikoprämien bestanden, blieb den Fondsgesellschaften nichts anderes übrig als die Wertansätze für alle Bestände nach unten zu revidieren.

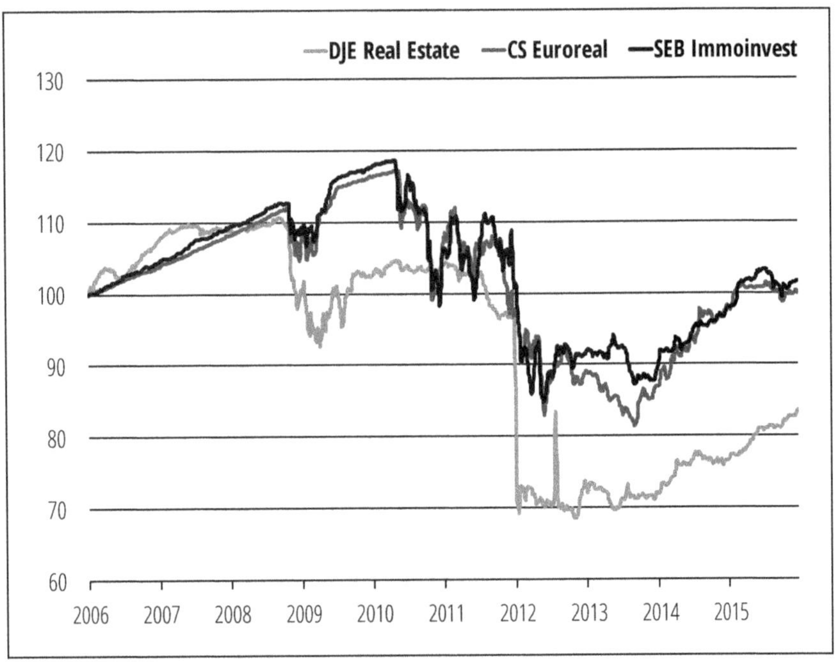

Immobilienfonds in Abwicklung: Börsenpreise inkl. Ausschüttungen 2006 - 2015

Traurige Berühmtheit erlangte in diesem Zusammenhang der Degi Global Business. Der auf internationale Gewerbeimmobilien fokussierte Fonds wurde Anfang 2010 um saftige 21,6 Prozent abgewertet, während die Wettbewerber im Schnitt nur ein Zehntel Bewertungsluft ablassen mussten. Hartgesottenen Börsenzockern würde das noch nicht den Schlaf rauben, aber wo absolute Sicherheit suggeriert und verkauft wurde, sind zweistellige Verluste bereits ein Debakel. Und der Alptraum ist ja noch nicht vorbei: Zahlreiche Fonds – darunter so prominente Namen wie SEB Immoinvest, CS Euroreal oder DJE Real Estate – konnten ihren regulären Geschäftsbetrieb nicht mehr aufnehmen und werden nun liquidiert. Immer wenn wieder ein paar Objekte verkauft wurden, erhalten die Anteilseigner eine Ausschüttung; endgültig abgewickelt sein werden die einstigen Anlegerlieblinge indes wohl erst im Jahr 2017.

Allerdings waren offene Immobilienfonds beileibe nicht die einzige Dummdödelei, auf die renditehungrige Sicherheitsfanatiker sich in den vergangenen zehn Jahren eingelassen haben. Etwa genauso viel Geld ist in Garantiezertifikate geflossen, die im Bankbetrieb eine Zeitlang als das gefeiert wurden, was im Technologiesektor *Killerapplikation* heißt: Einerseits konnte man die Kunden plötzlich wieder mit satten Zinskupons locken; andererseits wurde das häufig chronisch margenschwache Geschäft mit nervigen Kleinsparern auf einmal zum Ertragsturbo. Denn Termingelder und Sparbriefe lohnen sich aus Bankensicht ja erst, wenn die dergestalt eingeworbenen Einlagen mit mehr oder weniger saftigen Zinsaufschlägen als Dispo-, Betriebsmittel- oder Hypothekenkredit ausgereicht werden – was mit Aufwand und Risiko verbunden ist. Bei Garantiezertifikaten hingegen musste bloß der Zeichnungsauftrag unterschrieben sein und schon hatte die Bank ihre Schäfchen im Trockenen.

»Fünf-acht-acht« hieß es damals in nicht wenigen Privatkundenabteilungen: Fünf Jahre Laufzeit, jedes Jahr acht Prozent Zinsen und acht Prozent Provision für den Verkäufer ... ähm, Berater. Und das garniert mit unbedingter Sicherheit, denn Omi macht zwar alles mit, aber nur solange sie das wohlige Gefühl genießt, dass nichts verloren gehen kann.

In Zeiten, in denen fünfjährige Bundesanleihen drei bis vier Prozent brachten und auch solide Bankschuldverschreibungen kaum mehr abwarfen, waren solche Konditionen naturgemäß nicht mit seriösen Mitteln darstellbar. Da brauchte es schon reichlich moderne Alchemie – genau das, was Warren Buffett, der wohl erfolgreichste Investor unserer Zeit, mal als »finanzielle Massenvernichtungswaffen« geißelte: Derivate. Ein bisschen mathematisches Abrakadabra und schon wird aus ganz wenig etwas, das nach richtig viel aussieht.

Man spricht dann halt nicht mehr von Zinsen, sondern von *Kupon-Chance*, denn genau genommen sind ja nur die acht Prozent für die Bank garantiert, während die acht Prozent für den Kunden an einem Korb aus 20 internationalen Qualitätsaktien hängen. Nein, keine Angst, diese vermaledeite Telekom ist natürlich nicht dabei, nur solide Titel wie General Motors (»Fahren Sie nicht selbst einen Opel?«), Nokia (»70 Prozent Weltmarktanteil bei Handys«) oder RWE (»Was die verdienen, sehen Sie ja an Ihrer Stromrechnung«). Und außerdem kauft man ja sowieso keine Aktien und die Kurse müssen auch nicht steigen: Die acht Prozent sind schon im Sack, wenn während der zwölf jährlichen Stichtage kein Titel mehr als 25 Prozent im Minus ist.

Sofern Omi noch immer nicht überzeugt war, wurde einfach noch mal die Garantie-Karte ausgespielt. Auch wenn die Welt zusammenfällt, also mal rein bildlich gesprochen, in fünf Jahren gäbe es ja auf jeden Fall den *Emissionspreis* von 100,00 Euro zurück. Selbst im *worst case* wäre also nichts verloren und gerechnet auf die 10.000 Euro aus dem gerade fällig gewordenen Sparbrief reichen die acht Prozent doch jedes Jahr für ein paar schöne Tage auf Mallorca! Spätestens an diesem Punkt war der Omi – die sonst den Hackenporsche durch die halbe Stadt schleift, nur weil die Milch beim Aldi fünf Cent billiger ist als bei Lidl – völlig einerlei, dass das Zertifikat nicht zu 100,00 Euro abgerechnet wurde, sondern inklusive Ausgabeaufschlag 103,00 oder gar 104,00 Euro kostete. Und dieses Geld war natürlich schon weg, genauso wie die *Innenmarge*. Denn von den 104,00 Euro wurden nicht einmal 100,00 Euro in die Derivate-Struktur des Zertifikats gesteckt, sondern lediglich 96,00 Euro.

Der Rest ging wiederum an die Bank – was ja durchaus zu verschmerzen und sogar zu rechtfertigen gewesen wäre, wenn Omi wirklich die acht Prozent bekommen hätte. Doch die Zinsversprechen der meisten

Garantie-Zertifikate mit Aktienkorb-Bindung hatten ungefähr denselben Wert wie Opa Wilhelms augenzwinkernde Offerte, seinem Enkel zum Achtzehnten einen Mercedes zu schenken, falls auf dem Zeugnis wenigstens für ein Halbjahr eine Eins in Sport stünde: Weil der reichlich ungelenke Junge nicht einmal beim Seilspringen im heimischen Wohnzimmer nur annähernd so viele Durchgänge schaffte wie der oberschenkelamputierte Großvater, war das Risiko, dass er irgendwann zu seinem Wort stehen musste, gleich null.

So verhält es sich auch mit den vermeintlich zinsbringenden Aktien. 20 Titel und zwölf Stichtage, das heißt in planem Deutsch, dass der Zauber-Zins an sage und schreibe 240 Bedingungen hängt. Und wenn nur eine einzige Aktie an einem einzigen Stichtag 25,01 Prozent statt 24,99 Prozent im Minus liegen sollte, gibt's keine acht Prozent, sondern eine Nullrunde – Balkonien statt Ballermann. Genau das ist auch der Normalfall, denn selbst wenn die Börsen insgesamt stabil bleiben oder sogar kräftig steigen, ist in einem Korb mit 20 Aktien eigentlich immer eine enthalten, die sich früher oder später als Lusche entpuppt und einem die ganze Tour vermasselt. General Motors, 2007 noch der weltgrößte Automobilproduzent, war 2009 bankrott; Nokia hat den *Smartphone*-Trend lange verschlafen und notiert mehr als 90 Prozent unter den alten Höchstständen; und RWE ist zwar halbwegs unbeschadet durch die Finanzkrise gekommen, doch seit die Bundesregierung 2011 infolge der Fukushima-Katastrophe den vorzeitigen Atomausstieg verkündet hat, ist der Kurs der einstigen »Qualitätsaktie« um drei Viertel abgeschmiert.

Solche Flops sind weder absehbar noch vermeidbar. In einem klassischen Portfolio wären sie indes durch Überflieger wie Apple oder Bayer kompensiert worden und unter dem Strich hätte man wohl trotzdem gutes Geld verdient. Aber wenn Zinskupons dergestalt an Aktienkörbe gekoppelt werden, dass kein Titel allzu sehr abrutschen darf, können die viel beschworenen *Risikopuffer* noch so groß sein – am Ende hebeln solche Strukturen bloß das Einzelaktienrisiko. Mit seriöser Geldanlage hat das nichts zu tun: Unter dem Deckmäntelchen der Garantie werden scheue Sparer in eine Finanzwette gelockt, die sie kaum überblicken, geschweige denn gewinnen können.

Ähnlich wie Alemannia Aachen in diesem Jahrtausend zweimal den großen FC Bayern bezwingen konnte, haben natürlich auch einige Kupon-Zertifikate ihre Fabel-Zinsen gezahlt. Eine teure Angelegenheit für die Buchmacher ... *sorry,* wir meinen natürlich: für die Banken, die für dieses Risiko geradestehen mussten. Zumeist jedoch lief es wie in jedem ordinären Wettbüro; die Kunden gingen leer aus oder wurden mit einem lächerlichen Minimum abgespeist. Immerhin nichts verloren, trösteten die Berater, und ließen damit nicht nur den Ausgabeaufschlag nonchalant unter den Tisch fallen, sondern auch den entgangenen Gewinn: Wer Anfang 2004 beispielsweise 10.000 Euro in eine fünfjährige Bundesanleihe gesteckt hat, durfte sich jedes Jahr über 350 Euro Zinsen freuen, in Summe also über 1.750 Euro – während bei einem mit drei Prozent *Agio* verkauften Kupon-Zertifikat, das dem statistischen Erwartungswert entsprechend niemals ausgeschüttet hat, unter dem Strich 300 Euro Miese stehen.

Für einige zehntausend Anleger endete das Zertifikate-Abenteuer indes mit dem Totalverlust ihres eingesetzten Kapitals. Denn als viele einheimische Häuser angesichts des absurden Wettrennens um die höchsten Vertriebsmargen kalte Füße bekamen, schlug die Stunde der angloamerikanischen *Investmentbanken.* Und so bekam Omi in der Sparkasse um die Ecke dann plötzlich ein ganz dolles Zertifikat aus dem Hause Lehman Brothers angedreht – einem der renommiertesten Finanzhäuser der Welt, 1850 von deutschen Einwanderern gegründet. Was die schon für Krisen überlebt haben, absolut seriös!

Tragisch nur, dass die US-Regierung ausgerechnet an der über eineinhalb Jahrhunderte alten Traditionsbank ein Exempel statuierte. Anders als zuvor den Broker Bear Stearns oder später den Versicherungsriesen AIG ließ man die Lehman-Brüder einfach pleitegehen – und weil Zertifikate als Schuldverschreibungen nun einmal nicht von der Einlagensicherung gedeckt sind, war das, was Omi über Jahre oder Jahrzehnte angespart hatte, am 15. September 2008 auf einen Schlag futsch. Insgesamt haben deutsche Kleinanleger mit Lehman-Papieren rund 750 Mio. Euro verloren. Während die juristische Aufarbeitung allmählich abgeschlossen ist, leiden Zertifikate noch immer unter einem gewissen »Bäh-bäh«-Faktor. Schade eigentlich, denn neben dem wohl unvermeidlichen Schrott hält dieses Segment gerade jetzt wieder einige durchaus brauchbare Anlage-Ideen bereit.

Obendrein sollte nicht der Eindruck entstehen, dass die Reinfälle, die Zins- und Renditejäger in den vergangenen Jahren erlitten haben, stets das sinistre Werk provisionsgeiler Bankstricher gewesen seien. So muss sich der eine oder andere Geschädigte als mündiger Bürger schon die Frage gefallen lassen, ob Eigentum nicht auch dazu verpflichtet, Geldanlagen zumindest ebenso gewissenhaft anzugehen wie den Wechsel des Handy-Tarifs oder den Kauf eines neuen Autos. Wer 25.000 Euro für einen Gebrauchtwagen ausgeben will, wühlt sich durch Testberichte, studiert Pannenstatistiken, vergleicht Preise, macht mindestens eine Probefahrt und nimmt am liebsten auch noch Onkel Erwin mit, der zwar keine Ahnung hat, aber so böse gucken kann, dass der Händler schon von sich aus ein paar Hundert Euro nachlässt. Und wenn's um Geld geht? Da wird einfach mal gemacht, was der Berater sagt. Hört sich doch gut an, der hat Ahnung, wird schon klappen und wenn nicht, gibt's genügend Rechtsverdreher, die mit allerlei juristischen Taschenspielertricks dafür sorgen, dass man für den eigenen Leichtsinn irgendwen haftbar machen kann.

Dabei braucht es nicht zwingend einen Berater, um in Gelddingen mal so richtig auf die Nase zu fallen. Das kriegt man auch alleine hin. Dafür sorgt schon das Schnäppchenjäger-Gen, die Kleine-Leute-Variante der zweiten Todsünde: Gier. Da geht's dann gar nicht um den irren Traum vom schnellen Reichtum, mit dem dubiose Zockerbuden nach Opfern suchen (»10.000 Euro im Monat nebenher mit cleveren Optionsstrategien«) – sondern schlichtweg darum, dass das sauer erarbeitete Geld doch bloß ein bisschen mehr abwerfen soll, als man gemeinhin angeboten kriegt.

Und so feierte irgendwann Mitte des vergangenen Jahrzehnts ein neuer Volkssport fröhliche Urständ: *Tagesgeld-Hopping* war zeitweise fast so populär wie Fußball und auch vom Anspruch her auf demselben Niveau wie der Kulturwandel, den Jürgen Klinsmann der Nationalelf vor der Weltmeisterschaft 2006 verordnet hatte. Das Konto bei der Volksbank, von der man zur Einschulung ein *Jeans-Sparbuch* mit zehn Mark drauf und dann an jedem Weltspartag ein orangenes Plastikschweinchen bekommen hatte? Bloß weg mit diesem Relikt aus dem 20. Jahrhundert und schnell zur ING-DiBa! Die zahlte nämlich einen Viertel Prozentpunkt mehr, das machte bei 30.000 Euro jeden Monat sagenhafte 6,25 Euro vor Steuern. Was, die VW-Bank legte nochmal 0,15 Prozentpunkte drauf? Super, das neue Konto war ja nur drei Klicks und eine Post-Ident-Prozedur entfernt. Die Volksbank belohnte Kunden, die wieder zurückkommen, daraufhin mit vier Prozent aufs Tagesgeld – wollten die uns denn verhohnepipeln? Hier, die Anzeige im *Focus*, da gab es jetzt eine Bank, bei der man sogar 5,65 Prozent p.a. kriegen sollte. »Kaupthing Edge? Nie gehört? Die wollen wohl den deutschen Markt aufrollen? Ach, aus Island, also Europa – na, dann mal ab auf die Insel mit den Mäusen!«

So lief das damals im Sommer 2008, als die Kaupthing Bank in ganzseitigen Anzeigen mit sagenhaften Zinsen um das Geld deutscher Sparer buhlte. Dabei steckte hinter der schicken Kampagne die pure Verzweiflung. Denn nachdem die über Jahre künstlich aufgeblähte Wirtschaft und der überhitzte Immobilienmarkt des von gerade einmal 300.000 Menschen und 500.000 Schafen bevölkerten Atlantik-Eilands in die Krise gerutscht waren, musste das größte isländische Finanzhaus immense Abschreibungen auf sein Wertpapier- und Kreditportfolio vornehmen. Um diese Löcher zu stopfen, brauchte man in Reykjavik dringend frisches Geld – zu nahezu jedem Preis, denn es ging ums nackte Überleben.

Obwohl diese Fakten kein Geheimnis waren, ging ein Kaupthing-Konto ausgerechnet bei den angeblich notorisch ängstlichen Deutschen als durchaus akzeptabler Vermögens-Parkplatz durch. Geblendet von einem Zinssatz, der bei 30.000 Euro und einem halben Jahr Anlagedauer einen Vorsprung von nicht einmal zwei Tankfüllungen versprach, und beschwichtigt durch Verbraucherschützer, die außer einem Hinweis auf die mit 20.887 Euro für Normalbürger ja wohl ausreichende Einlagensicherung nichts zu sagen hatten, deponierten mehr als 50.000 hiesige Sparer rund 500 Mio. Euro bei dem Insel-Institut mit dem feschen schwarzen Logo.

Und die erlebten am 9. Oktober 2008 ein böses Erwachen. Auf der Website *www.kaupthingedge.de*, auf der sonst in fetten Lettern die Zinsstaffel geprangt hatte, fand sich nur noch ein dürres Statement: Die Bank war von den Behörden dichtgemacht worden. Kein Kunde kam mehr an sein Geld und wer Rückstellungen für Steuerzahlungen, Handwerkerrechnungen oder das neue Auto bei Kaupthing geparkt hatte, musste auf das Entgegenkommen seiner Gläubiger hoffen und viele schlaflose Nächte überstehen. Denn nachdem die isländische Regierung kundgetan hatte, dass die Erfüllung der Einlagensicherung geradewegs in die Staatspleite führen würde, waren die Spargroschen nicht mehr nur blockiert. Das Geld war weg und nicht einmal *Mutti* konnte noch helfen: Die – übrigens niemals durch das Parlament bestätigte und deshalb *de jure* unwirksame – Garantiezusage, mit der Bundeskanzlerin Angela Merkel am Nachmittag des 5. Oktober 2008 einen *Bank Run* in Deutschland verhindert hatte (»Wir sagen den Sparerinnen und Sparern, dass ihre Einlagen sicher sind. Auch dafür steht die Bundesregierung ein.«), galt ausdrücklich nicht für Guthaben im Ausland.

Erst Monate später nahm die Tragödie doch noch eine Wendung zum Guten. Nicht zuletzt dem Verhandlungsgeschick von Peer Steinbrück und seinen Beamten im Bundesfinanzministerium ist zu verdanken, dass bis Juli 2009 die meisten Kaupthing-Sparer ihre Einlagen erstattet bekamen – nach abenteuerlichen Irrungen und Wirrungen, die ein eigenes Buch füllen würden. Einige Streitfälle sind indes noch immer offen und darüber, wie viele Sparer die Gier nach dem kleinen bisschen Mehr mit ihrer Existenz bezahlt haben, gibt es keine verlässlichen Informationen. Insgesamt war der Schaden aber offensichtlich nicht groß genug, um daraus klug zu werden: Sieben Jahre nach Kaupthing sind auf Zinsvergleichsportalen, die von der Presse als Avantgarde der Finanzindustrie gefeiert werden, schon wieder bulgarische oder kroatische Banken auf Kundenfang. Ein Schelm, wer Schlechtes dabei denkt!

03

Traumschiff nach Griechenland

Kurz nach der Finanzkrise wäre das undenkbar gewesen. Geld nach Bulgarien überweisen? Von wegen – man wusste ja nicht einmal, wem man daheim noch trauen konnte! Die Pleite von Lehman Brothers, die Abgründe bei der Hypo Real Estate, der Beinahe-Zusammenbruch der Commerzbank, die schwarzen Löcher bei den Landesbanken: Irgendwie war überall der Wurm drin und auf einmal stand das ganze System dermaßen auf der Kippe, dass auch die radikalsten Neoliberalen zu glühenden Etatisten geworden waren. Derselbe Staat, von dem Banker, Unternehmer und schlaue Professoren (nicht nur aus Heidelberg) immer wieder gefordert hatten, er solle sich aus der Wirtschaft gefälligst raushalten, durfte nun in Windeseile die Verwerfungen reparieren, die das allzu freie Spiel der Marktkräfte angerichtet hatte.

Vor allem für die Bankenrettung mussten Milliarden mobilisiert werden, die der Regierung aber quasi frei Haus geliefert wurden. Außer Vater Staat konnte schließlich niemand mehr glaubhaft für das stehen, was Investoren noch mehr begehren als hohe Zinsen: Sicherheit, Stabilität, Verlässlichkeit – weshalb fünfjährige Bundesanleihen Anfang 2009 auch mit einem Kupon von weniger als drei Prozent noch reißenden Absatz fanden. Doch mussten es wirklich unbedingt deutsche *Bunds* oder US-amerikanische *Treasuries* sein? Auch anderswo hatte die Politik entschlossen gehandelt und das Schlimmste verhindert, trotzdem waren die Renditen deutlich höher.

Da war sie wieder, die große Gier nach dem kleinen Schnaps mehr – gerne auch ein Ouzo. Und in der Tat sahen griechische Staatsanleihen kurz nach der Finanzkrise fast so köstlich aus wie der Grillteller *Olympus* mit doppelt Tzaziki: Fünf Prozent für fünfjährige Papiere, fast sechs Prozent bei Titeln mit einer Laufzeit von zehn Jahren. Natürlich war Griechenland nicht Deutschland, weder in puncto Wirtschaftskraft noch bei der Haushaltsdisziplin. Doch immerhin hatte die Heimat der abendländischen Philosophie es 2001 in den elitären Kreis der Euro-Mitglieder geschafft. Also ganz im Ernst, was sollte da schon großartig passieren?

Erste Risse bekam die hübsche weiße Fassade bereits im Oktober 2009, als die Regierung ihre Prognose für das Haushaltsdefizit mal eben von 3,7 auf 12,7 Prozent korrigierte. Und zwar nicht wegen der Belastungen durch die maroden Banken, sondern wegen »methodischer Mängel« bei statistischen Erhebungen. Im Klartext: Die Griechen hatten bereits im Vorfeld der Euro-Einführung so dreist herumgetrickst, dass ihre Fiskaldaten ungefähr genauso den Tatsachen entsprachen wie die antiken Anekdoten über hölzerne Pferde, wächserne Flügel und verwundete Fersen.

Und so nahm das seinen Lauf, was entnervte Politiker und Notenbanker bisweilen griechische Tragödie nennen. Nicht ganz zutreffend, denn deren Protagonist lädt zwar ebenfalls große Schuld auf sich, laut Aristoteles jedoch ohne eigenes Zutun. Ohnehin erinnert das seit über einem halben Jahrzehnt in wechselnder Besetzung aufgeführte Drama um die Rettung Athens – dieser ewige Kreislauf aus immer neuen Finanzlöchern, Krisentreffen, Schuldzuweisungen, Spardiktaten und Hilfspaketen – mehr an absurdes Theater. Und wie Wladimir und Estragon in Samuel Becketts *Warten auf Godot* haben auch die Gläubiger Griechenlands vergebens auf Erlösung gehofft. »Lassen Sie es mich ganz deutlich sagen, es geht nicht um Umschuldung, das ist kein Thema und davon redet auch niemand, der in der Regierung ein Amt hat«, versicherte Wolfgang Schäuble im April 2010, und im Mai 2011 stellte auch Christine Lagarde nochmals klar, dass Athen seinen Verpflichtungen gegenüber dem Kapitalmarkt nachkommen würde: »Eine Umschuldung griechischer Verbindlichkeiten ist absolut ausgeschlossen.«

Nicht einmal zwölf Monate später war klar: Weder dem *Grandseigneur* der Bundesregierung noch der Präsidentin des Internationalen Währungsfonds (IWF) kann man über den Weg trauen. Im Februar 2012 handelte Griechenland mit der *Troika* aus EU-Kommission, Europäischer Zentralbank und IWF einen Schuldenschnitt aus. Während die Banken ihre Tzaziki-Bonds kapitalschonend bei den steuerfinanzierten Euro-Rettungsschirmen abladen durften, stand der gemeine Zinsjäger mal wieder im Regen. Wer im Vertrauen darauf, dass die Eurozone den Zahlungsausfall eines Mitgliedslands unbedingt verhindern würde, in griechische Staatsanleihen investiert hatte, verlor im Zuge des *Haircuts* zwischen 50 und 70 Prozent seines Investments.

Und es sollte noch schlimmer kommen, denn wie in der freien Wirtschaft bloß den Nennwert der notleidend gewordenen Schuldverschreibungen herabzusetzen, das wäre ja zu simpel gewesen. Stattdessen knobelten die Bürokraten in Brüssel und Straßburg ein Verfahren aus, wonach die Altbestände automatisch in 23 – in Worten: dreiundzwanzig – neue Anleihen mit Laufzeiten bis 2042 umgetauscht wurden. Um dem griechischen Schrecken zumindest im eigenen Depot ein Ende zu bereiten, musste man also nicht nur 23 Verkaufsorders aufgeben, sondern auch 23-mal Börsen- und Bank-Gebühren abdrücken – je nach Institut zwischen fünf und dreißig Euro je Auftrag und manchmal reichte das, was schließlich übrig blieb, nicht mal mehr für eine Flasche Ouzo.

Staaten sind also doch nicht so stark und sicher, wie man inmitten der Finanzkrise glauben wollte. Natürlich, die öffentliche Hand hat das Steuerprivileg und wenn die Regierung will, kann sie ihre Bürger sogar weitgehend enteignen, um ihre Schulden zu bedienen. Aber warum solchen Ärger riskieren, nur wegen ein paar gierigen Gläubigern, die häufig auch noch im Ausland sitzen!? Eine kalkulierte Staatspleite ist doch viel entspannter – die Schulden sind weg, während das Gemeinwesen weiterexistiert: Zumindest in der jüngeren Geschichte gab es keinen Staat, der in Friedenszeiten etwa mit seinem Territorium für seine Verbindlichkeiten haften musste. Wäre Griechenland hingegen ein Unternehmen, müssten Kreta, Rhodos und Korfu schon seit 2010 deutsch sein und die Akropolis würde sich auf einer Wanderausstellung durch die Hauptstädte der Eurozone befinden.

Wenn man diesen Gedanken weiterspinnt, erscheinen sogar US-Staatsanleihen plötzlich nicht mehr 100-prozentig sicher. Was wäre denn passiert, wenn der Kongress sich im Sommer 2011 nicht im letzten Moment auf eine Anhebung des Schuldenlimits geeinigt hätte? Neben inländischen Pensionsfonds, die man schon irgendwie schadlos gehalten hätte, wären vor allem Japan und China die Gelackmeierten gewesen: Beide Länder haben den Großteil ihrer Handelsüberschüsse in *Treasuries* angelegt und zumindest am rechten Rand des politischen Spektrums – also dort, wo Donald Trump, Sarah Palin und die anderen Ikonen der *Tea-Party*-Bewegung angesiedelt sind – würde es für eine kalte Enteignung der verhassten Gläubiger aus Fernost wohl frenetischen Beifall geben.

Und wenn Washington wirklich nicht mehr zahlen will – was könnten Peking und Tokio schon ausrichten? Kriegsschiffe über den Pazifik schicken und Kalifornien in die Steinzeit bomben? Eine Handelssperre verhängen und lieber auf Halde produzieren, anstatt Autos, Elektronik und den ganzen Plastiktand an die Amis zu verkaufen? Wir wagen ungern Prognosen, aber im Fall eines amerikanischen Zahlungsausfalls gäbe es sicher dramatische Verwerfungen an den Weltfinanzmärkten, wahrscheinlich eine globale Rezession, vielleicht sogar Bürgerkriege in einigen Schwellenländern. Doch fünf Jahre später würde man in Shanghai noch immer oder schon wieder Coca Cola trinken und mit dem Toyota Prius durch Los Angeles cruisen – zumindest diejenigen, die nicht nur Staatsanleihen im Depot hatten.

»Schulden ohne Sühne« hat der WELT-Journalist Holger Zschäpitz seine 2010 für den deutschen Wirtschaftsbuchpreis nominierte Streitschrift genannt und damit den Nagel auf den Kopf getroffen: Je größer das politische und wirtschaftliche Gewicht eines Staates, umso dauerhafter und schamloser kann er auf Pump leben. Eine beunruhigende Erkenntnis, die Anleger schon vor einigen Jahren bewogen hat, ihr Geld nicht Ländern, sondern Firmen anzuvertrauen. Denn während für bankrotte Staaten das Credo des hessisch-serbischen Kult-Trainers Dragoslav Stepanovic gilt (»Lebbe geht weida«), kommt bei Pleitefirmen früher oder später der Sensenmann – nachdem professionelle Leichenfledderer im Auftrag der

Gläubiger auch noch die letzten Knochen zu Geld gemacht haben, sind die schlingernden Firmen schlichtweg verschwunden.

Da schnell die gesamte Existenz auf dem Spiel stehen kann, gibt es zumindest ein bisschen Grund zu der Hoffnung, dass Manager und Eigentümer halbwegs ordentlicher Unternehmen mit geliehenem Geld vielleicht nicht ganz so sorglos umgehen wie die Griechen oder andere Staaten, die noch nicht als Pleitiers enttarnt sind. Gleichzeitig haben Firmenanleihen in der Vergangenheit zumeist deutlich höhere Zinsen abgeworfen als Schuldtitel der öffentlichen Hand. Anfang 2009 beispielsweise, als die Finanzkrise auch die Realwirtschaft infiziert hatte und die schwerste Rezession seit den 1930er-Jahren absehbar war, brachten fünfjährige *Corporate Bonds* der zweitbesten Güteklasse (Bonitätsnote AA) über 4,5 Prozent p.a., während gleichlang laufende Bundesanleihen mit weniger als drei Prozent p.a. daherkamen.

Häufig war sogar noch weitaus mehr drin. Beispiel Daimler: Aus Angst davor, dass die Kapitalmärkte komplett austrocknen und auch die gebeutelten Banken keine Finanzierungen mehr bereitstellen würden, nahmen die Stuttgarter über eine im Dezember 2008 platzierte Anleihe für drei Jahre rund eine Milliarde Euro auf – zu neun Prozent p.a. Und selbstverständlich zahlte der Erfinder des Automobils nicht ohne Grund dreimal so viel wie Vater Staat. Der konjunkturelle Schockfrost hatte das Unternehmen mit voller Wucht erwischt und kaum jemand wagte zu prophezeien, wann die Welt wieder schwäbische Nobelhobel ordern und ob das Geld in der Kasse bis dahin reichen würde.

Andererseits hatte die Firma mit dem Stern, 1926 auf Druck der Deutschen Bank aus dem Zusammenschluss der Benz & Co. Gasmotorenfabrik und der Daimler Motoren-Gesellschaft entstanden, in ihrer gut 75-jährigen Historie schon einen Weltkrieg, zwei Ölkrisen und – die Euro-Einführung eingerechnet – drei Währungsreformen überlebt. Überdies war es weder dem asketischen Bürgermeistersohn Edzard Reuter mit seiner Vision vom *integrierten Technologiekonzern* noch dem eher prolligen Zigarrenfreak Jürgen E. Schrempp mit seinem Traum von der *Welt-AG* gelungen, das Unternehmen zugrunde zu richten. Und außerdem: Neun Prozent! Wäre Opa Wilhelm nicht schon 2006, wenige Monate nach dem Erstliga-Aufstieg von Alemannia Aachen, vom großen Steuereintreiber heimgerufen worden, er hätte sicher »e bissje wat« von der Anleihe gezeichnet.

Auch andere große Namen der deutschen Industrie mussten tief in die Tasche greifen. Eine siebenjährige Thyssen-Krupp-Anleihe *rentierte* im Frühjahr 2009 mit 9,25 Prozent p.a., der Handelskonzern Metro musste für vier Jahre immerhin sieben Prozent p.a. bieten und die Schuldtitel des kaum konjunktursensitiven Dialyse-Spezialisten Fresenius Medical Care waren zeitweise sogar für knapp zweistellige Renditen gut. Hinzu kam: Während Unternehmensanleihen zuvor meist in Tranchen von 50.000 Euro begeben worden und damit nur für Profi-Anleger erschwinglich waren, kamen in der Krise plötzlich auffällig viele Papiere in handlicher 1.000 Euro-Stückelung an den Markt. Nachdem das Kartell der Großbanken, Versicherer und sonstigen institutionellen Investoren – allen Pleiten zum Trotz noch immer arrogant genug, sich *Smart Money* zu nennen – vorwiegend mit sich selbst beschäftigt war, nahm die Industrie also nun gezielt die Spargroschen der Privatleute ins Visier.

Und die griffen begeistert zu. Vor allem in den Private-Banking-Abteilungen, wo die gehobene Kundschaft betreut wird und Berater, die weder Doktor- noch Adelstitel vorweisen können, zumindest ein hübsch gefaltetes Einstecktuch brauchen, grassierte ein Neuemissionsfieber wie einst am Neuen Markt. »Drei, zwei, eins... meins!«, lautete die bei Ebay abgekupferte Devise: Man zeichne eine Anleihe, warte zwei Wochen, verkaufe mit drei Prozent Gewinn und knöpfe dem Kunden dabei ein Prozent Spesen ab – was natürlich nur funktionierte, wenn man gute Drähte zu den Emissionsbanken hatte und die neuen Anleihen zum Ausgabepreis organisieren konnte. Sofern das aber bloß fünf- bis zehnmal im Jahr gelang, konnten selbst mediokre Geldverweser mehr verdienen als seinerzeit mit Kupon-Zertifikaten. Und das Beste war: Alle waren glücklich! Die Unternehmen bekamen Geld, die Kunden machten Gewinne und gewitzte Banken sahnten auf beiden Seiten ab.

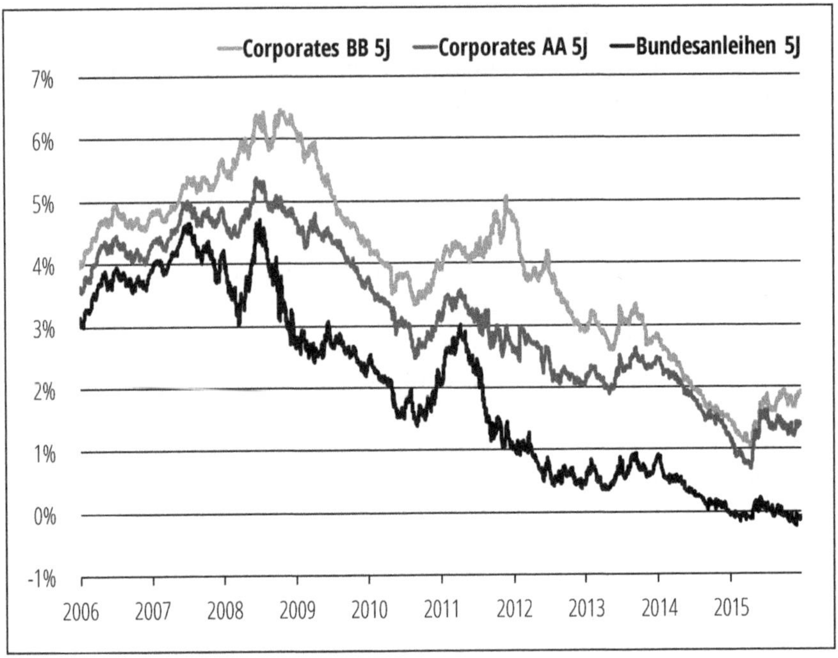

Corporate Bonds vs. Bundesanleihen: Renditeentwicklung 2006 - 2015

Da war es fast schon schade, dass die Geldnot von Daimler & Co. nicht ewig anhielt. Nachdem es nicht einmal dem omnipräsenten Professor Griesgram mit der charakteristischen Schifferfräse im Gesicht gelungen war, das volkswirtschaftliche Dauer-Armageddon herbei zu sinnieren, mussten die Top-Konzerne auch keine Fabel-Zinsen mehr zahlen. Bereits Mitte 2010 war der Renditeabstand zwischen europäischen Unternehmensanleihen der Güteklasse AA und Bundesanleihen auf einen Prozentpunkt geschrumpft. Selbst Papiere der Kategorie BB, die so gerade noch als halbwegs sicher oder neudeutsch *Investment Grade* durchgehen, rissen mit Kupons um vier Prozent niemanden mehr vom Hocker. Doch nicht verzagen, Schwaben fragen: Im Ländle hat's ja seit jeher pfiffige Tüftler und die erfanden 2010 einen Zins-Generator namens *BondM*, ein Handelssegment für Anleihen mittelständischer Unternehmen – das

Rückgrat der deutschen Wirtschaft, grundsolide, profitabel, innovativ, nur finanziell traditionell etwas schwach auf der Brust und deshalb immer am Tropf der Banken.

In der Tat traf die Idee der Börse Stuttgart, kapitalsuchende Firmen über einen öffentlich-rechtlich regulierten Marktplatz mit zinshungrigen Anlegern zusammenzubringen, den Nerv der Zeit. Schon in den ersten Monaten wurde ein Volumen von fast 900 Mio. Euro mobilisiert und dieser Erfolg lockte natürlich Nachahmer an: andere Börsen, die eigene Mittelstandssegmente starteten. Dutzende Unternehmen, die sich meist um die 20 bis 50 Mio. Euro besorgen wollten; und natürlich immer mehr Anleger, die gierig jede neue Anleihe wegzeichneten, bei der mindestens eine Sieben vor dem Komma stand und die eine klingende Geschichte erzählen konnte – als Entschädigung dafür, dass es doch nicht so viele klassische Mittelständler gab, die sich von Privatleuten finanzieren lassen wollten oder mussten.

Denn statt Technologieführern in Familienhand und *Hidden Champions* aus der Provinz waren es bald vor allem junge Solar- und Windkraft-Firmen, die auf BondM & Co. um die Gunst der schwäbischen Hausfrau buhlten. Etwa der Photovoltaik-Spezialist Solarwatt, der seinen Siebenprozenter gleich mal *Sonnenanleihe* taufte und auf diese Weise neben hohen Zinsen auch noch ein gutes Gewissen versprach: Man ließ das Geld nicht irgendwie arbeiten, sondern stellte es in den Dienst der guten Sache – als Anschubfinanzierung für umweltfreundlichen Strom, saubere Energie, nachhaltiges Wirtschaften, ja letztendlich für eine bessere Welt.

Dumm nur, dass schon acht Monate nach der Emission die Dämmerung einsetzte. Im Sommer 2011 wurde es um Solarwatt zunehmend schattiger, bis zum Jahresende hatte der Kurs der Anleihe sich halbiert und im Juni 2012 folgte dann die totale Sonnenfinsternis – sprich Insolvenz. Am Ende bekamen die Sonnensparer je 100,00 Euro Einlage nur noch 16,00 Euro ausbezahlt, während die Holding des BMW-Erben Stefan Quandt sich die Reste des operativen Geschäfts einverleibte.

Aber so läuft's halt in der Marktwirtschaft. Unternehmerisches Scheitern gehört genauso dazu wie unternehmerischer Erfolg. Und solange eine Pleite nicht das Ergebnis eines von langer Hand geplanten Betrugs ist, sollten Anleger die Schuld nicht nur unfähigen Managern, kleinkarierten Bankern oder blinden Wirtschaftsprüfern in die Schuhe schieben. Jeder, der mit Anleihen von Solarwatt, S.A.G. Solarstrom oder 3W Power auf die Nase gefallen ist, darf zumindest sich selbst gegenüber ehrlich sein: Die Gier nach hohen Zinsen hat ihm das Hirn vernebelt. Sonst hätte er doch gemerkt, dass in einem jungen Zukunftsmarkt, wo sich die wirklich validen Geschäftsmodelle erst noch herauskristallisieren müssen, selbst zehn Prozent p.a. keine angemessene Prämie für das Risiko sind. Für Investments in regenerative Energien oder andere Megatrends wie Internet oder Biotechnologie ist die primär auf Sicherheit zielende Anleihe schlichtweg das falsche Vehikel – weil man zwar das volle unternehmerische Risiko trägt, sich aber anders als ein Investor wie Stefan Quandt mit einem von vornherein begrenzten (Zins-)Ertrag zufrieden geben muss.

Gleichwohl gab es auch kurz nach Fukushima genügend Investoren, denen der Solar- und Wind-Boom nicht geheuer war und die schon aus Prinzip nur bekannte Marken ins Visier nahmen – etwa den Brühwürfel-Hersteller Zamek, das Modelabel Strenesse oder das Kreuzfahrtschiff MS Deutschland: Alles Traditionsbetriebe, die über Mittelstandsanleihen ihre »Finanzierungsbasis verbreitern« und sich »unabhängiger vom Bankensystem aufstellen« wollten. So zumindest lautete die offizielle Sprachregelung. Wer jedoch einfach mal die Bilanzen zur Hand nahm, ein bisschen nachrechnete und vielleicht die künftige Zinslast mit den operativen *Cashflows* der Jahre zuvor verglich, dem schwante Böses: Irgendwie schien die Initiative für den Schritt an den Kapitalmarkt von den Hausbanken auszugehen, die auf Ablösung ihrer Kredite drängten, bevor das Geld vollends den Bach hinunter ging.

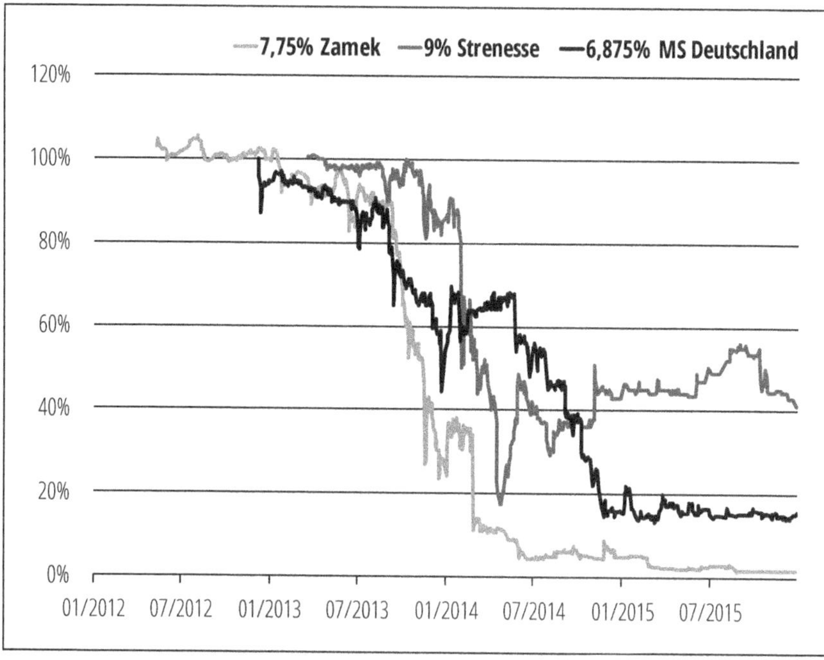

Ausgewählte Mittelstandsanleihen:
Kursverlauf in Prozent des Nominalwerts 2012 - 2015

Entsprechend schnell wurden manche Mittelstandsanleihen notleidend. Zamek etwa offerierte im Mai 2012 eine mit 7,75 Prozent p.a. verzinste Schuldverschreibung, holte sich auf diese Weise 45 Mio. Euro und schon zwei Jahre später war die Suppe komplett verdampft – Insolvenzquote ein Prozent. Strenesse half nicht einmal der blaue Babykaschmirpulli, den der Bundesjogi 2010 bei der Weltmeisterschaft in Südafrika getragen hatte: Weil die Familie Strehle mehr mit Zwist statt mit Zwirn beschäftigt war, marschierte die Geschäftsleitung 13 Monate nach der immerhin 12 Mio. Euro schweren Anleiheemission zum Insolvenzgericht.

Am dollsten trieb es freilich die MS Deutschland GmbH: Die Betreibergesellschaft des *Traumschiffs* aus der gleichnamigen ZDF-Schmonzette hatte es auf die besonders sicherheitsorientierten Sparer abgesehen und rüstete ihre 6,875-prozentige Schuldverschreibung sogar mit Schwimmweste und Rettungsboot aus. Zusätzlich zur vom Eigentümer bereitgestellten Liquiditätsgarantie für die ersten zwei Kupon-Zahlungen gab's eine erstrangige Hypothek auf den weißen-roten Dampfer, die mit 60 Mio. Euro sogar über dem Volumen der Anleihe lag.

Abgesoffen ist das Papier trotzdem, denn statt die Kohle der Anleger ins Schiff zu stecken und dem über die Jahre reichlich ranzig gewordenen Kahn beispielsweise mal Balkonkabinen zu spendieren, wurde viel Geld für Beraterverträge, Strategiepapiere und Eigentümerwechsel verblasen – bis Anfang 2015, nur gut zwei Jahre nach dem Stapellauf der Anleihe, nicht einmal mehr genügend Geld in der Kasse war, um den fälligen Werftaufenthalt zu bezahlen. Damit ging die Betriebserlaubnis flöten und während das Alptraumschiff vor Gibraltar dümpelte, durfte der Insolvenzverwalter den Gläubigern erklären, dass die Hypothek wohl von Anfang an in die Abteilung Seemannsgarn gehört hätte: Im Mai 2015 taxierte ein unabhängiges Gutachten den Wert der zwischenzeitlich auf die Bahamas umgeflaggten *Deutschland* auf 13,7 Mio. Euro.

04

Abschied von der Sicherheit

Mittelstandsbonds, Staatsanleihen aus der Euro-Peripherie, Festgeld im Ausland, Kupon-Zertifikate, offene Immobilienfonds: Nur ein paar Beispiele dafür, worauf Deutschlands Sparer sich im Laufe der Jahre eingelassen haben, um ihr Geld in Sicherheit zu wissen und obendrein ein bisschen mehr zu kassieren, als die Bank oder Vater Staat an Zinsen bieten. Und selbst das ist nur die Spitze des Eisbergs, denn die ganz großen Sauereien passieren fernab der Banken- und Börsenwelt – auf dem grauen Kapitalmarkt, wo Glücksritter, Gaukler und Gauner weitgehend unbehelligt von behördlicher Regulierung ihr Unwesen treiben dürfen und die Obrigkeit sich erst einschaltet, wenn schon alles zu spät ist. So wie im Fall von Christoph Schäfer und Jonas Köller, die unter dem wohlklingenden Namen »Deutsche S&K Sachwert« jahrelang zweistellige Millionenbeträge von Kleinanlegern einsammeln konnten. Damit sollten angeblich Mehrfamilienhäuser aus Zwangsversteigerungen erworben und saniert werden, um sie später mit happigen Aufschlägen als Eigentumswohnungen zu veräußern. Tatsächlich haben die beiden Halunken aber zunächst mal selbstgenutzte Luxusvillen angeschafft und das, was nicht für Ferraris, Feten und flotte Feger draufgegangen war, wurde so lange zwischen diversen Scheinfirmen hin- und hergeschoben, bis das Schneeballsystem 2013 schlussendlich kollabierte.

Nur allzu verständlich also, dass die Finanzbranche in puncto Glaubwürdigkeit irgendwo zwischen Gebrauchtwagenhändlern und Kirmeswahrsagern rangiert. Man muss ja gar nicht selbst zu Schaden gekommen sein.

Es reicht schon, wenn der Nachbar Lehman-Zertifikate hatte, die Kollegin auf Schrottanleihen hereingefallen ist oder bloß die *Tagesschau* über den nächsten Milliardenskandal bei der Deutschen Bank berichtet – schon ist das Vertrauen im Eimer und der Frust regiert. Lassen Sie Ihr Vermögen für sich arbeiten? Alles Quatsch, funktioniert doch eh nicht, dieses Geldanlage-Gedöns! Also schön bescheiden bleiben, die Kröten wieder aufs Sparbuch wandern lassen, vielleicht mal eine Bundesanleihe zeichnen und ansonsten gilt, frei nach Konrad Adenauer: Keine Experimente!

Zu Anfang des Jahrtausends, ja sogar vor ein paar Jahren noch, wäre das eine durchaus probate Strategie gewesen. Doch die Welt hat sich gedreht. Geld verdient kein Geld mehr und mit der Sicherheit ist es auch nicht allzu weit her. – Wie auch, wenn man die Verantwortung für die Geldpolitik in die Hände eines Italieners legt?! Im November 2011 wurde Mario Draghi Präsident der Europäischen Zentralbank (EZB) und spätestens seit dem 26. Juli 2012 hat er sämtliche Stammtisch-Vorurteile über Südeuropäer und Geldwertstabilität zuverlässig bestätigt.

Auf dem Höhepunkt der Schuldenkrise, als milliardenschwere *Hedgefonds* – von SPD-Urgestein Franz Müntefering einst recht zutreffend als »Heuschrecken« charakterisiert – offen auf einen Zusammenbruch der europäischen Gemeinschaftswährung spekulierten, hatte Draghi in einer Rede vor Londoner Bankern keinen Zweifel daran gelassen, dass die EZB im Rahmen ihres Mandats alles Notwendige tun würde, um den Euro zu retten (»Within our mandate, the ECB is ready to do whatever it takes to preserve the Euro. And believe me, it will be enough!«). Und seitdem ist *whatever it takes* die Leitlinie der Währungshüter. Damit bloß keine Regierung und keine Bank mehr in Liquiditätsnöte gerät und die Konjunktur in der Eurozone endlich wieder Fahrt aufnimmt, werden die Märkte mit billigem Geld geflutet.

Früher hätte man dazu bloß die Leitzinsen senken müssen. Nur dummerweise waren die ja schon seit der Rezession 2008/09 im Keller. Aber ein bisschen was geht natürlich immer. Und so wurde der Satz, mit dem die EZB-Guthaben der Banken verzinst werden, zuerst auf Null reduziert und dann ab 2014 sogar mit einem Minuszeichen versehen. Kreditinstitute, die ihre Überschussliquidität als so genannte *Einlagenfazilität* bei der

Zentralbank parken, müssen eine Art Strafzins zahlen. Eine klassische Abschreckungsmaßnahme: Die Finanzhäuser sollen nicht auf dem Geld sitzen, sondern es gefälligst als Darlehen an investitionswillige Unternehmen und konsumfreudige Privatleute weiterreichen.

Wirklich funktioniert hat die Sache mit dem negativen Zins indes nicht. Ein paar Institute – darunter die Deutsche Skatbank, hinter der übrigens keine Zockerbude, sondern die biedere VR-Bank Altenburger Land steckt – nutzten die 15 Minuten Ruhm, die laut Andy Warhol jeder irgendwann bekommt. Sie kündigten medienwirksam an, auf größere Kundenguthaben nun ebenfalls Strafzinsen zu erheben. Ansonsten aber tat sich herzlich wenig, nur dass die Banken ihr Geld halt nicht mehr bei der EZB deponierten, sondern lieber in Staatsanleihen investierten.

Und so blieb Mario Draghi Anfang 2015 kaum etwas anderes übrig, als das Gleiche zu tun wie sein Pendant auf der anderen Seite des Atlantiks vier Jahre zuvor – den sprichwörtlichen Hubschrauber aus dem Hangar holen und das Geld gleich bündelweise über dem Land abwerfen. Genau darin hatte Ben Bernanke, von 2006 bis 2014 Chef der US-Notenbank *Federal Reserve Board* (Fed), schon als junger Stanford-Wissenschaftler die ultimative Waffe im Kampf gegen eine konjunkturelle Dauerflaute gesehen, und ab 2009 konnte *Helicopter-Ben* dann auch zeigen, wie das in der Praxis funktioniert: Einfach Geld drucken und mit den frischen Scheinchen so lange Staatsanleihen aufkaufen, bis diese so teuer und unattraktiv geworden sind, dass Investoren ihr Kapital lieber der Wirtschaft zur Verfügung stellen.

Über die Frage, ob dieses sogenannte *Quantitative Easing* (QE) nur Zentralbank-Bilanzen aufblähen oder der Konjunktur wirklich nachhaltig auf die Beine helfen kann, tobt seit Jahren ein erbitterter Gelehrtenstreit. Auch im echten Leben steht's derzeit unentschieden: Während Japan sich trotz einer seit Jahren extrem expansiven Geldpolitik immer nur kurzzeitig erholt und dann wieder zurück ins Rezessionsloch fällt, scheint die Rechnung in den USA vorerst aufgegangen zu sein. Nach insgesamt drei QE-Runden hat die größte Volkswirtschaft der Welt wieder auf den Wachstumspfad zurückgefunden. Als der Aufschwung sogar am Arbeitsmarkt angekommen war, konnte Bernankes Nachfolgerin Janet Yellen am

16. Dezember 2015 eine klitzekleine Zinserhöhung von 0,25 auf 0,50 Prozent riskieren.

Davon ist die Eurozone noch weit entfernt, obwohl die Anleihenkäufe der EZB das Zinsgefüge schon in den ersten Monaten viel dramatischer manipuliert ... pardon, beeinflusst haben als sämtliche QE-Programme der Fed. So musste die US-Regierung für ihre dreijährigen Schuldverschreibungen selbst 2012, als die Dollar-Helikopter im Dauereinsatz waren, immer mindestens ein Viertel Prozentchen an Zinsen bieten. Die Rendite dreijähriger Bundesanleihen war hingegen das gesamte Jahr 2015 hindurch negativ und erreichte erst im Dezember mit minus 0,40 Prozent p.a. wieder einen neuen Tiefpunkt. Im Klartext: Wer 100,00 Euro investiert, bekommt 36 Monate später 98,80 Euro zurück – letztendlich zahlt man Wolfgang Schäuble also jedes Jahr 40 Cent, damit er aufs Geld aufpasst.

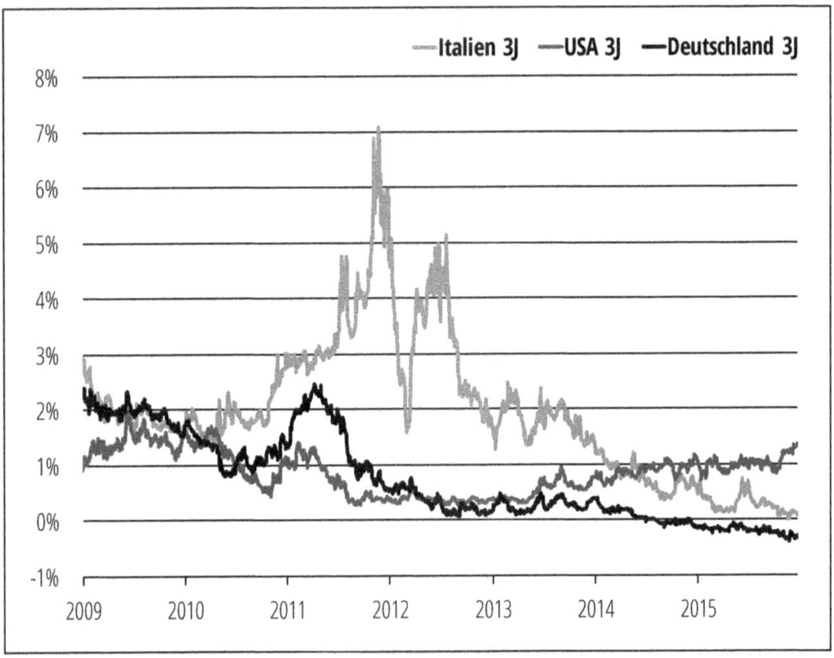

Dreijährige Staatsanleihen: Renditeentwicklung 2009 - 2015

Um vom Staat überhaupt noch Zinsen zu kriegen, muss man sich schon sehr lange binden. Doch selbst bei Bundesanleihen mit zehnjähriger Restlaufzeit, quasi den Enkeln der Silvesteranleihe, stand 2015 nur an wenigen Sommertagen mal eine Eins vor dem Komma. Sogar im sonnigen Süden ist nichts mehr zu holen, dabei konnte beispielsweise Italien seine kurzfristigen Schuldtitel noch 2011/12 häufig nur mit Kupons von über fünf Prozent p.a. losschlagen. Drei Jahre später reichten – dem Landsmann im 40. Stock des Frankfurter EZB-Towers sei Dank – im Durchschnitt weniger als 0,40 Prozent.

Ein achtel Prozent hier, drei siebtel Prozent dort, irgendwo vielleicht mal ein ganzes Hundertstel: Am Ende ist das alles nichts. Die Zinsdifferenzen zwischen den einzelnen Staaten oder Banken der Eurozone mögen in einem Milliardenportfolio durchaus ins Gewicht fallen – für Privatanleger sind das hingegen buchstäblich *Peanuts*. Entsprechend groß ist der Katzenjammer. Georg Fahrenschon, als Chef des Deutschen Sparkassen- und Giroverbands sozusagen die Stimme von 50 Millionen Sparern im Land, trifft deshalb durchaus den Nerv, wenn er die Politik der EZB als »Enteignung« geißelt und davor warnt, dass sich im Volk der Eindruck breit machen könne, sparen lohne sich nicht mehr.

Dennoch sind solche Einlassungen wenig hilfreich. Denn einerseits müssen alle neunmalklugen Draghi-Kritiker sich die Frage gefallen lassen, was denn die Alternative zu Niedrigzinsen und Geldschwemme gewesen wäre – neben Griechenland auch Spanien und Italien über die Wupper gehen lassen, die Eurozone auflösen und mit Holland, Belgien, Österreich und Finnland im Schlepptau die Wiederauferstehung der Deutschen Mark feiern? Hätte man machen können, wäre für hiesige Sparer aber wohl nicht unbedingt entspannter geworden. Und andererseits wollen wir mal schön die Kirche im Dorf lassen: Das Grundgesetz garantiert zwar die Unverletzlichkeit des Eigentums und den Schutz eines menschenwürdigen Existenzminimums. Doch ein Grundrecht auf auskömmliche, risikofreie Kapitalerträge wird daraus auch der gewiefteste Verfassungsinterpret nicht ableiten können.

Überdies sind Strafzinsen keine Erfindung von Mario Draghi, geschweige denn ein historisches Novum. Im Mittelalter etwa gab es einige Fürstentümer, die ihr Münzgeld immer mal wieder für ungültig erklärt und nur mit einem Abschlag auf den ursprünglichen Nennwert in Neuprägungen umgetauscht haben. Durch diese *Münzverrufung* gab es einen klaren Anreiz, sein Geld nicht zu horten, sondern auszugeben – womit nicht unbedingt auf den Kopf hauen gemeint sein muss. Nicht umsonst sind just zu dieser Zeit, im 13. und 14. Jahrhundert, in ganz Europa zahlreiche Kathedralen und Bauwerke entstanden, die heute als einzigartige Kulturdenkmäler gelten.

Aber keine Angst, wir wollen an dieser Stelle keine Lanze für Pierre-Joseph Proudhon oder Silvio Gesell brechen. Umlaufgesicherte Währungen haben mindestens ebenso gravierende Schwächen wie ein Geldsystem, das um die Wertaufbewahrungsfunktion des Geldes kreist. Außerdem sind wir keine Wirtschaftsphilosophen, sondern Kapitalmarkt-Praktiker. Und als solche müssen wir schlicht und einfach zugeben, dass viele Leuchtturm-Projekte unserer Zeit in einer Hochzinsphase wohl niemals realisiert worden wären.

Denken Sie bloß an Tesla Motors: Keine Ahnung, ob der grandiose Visionär Elon Musk mit seinen schnittigen Flitzern dauerhaft Gewinne einfahren kann. Als Pionier und Schrittmacher der Elektromobilität hat er der Menschheit aber auf jeden Fall schon einmal das beschert, was man Fortschritt nennt. Nur ist der Weg vom AOK-Chopper zum Tesla Model S mit 250 km/h Spitzengeschwindigkeit und 500 Kilometern Reichweite eben lang und teuer. Allein zwischen 2011 und 2014 haben internationale Investoren knapp vier Milliarden US-Dollar Risikokapital in Tesla gepumpt – was wohl kaum passiert wäre, wenn's vom *Department of the Treasury* in Washington garantierte fünf Prozent gegeben hätte.

Und die Geschichte ist ja noch lange nicht zu Ende, denn nun baut Musk in der Wüste von Nevada seine *Giga-Factory*, die den Globus in ein paar Jahren zu revolutionär günstigen Preisen mit hocheffizienten Lithium-

Ionen-Akkus versorgen soll, zunächst aber mit fünf Milliarden US-Dollar vorfinanziert werden will. In einer Welt mit risikofreiem Zins in akzeptabler Höhe wäre dieses Unternehmen deutlich schwerer zu stemmen, genauso wie die Durchbrüche in der Biotechnologie. Neue Wirkstoffe und Therapien gegen Krebs, Aids oder mutierende Viren verschlingen Unsummen, bevor sie vielleicht das Leben von Millionen Menschen retten oder wenigstens ihre Leiden lindern – und Geldgebern einen *Return* bescheren. Gemessen am Nasdaq Biotechnology Index brachten Biotech-Investments im Durchschnitt der letzten 20 Jahre knapp 14 Prozent Rendite. Das ist gewiss kein Pappenstiel, aber wieso sollten sich Anleger die mit Forschung und Zulassung verbundenen Risiken und Rückschläge antun, solange sie mit sicheren Staatsanleihen die Hälfte oder ein Drittel davon einstreichen können?

Insofern sind Null- und Negativ-Zinsen beileibe nicht der Untergang des Abendlands. Im Gegenteil, sie können Initialzündung für Aufbruch und Innovation sein. Gleichwohl nehmen wir Sparkassen-Funktionär Fahrenschon durchaus ab, dass seine EZB-Schelte mehr ist als klassisches Lobbyisten-Geplänkel. Vielmehr spiegeln seine Einlassungen durchaus aufrichtige Verzweiflung wider – schließlich basiert die private Altersversorge nun einmal auf Zins und Zinseszins. Im Schnitt bespart jeder erwerbstätige Deutsche gleich drei Lebensversicherungen, die irgendwann später die Lücke zwischen der gesetzlichen Rente und den tatsächlichen Kosten der Lebenshaltung decken sollen. Das war zwar schon immer eine Gleichung mit vielen Unbekannten. Doch während etwa die früheren Prognosen zur Lebenserwartung verblüffend nahe an der heutigen Wirklichkeit waren, hat selbst vor zehn Jahren kaum ein Lebensversicherer ernsthaft mit Nullzinsen gerechnet. Da bleibt nur zu hoffen, dass die Garantien von bis zu vier Prozent p.a., mit denen die Kunden einst gelockt wurden, seinerzeit gleich mit entsprechenden Wertpapieren unterlegt wurden. Falls nicht, könnte der 2004 als Konsequenz aus der Schieflage der Mannheimer Leben etablierte Rettungsfonds der deutschen Lebensversicherer schnell mehr zu tun kriegen, als man seiner Kapitaldecke zumuten möchte.

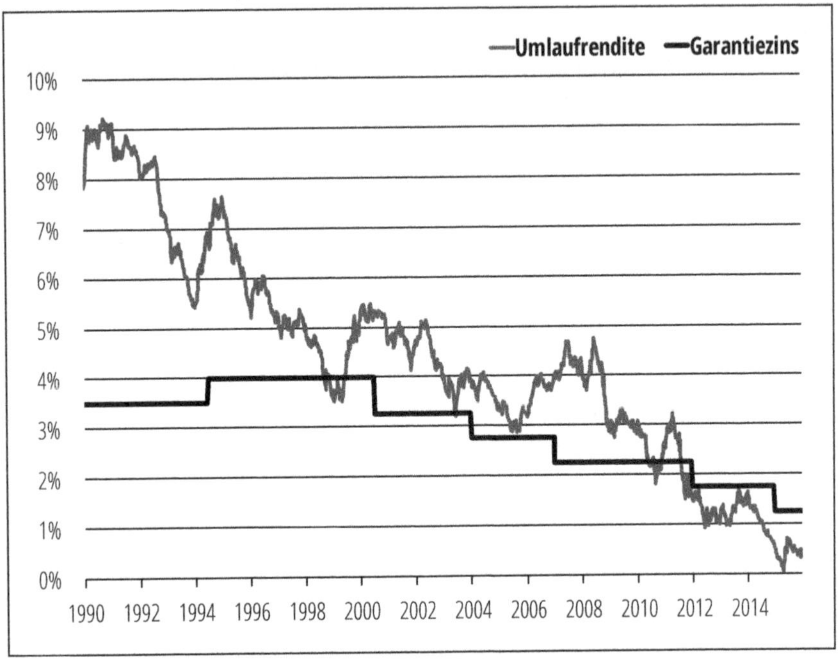

Garantiezins Lebensversicherungen vs. Umlaufrendite Bundesanleihen 1990 - 2015

Noch weniger halten lassen werden sich die bei Vertragsabschluss kalkulierten Überschussbeteiligungen, die in den offiziellen Papieren zwar stets als *unverbindliche Indikationen* ausgewiesen sind, von gierigen Policen-Geiern aber bisweilen eher als unterer Rand dessen verkauft wurden, was man realistischerweise erwarten darf. So mancher Senior, der sich darob schon im Altenstift mit Seeblick residieren sah, wird wegen der Niedrigzinsen mit dem Viererzimmer im AWO-Heim vorliebnehmen müssen. Das wirklich Perfide daran ist: Natürlich könnten die Assekuranzen das Zinsdebakel zumindest abmildern. Mit alternativen Investments, etwa im Infrastruktur- oder Energiesektor, wäre wohl immerhin noch ein Einzelzimmer drin. Doch der Spielraum dafür ist eng begrenzt. Der Gesetzgeber zwingt die Versicherer nämlich, einen Großteil ihres Deckungskapitals in Staatsanleihen zu stecken. Aus Sicht der Politik ist das natürlich eine feine Sache, denn auf diese Weise gibt es auch zu hundsmiserablen Konditionen eine stetige Nachfrage nach den Schuldtiteln der öffentlichen Hand. Aber irgendwann wird es die Quittung dafür geben

– was den Versicherten heute bei den Erträgen flöten geht, kommt später in Form von Altersarmut zurück.

Damit keine Missverständnisse aufkommen: Jetzt in Panik zu verfallen und Lebensversicherungen zu kündigen, wäre grober Unfug. Der Klassiker der privaten Altersvorsorge hat nach wie vor seine Berechtigung. Nur wenn man mit einem geeigneten Sparringspartner (der übrigens nicht zwangsläufig unabhängig, aber auf jeden Fall ehrlich und kompetent sein muss) die eigene Lebensplanung und das Kapitalmarktumfeld übereinander legt, lässt sich seriös abschätzen, was weiterhin sinnvoll erscheint und welchen Vertrag man vielleicht lieber beitragsfrei stellt, um das Geld zielführender anzulegen. »Cool bleiben«, lautet die Devise – Sie heben ja auch nicht Ihr Geld vom Konto ab und verstecken es unter der Matratze, nur weil die EU-Kommission die Einlagensicherung vergemeinschaften will.

Zugegeben, bei Redaktionsschluss dieses Buches Anfang 2016 war in Sachen EU-weite Einlagensicherung noch nichts beschlossen, und sowohl vom Bundesfinanzministerium als auch von der Bundesbank hagelte es Proteste gegen den Plan, die nationalen Sicherungssysteme aufzugeben und stattdessen einen paneuropäischen Fonds namens *European Deposit Insurance Scheme* (EDIS) einzurichten. Doch es wäre ja nicht das erste Mal, dass Berlin und Frankfurt einknicken, wenn Brüssel und Straßburg etwas durchsetzen wollen. Deshalb darf man sich ruhig schon mal an den Gedanken gewöhnen, dass deutsche Banken künftig mithaften müssen, wenn ihren Kollegen in Italien, Spanien oder Frankreich das Geld ausgegangen ist. Auch die separaten Einlagensicherungssysteme im Sparkassen- und Genossenschaftssektor sind der EU-Kommission ein Dorn im Auge. Weil diese nämlich bei Bedarf deutlich mehr sichern als den gesetzlichen Garantiebetrag von 100.000 Euro je Privatkunde und Bankverbindung, wittern die Eurokleptokraten gleich unlauteren Wettbewerb.

Machen wir uns nichts vor, wenn's hart auf hart kommt, sind auch Sparer nur Gläubiger und Guthaben bloß Forderungen. Und ob diese bedient werden, hängt eben nicht nur von finanziellen Faktoren, sondern auch vom politischen Willen ab – woran es spätestens seit Samstag, dem 16. März 2013 keinen Zweifel mehr geben kann. Damals stand neben Griechenland auch Zypern vor dem Ruin und nachdem das halbierte Inselchen im östlichen Mittelmeer sich jahrelang als Vollreinigung für schmuddeliges Russengeld verdingt hatte, war nun die Stunde des jüngsten Gerichts gekommen. Vor allem auf Drängen von Wolfgang Schäuble wurde die Auszahlung des zehn Milliarden Euro schweren EU-Hilfspakets mit einer *Solidarabgabe* auf sämtliche Bankkonten verknüpft: Von Einlagen bis 100.000 Euro sollten 6,75 Prozent abgezwackt werden, von allen Bankguthaben darüber sogar 9,9 Prozent. Endlich würde nicht mehr nur der brave Steuerzahler aus Wanne-Eickel oder Clermont-Ferrand die Zeche für die Pleite-Banken zahlen! Auch der dubiose Milliardär aus St. Petersburg und der steuerflüchtige Zahnarzt aus Athen müssten bluten. Genauso wie der Handwerksmeister aus Limassol, der tags zuvor endlich die überfälligen 120.000 Euro für eine längst erledigte Sanierung überwiesen bekommen hatte und nun am Montag die Löhne für seine vierzehn Gehilfen nachzahlen konnte. Oder die Omi aus Larnaca, die sich seit 17 Jahren jeden Monat 50,00 Euro vom Munde abspart, weil die Enkelin doch später mal studieren soll ...

Am Ende war immerhin die alte Frau aus dem Schneider. Fünfstellige Guthaben blieben von der Zwangsabgabe verschont, während höhere Beträge teilweise sogar eingefroren wurden, um diese sukzessive an den tatsächlichen Kosten der Bankenrettung beteiligen zu können. Erstmals wurden also neben den Aktionären und Anleihe-Gläubigern malader Kreditinstitute auch die Kontoinhaber zur Kasse gebeten. Parallel dazu hat Zypern den Euro-Strategen noch als Versuchskaninchen gedient: Was wohl passiert, wenn man die letzten Tabus bricht, die Einlagensicherung aushöhlt und auch kleinere Guthaben antastet? Natürlich, im Land selbst herrschte die pure Verzweiflung, solange die 6,75 Prozent im Raum standen. Die Finanzmärkte hingegen zeigten keinerlei Stresssymptome und auch die internationale Presse gab sich eher leidenschaftslos.

Damit könnte Zypern die Blaupause dafür sein, wie Bankpleiten künftig gehandhabt werden. Also vielleicht doch Endstation Matratze? Zwar ist Bargeld auch nur eine Forderung, aber immerhin eine gegen die Notenbank. Außerdem kann man ja ein bisschen streuen und neben den Euro-Scheinchen noch ein paar Dollars, Pfund und Fränkli unters Nachtlager packen. Und wo es eh keine Zinsen mehr gibt und auch Inflation kein Thema ist, bleiben bloß noch Diebstahl oder Feuer – und selbst diese Gefahren verlieren ihren Schrecken, sobald ein schicker Tresor das Schlafgemach ziert.

Aber Vorsicht, was für die eiserne Reserve durchaus Sinn macht, kann in größerem Maßstab schnell zum Bumerang werden. Denn während Konten und Depots längst genauso gläsern sind wie Immobilien und Firmenbeteiligungen, entzieht Bargeld sich dem Wissensdurst der Obrigkeit – und das geht ja gar nicht. Wer ein paar Tausend sauer verdiente und sauber versteuerte Euros mit sich herumträgt, gerät deshalb schnell unter Generalverdacht. »Schlechte Menschen zahlen bar«, urteilt etwa Nordrhein-Westfalens Finanzminister Norbert Walter-Borjahns über das alleinige gesetzliche Zahlungsmittel und fordert unter dem Deckmäntelchen der Geldwäschebekämpfung eine Obergrenze für den Bargeldverkehr: 2.000 oder 3.000 Euro seien noch tolerabel, alles darüber hinaus mache ihn »skeptisch«, verkündete der promovierte Volkswirt im Sommer 2015. Durchaus denkbar also, dass Sie die Geldscheine, die Sie heute von der Bank nach Hause holen, in ein paar Jahren nur noch gegen einen saftigen Ablass wieder in den Wirtschaftskreislauf zurückschleusen können.

»Die armen Leute wissen gar nicht, wie gut sie es haben, dass sie sich nicht um ihr Geld kümmern müssen«, pflegte Opa Wilhelm augenzwinkernd zu kokettieren – nicht ahnend, wie sehr man sich zehn Jahre nach seinem Tod den Kopf über rentable und zugleich sichere Investments zermartern würde. Natürlich, irgendwann werden die Zinsen auch wieder steigen. Großartige Hoffnungen, dass alles bald wieder so sein wird wie früher, braucht man sich dennoch nicht zu machen. Mögen die Notenbanken auch noch so sehr auf ihre Unabhängigkeit pochen, *de facto* sind sie längst zum Büttel der Regierungen geworden. Und die können bis auf weiteres kein Interesse an einem Ende des billigen Geldes haben. Die öffentlichen Haushalte rund um den Globus sind schließlich dermaßen auf Kante genäht, dass höhere Zinsen erst dann zu stemmen sind, wenn die Staaten ihre Verschuldung signifikant heruntergefahren haben. Das kann indes gut und gerne eine Generation dauern, zumindest solange man nur in Ausnahmefällen einen harten Schuldenschnitt à la Griechenland wagt und es ansonsten weiter auf die elegante Tour versucht: Schleichende Enteignung durch Niedrigzinsen und Steuern, bis dann irgendwann doch die Inflation kommt und den Rest erledigt.

05

Das Ypsilon vom Bayer-Kreuz

Ein Vierteljahrhundert nach der legendären Silvesteranleihe gibt es statt risikofreier Zinsen nur noch zinsloses Risiko. Das muss man nicht gut finden, und wer mag, darf gerne ein Bild von Mario Draghi auf seinen Boxsack kleben oder sich wie ein kleines Kind trommelnd auf den Boden werfen und der Wut freien Lauf lassen – kann alles sehr befreiend sein, bringt ansonsten aber genauso wenig, als wenn man ständig übers schlechte Wetter mault. Auch das müssen wir hinnehmen, uns darauf einstellen und das Beste daraus machen.

Nur haben wir es an den Finanzmärkten eben nicht mit einer vorüberziehenden Kaltfront zu tun, schon eher mit einer neuen Eiszeit. Das Portfolio behutsam optimieren, ein paar mies gelaufene Investments aufgeben, sich nach Anlage-Alternativen umsehen, vielleicht mal einen neuen Fonds ausprobieren – die traditionelle Depotkosmetik und das *Bullshit Bingo* der Berater sind da pure Zeitverschwendung. Wer Vermögen aufbauen, bewahren, mehren will, muss sich von Grund auf neu orientieren. Ohne Denkverbote. Ohne Illusionen. Vor allem aber: ohne Angst.

Es ist ein bisschen so wie in der Bundesliga. Wenn's gegen den FC Bayern geht, würden die meisten Trainer am liebsten alle elf Mann auf die Torlinie stellen. Bloß kein Risiko, einfach die Bälle aus dem Strafraum kloppen und vielleicht hält der Bein-Beton ja volle 90 Minuten, so dass es am Ende ein torloses Remis zu bejubeln gibt. Zumeist jedoch geht dieser

Schuss buchstäblich nach hinten los. Eine kleine Unachtsamkeit reicht, man fängt sich einen Treffer ein. Und ist die Ordnung einmal dahin, setzt es schnell eine veritable Klatsche – Anleger, die auf Sicherheit aus waren und Kaupthing-Konten, Lehman-Zertifikate oder MS-Deutschland-Anleihen besaßen, wissen nur zu genau, wie sich das anfühlt. Denn sowohl auf dem grünen Rasen als auch in der zinslosen Finanzwelt gilt: Ohne Offensive kein Erfolg! Wer nicht aufs Tor schießt, muss sich nicht wundern, dass er nie als Sieger vom Platz geht und irgendwann absteigt. Und wer keine Aktien hat, darf sich nicht beklagen, wenn sein Vermögen allmählich dahinschmilzt.

Ja, richtig gelesen: Aktien. Nein, das ist kein Druckfehler, da steht tatsächlich: Aktien. Vielleicht nochmal ganz langsam: A-k-t-i-e-n. Genau, dieses Börsenzeugs, mit dem Vati vor gut 15 Jahren erst die neue Küche verdient und dann die Urlaubskasse verzockt hat. Das soll jetzt die Rettung aus der Nullzinsfalle sein? Schon klar, keine Denkverbote, Offensive, Mut zum Risiko. Aber mal Hand aufs Herz: Aktien, geht das nicht ein bisschen zu weit? Es wird ja wohl Gründe haben, dass gerade mal jeder vierzehnte Deutsche Aktionär ist, während jeder zweite wenigstens eine Lebensversicherung hat.

Tatsächlich stehen Aktien für alles, was man zwischen Rhein und Oder in puncto Geldanlage überhaupt nicht schätzt: Schwankungen, Unsicherheit, Spekulation. Dazu sind Aktien quasi die Inkarnation des Kapitalismus, der rein imagemäßig auch schon bessere Zeiten gesehen hat. Die Milliardenpleite der Karstadt-Holding Arcandor, der Korruptionsskandal bei Siemens, die wahnwitzige Übernahmeschlacht zwischen Volkswagen und Porsche – wann immer das Wirtschaftsleben seine hässliche Fratze zeigt, sind Aktiengesellschaften nicht weit. Nicht zu vergessen Gehaltsexzesse wie das Fünfzehn-Millionen-Salär des inzwischen geschassten VW-Vorstands Winterkorn. Und dann noch dieser perverse Zynismus, wenn die Börse Massenentlassungen mit steigenden Kursen feiert!

Wo es um Aktien geht, wird's schnell polemisch oder emotional. Die einen hatten noch nie welche und sind mächtig stolz darauf; die anderen haben sich bei der Telekom, am Neuen Markt oder spätestens während der großen Krise 2008 so dermaßen die Finger verbrannt, dass sie nur noch vergessen wollen. Schade eigentlich! Denn ganz nüchtern betrachtet, sind Aktien weder gut noch böse, sondern einfach das Gegenstück zur Anleihe. Und genau wie die Zinspapiere sind Aktien eben Finanzierungsinstrumente und keine Finanzprodukte. Denn während Fonds, Zertifikate oder Versicherungen speziell auf die Bedürfnisse von Sparern und Anlegern zugeschnitten werden, liegt der primäre Zweck von Aktien und Anleihen darin, die Wirtschaft mit Kapital zu versorgen.

Finanzprodukte haben kein Eigenleben, sie sind seelenlos, Verpackungen halt. Sie können durchaus gut gemacht sein, aber in ihnen steckt am Ende neben mehr oder weniger viel margengeladenem Firlefanz lediglich was drin? Bingo – Aktien oder Anleihen. Mischfonds bündeln beides, Zertifikate sind sogar rein rechtlich bloß Schuldverschreibungen und wenn man sich Lebensversicherungen mal als russische *Matrjoschka* vorstellt, wäre die kleinste Puppe der Aktienanteil. Oder, für die Fans des alten Sartre: Finanzprodukte sind die Existenz, Aktien und Anleihen die Essenz.

Das war's dann aber auch mit den Gemeinsamkeiten. Lässt man Zwitter wie die durch das Prokon-Debakel hoffentlich final diskreditierten *Genussscheine* mal außen vor, sind Aktien und Anleihen zwei prinzipiell gegensätzliche Seiten derselben Medaille. Anleihen sind *Fremdkapital* – das klingt einfach schöner als »Schulden« – und dieses Fremdkapital wird für gewöhnlich nur auf Zeit bereitgestellt. Irgendwann muss getilgt werden, und wenn der Schuldner nicht gerade Griechenland oder Lehman heißt, kann der Gläubiger dann wieder über sein Geld verfügen. Aktien hingegen verbriefen *Eigenkapital*. Sie sind unbefristet, und was einmal eingezahlt ist, kann man von der Aktiengesellschaft nicht mehr zurückfordern. Wer Geld sehen will, hat nur eine Chance: Jemanden finden, der ihm die Aktien abkauft.

Das ist nicht unbedingt eine komfortable Situation. Dafür jedoch ist der Aktionär Miteigentümer und darf mitreden: Während Anleihe-Gläubiger nur etwas zu melden haben, wenn das Unternehmen die Zinsen nicht zahlen kann oder die Tilgung strecken will, werden Aktieninhaber einmal im Jahr zur *Hauptversammlung* (HV) eingeladen. Dort können sie nicht nur dem Vorstand nach Herzenslust die Meinung geigen, sondern sie dürfen auch über wichtige Weichenstellungen entscheiden. Da das Management die meisten Beschlüsse schon im Vorfeld mit den Großaktionären auskungelt, kommt es auf die Stimmen der Privatanleger allerdings nicht wirklich an. Auch ein echter *Showdown*, wie ihn Dieter Wedel im vierten Teil seines Börsenepos *Der große Bellheim* inszeniert hat, ist selten geworden, ebenso wie eine einigermaßen anständige Verpflegung. Klassischerweise werden pappige Brötchen mit welkem Käse, lauwarme Currywurst ohne Pommes oder eine Gulaschkanone voll wässriger Kartoffelsuppe verfüttert – wobei es durchaus amüsant zu verfolgen ist, wenn sich drei Dutzend nahkampferprobte Rentner um ein paar Bockwürste balgen.

Trotzdem lohnt der HV-Besuch, denn das Aktionärstreffen ist immer auch ein Spiegelbild der Unternehmenskultur. Schon merkwürdig, wenn ein mit mehreren Milliarden bewerteter Börsenneuling, der nach eigener Aussage »die führende Internet-Plattform außerhalb der USA und Chinas« bauen will, seine Anteilseigner in einer stickigen Eventpassage zusammenpfercht, die trotz engster Bestuhlung nicht einmal genügend Sitzplätze bietet, geschweige denn Beinfreiheit. Und natürlich müssen Manager vorsichtig abwägen, welche Informationen sie an die Öffentlichkeit geben. Aber substanzielle Aktionärsfragen dergestalt abzubügeln, dass die drei Herren auf dem Podium wieder und wieder dasselbe vom Hausjuristen verfasste Statement vorlesen, ist trotzdem schlechter Stil. Dieses Benehmen wäre im Sommer 2015 ein perfekter Anlass gewesen, die Aktien von Rocket Internet noch zu luftigen Preisen aus dem Depot zu werfen. Oliver Samwer spielt nun einmal nicht in der Liga von Springer-Chef Mathias Döpfner, der weder Spickzettel noch Rednerpult braucht, um seinen Aktionären ebenso fundiert wie mitreißend den Umbau vom Zeitungskonzern zum digitalen Medienhaus zu erläutern. Klar, ein brillanter Redner muss nicht zwangsläufig ein fähiger Unternehmer sein, aber wenn der Vorstand die Hauptversammlung als Bühne für einen Dialog auf Augenhöhe statt als lästige Pflicht ansieht, schafft das in jedem Fall Vertrauen – gerade bei einem wie Döpfner, dem die Kleinanleger eigentlich wurst sein könnten, wo ihm die Witwe des großen Axel Springer mit ihrer Stimmenmehrheit doch ohnehin den Rücken freihält.

Ungleich wichtiger noch als die Hauptversammlung ist freilich der wirtschaftliche Wert der aus Aktien resultierenden Eigentumsrechte. »Das Ypsilon gehört mir«, scherzte Opa Wilhelm mal, als er auf der A3 bei

Leverkusen am Bayer-Kreuz vorbeifuhr. Denn neben Bundesanleihen und allerlei anderen Wertpapieren besaß er auch Aktien der Bayer AG. Damit war er in der Tat, wenngleich mit mikroskopisch kleiner Quote, direkt am Vermögen des Pillendrehers beteiligt. Dennoch hätte er den acht Meter großen Leuchtbuchstaben natürlich nicht einfach abschrauben und daheim in den Garten stellen dürfen. Der Eigentumsanspruch ist abstrakter Natur und bekommt nur dann praktische Relevanz, wenn die Auflösung des Unternehmens ansteht. Dann wird von Grundstücken und Maschinen bis hin zu Patenten und Lizenzen alles zu Geld gemacht, was irgendwie verwertbar ist – um den Erlös danach *pro rata* an die Aktionäre auszuschütten: Wer ein Prozent der Aktien hält, kriegt auch ein Prozent der *Assets*, wie man Vermögenswerte heutzutage gerne nennt.

Zuvor müssen allerdings die Schulden bedient werden. Erst zuallerletzt, wenn alle Gläubiger komplett befriedigt sind und immer noch Vermögensmasse da ist, kommen die Aktionäre zu ihrem Recht. Eine Aktie zu kaufen, weil man auf einen saftigen Liquidationserlös spekuliert, dieses Kalkül kann deshalb nur in sehr speziellen Situationen aufgehen. Denn wenn eine Firma abgewickelt wird, geschieht das selten aus freien Stücken – zumeist ist die Messe dann schon längst gelesen, und es geht nur noch darum, wer wieviel in den Wind schreiben muss. Aber klar, eine Insolvenzquote von 20 Prozent bedeutet: Während Anleihe-Gläubiger von 100,00 Euro Investment immerhin 20,00 Euro wiedersehen, ist die Kohle der Aktionäre komplett durch den Schornstein.

Trotzdem wäre es geradezu töricht, den Eigentumsanspruch der Aktionäre als formaljuristische Fußnote abzutun. Es ist nämlich genau dieser Miteigentumscharakter, der Aktien zu *Sachwerten* macht, während Anleihen *Geldwerte* sind. Das fällt vor allem dann ins Gewicht, wenn die Inflation steigt oder die Währung wackelt – Szenarien also, die wir nicht heraufbeschwören wollen, aber eben auch nicht ausschließen können. Deshalb nehmen wir einmal an, Sie stecken heute 10.000 Euro in eine achtjährige Bayer-Anleihe. Und selbst wenn man sich seines Geldes nie ganz sicher sein darf, weil – *in memoriam* Volkswagen – selbst die vermeintlich solidesten Unternehmen riesigen Mist bauen können, sind wir trotz der recht langen Laufzeit sehr optimistisch, dass die Leverkusener fristgerecht tilgen und Ihnen wieder 10.000 Euro gutschreiben werden.

Nur wissen Sie halt nicht, wie viel dieses durchaus hübsche Sümmchen dann noch wert ist, sprich was Sie in acht Jahren für 10.000 Euro kaufen können. Wir tippen mal: Weniger als heute.

Gewiss, im Moment ist Inflation kein Thema, wenngleich die eigene Lebenswirklichkeit bisweilen eine andere Sprache spricht als die Statistiken der Regierung. Aber sei's drum, überlassen wir den Diskurs über offizielle, wahre und gefühlte Geldentwertung ruhig den Verschwörungstheoretikern und glauben wir einfach, was die Bundesbank sagt – nämlich dass die Verbraucherpreise in den vergangenen 25 Jahren im Schnitt um jährlich 1,7 Prozent gestiegen sind. Klingt zunächst nach Erbsenzählerei, doch mit der Zeit läppert sich da ordentlich was zusammen: Bereits bei einem *inflationären Grundrauschen* dieser Größenordnung geht in einem Vierteljahrhundert gut ein Drittel der Kaufkraft flöten.

Verbraucherpreisindex der Bundesbank:
Jährliche Inflationsrate Deutschland 1970 - 2015

Über acht Jahre ist der Inflationseffekt zwar naturgemäß nicht ganz so dramatisch, aber trotzdem: Wenn die künftige Inflation dem historischen Durchschnitt entspricht, was wohl eine durchaus faire Annahme ist, sind die 10.000 Euro aus Ihrer Bayer-Anleihe am Ende nur noch 8.738,41 Euro wert, gerechnet als $10.000 / (1 + 1{,}7\%)^8$. Ein Verlust von rund 12,5 Prozent, obwohl mit der Anleihe alles nach Plan gelaufen ist. Dabei könnte es ja auch deutlich schlimmer kommen. Denn sollte die EZB mit ihrer Politik der rotierenden Notenpresse wirklich dergestalt Erfolg haben, dass die Wirtschaft nicht mehr nur hierzulande, sondern in der gesamten Eurozone richtig brummt, wäre es keine große Überraschung, wenn früher oder später auch die Preise spürbar anziehen. Und dann gute Nacht, denn: »Inflation ist wie Zahnpasta: Ist sie einmal aus der Tube, bekommt man sie nur schwer wieder hinein«, warnte schon der frühere Bundesbankpräsident Karl Otto Pöhl.

Es muss ja nicht gleich eine Hyperinflation wie in den 20er-Jahren des vorigen Jahrhunderts sein. Schon eine Teuerungsrate von vier Prozent, wie wir sie noch 1990 gesehen haben, tut ziemlich weh. In acht Jahren haben die 10.000 Euro dann nämlich bloß noch die Kaufkraft von 7.306,90 Euro – einfach mal statt der 1,7 eine glatte Vier in die gute alte *Abzinsungsformel* einsetzen. Natürlich sind Sie selbst dann nicht schlagartig verarmt. Aber wenn Sie sich von den zehn Riesen zur Silberhochzeit eine schöne Drei-Wochen-Kreuzfahrt in die Karibik leisten wollten, langt es eben nicht mehr für eine Balkonkabine und Sie müssen sich mit einem Bullauge bescheiden. Innenkabinen ohne Tageslicht gibt's übrigens schon für 6.000 Euro, aber das nur mal so interessehalber für den Fall, dass die Preise wie in den 1970er-Jahren um sechs bis sieben Prozent p.a. klettern.

Alternativ zur Anleihe – zum garantierten realen Vermögensverlust – könnten Sie Ihr Erspartes freilich auch in Bayer-Aktien stecken und auf diese Weise eine klitzekleine Beteiligung an den Forschungszentren und Fabrikanlagen erwerben, die der Konzern in Leverkusen, Krefeld, Dormagen und sonstwo auf der Welt unterhält. Und egal, was in den nächsten acht Jahren so passiert, ob die Zinsen steigen oder nicht, ob die Inflation galoppiert oder im Zaum gehalten werden kann, ob wir den Euro behalten oder zur D-Mark zurückkehren oder globales Esperantogeld verordnet kriegen: Menschen werden weiterhin krank sein und Geld für Kopfschmerztabletten, Blutdrucksenker und Krebstherapien zahlen. Die 40er-Packung Aspirin kostet dann eben nicht mehr 10,25 Euro, sondern vielleicht 14,10 Euro. Aber wenn alles teurer wird, steigt natürlich auch der Wert dessen, was außer ein paar Rohstoffen nötig ist, damit die 1897 vom Chemiker Felix Hoffmann synthetisierte Acetylsalicylsäure als Brausetablette den Weg zum Patienten findet. Laboranlagen, Forschung-Know-how, Vertriebszugänge – alles, was den Bayer-Aktionären (und damit auch ein bisschen Ihnen) gehört.

Selbst eine Währungsreform kann der Aktie nicht allzu viel anhaben, denn sie verbrieft ganz im Gegensatz zur Anleihe ja eben keine Geldforderung, sondern eine unternehmerische Beteiligung. Der Anlage, die Salicylsäure produziert und diese dann mit protoniertem Essigsäureanhydrid an der phenolischen Hydroxygruppe verestert, ist herzlich schnuppe, ob sie nun mit 330.000 Reichsmark, 195.583 D-Mark, 100.000 Euro oder irgendwann vielleicht 123.456 Globo in der Bilanz steht. Sie spuckt einfach jeden Tag Millionen von Aspirin-Pillen aus, und so lange es dafür eine Nachfrage gibt, wird Bayer damit Umsatz machen und – sofern man sich in Leverkusen nicht ganz dämlich anstellt – auch Gewinne erzielen.

Und so wären wir dann endlich beim zentralen Merkmal von Aktien angelangt, nämlich dass Sie als Anleger nicht nur am vorhandenen Vermögen eines Unternehmens beteiligt sind, sondern in gleichem Maße an den künftigen Gewinnen, die aus und mit diesem Vermögen erwirtschaftet werden. Und anders als das eher abstrakte Eigentumsrecht schlägt sich diese Gewinnbeteiligung unmittelbar in klingender Münze nieder – als *Dividende*: Während das über Anleihen bereitgestellte Fremdkapital mit Zinsen honoriert wird, ist die Dividende die Prämie für das von den Aktionären eingezahlte Eigenkapital.

Bisweilen spricht man deshalb auch von *Aktienverzinsung*, wobei wir von diesem Begriff gleich rote Punkte im Gesicht kriegen. Denn Zinsen sind eine verlässliche Größe. Wer sein Geld in eine Anleihe steckt, weiß in aller

Regel schon vorher, was dabei herausspringen wird. Nicht nur der Kupon ist fix, sondern auch die Tage, an denen die Zinsen aufs Konto tröpfeln sollen, stehen bereits fest. Und selbst wenn das Geschäft mal nicht so prickelnd läuft und Ebbe in der Kasse herrscht, wird der Schuldner die fällige Zinszahlung kaum so mir nichts, dir nichts ausfallen lassen oder erstmal bloß die Hälfte überweisen. »Im Moment ist's etwas eng, aber in vier Wochen sind wir wieder flüssig, und dann gibt's den Rest und noch 'ne Pulle Roten obendrauf«, das kann man sich vielleicht unter Freunden erlauben. Am Anleihemarkt heißt so etwas *Kreditereignis* und wäre ein guter Grund, mal beim Insolvenzgericht vorbeizuschauen. Ein Unternehmen wird deshalb lieber Lieferanten vertrösten, Vermögenswerte verpfänden oder die Oma des Hausmeisters auf den Strich schicken, als einen einzigen Tag Zahlungsverzug zu riskieren. Und wenn doch, brennt nicht nur der Baum, sondern schon die ganze Hütte – die Mittelstandsanleihen lassen grüßen.

Bei Dividenden können die Firmen hingegen ganz entspannt sein. Wie viel eine Aktiengesellschaft ausschüttet und ob es überhaupt eine Dividende gibt, wird immer wieder aufs Neue entschieden – je nach Ertragssituation, Finanzlage, Investitionsbedarf und Geschäftsstrategie. Rein formal betrachtet sind Dividenden also keine sonderlich zuverlässige Einnahmequelle. Sogar wenn ein Unternehmen heute beteuert, in den nächsten drei Jahren immer mindestens einen Euro zahlen zu wollen, begründet dies noch lange keinen Anspruch, der auch nur annähernd so verbindlich und justiziabel wäre wie das Zinsversprechen einer Anleihe. Zwar darf der Vorstand den Kapitalmarkt nicht bewusst in die Irre führen. Aber falls die hohen Herren kurz nach der Dividendenankündigung zu dem Schluss kommen, dass das für die Ausschüttung vorgesehene Geld lieber in die Entwicklung neuer Produkte fließen oder für eine Übernahme ausgegeben werden soll, gucken die Aktionäre halt mit dem Ofenrohr ins Gebirge – es sei denn, sie schließen sich zusammen und proben auf der Hauptversammlung den Aufstand.

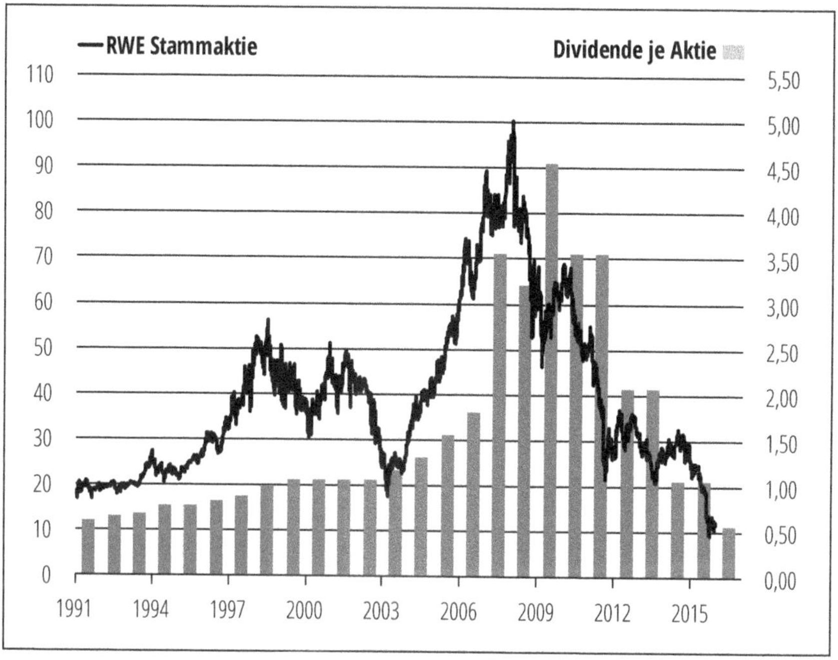

RWE Stammaktie: Dividende je Aktie und Kursverlauf 1991 - 2015

Die meisten Unternehmen bemühen sich indes aus freien Stücken um eine transparente, kontinuierliche und nachhaltige Ausschüttungspolitik. Zu blöd jedoch, wenn das Geschäft dabei nicht mitspielt – so wie bei RWE. Jahrzehntelang hat das *Rheinisch-Westfälische Elektrizitätswerk* sich dumm und dusselig verdient und seine Aktionäre mit üppigen Gewinnbeteiligungen verwöhnt. Aber seit Angela Merkels 180-Grad-Wende in Sachen Energiepolitik kurz nach der Fukushima-Katastrophe ist die einst strahlende Atomsparte nur noch bilanzieller Sondermüll. Nur logisch also, dass die Dividende seit 2011 von 3,50 Euro auf einen Euro zusammengestrichen wurde und 2016 sogar wohl nur fünfzig Cent gezahlt werden. Die Gläubiger hingegen sind von dem Debakel verschont geblieben: Seine Anleihen bedient der Essener Energie-Dinosaurier weiterhin pünktlich und ohne Abstriche.

Umgekehrt gibt es bei Anleihen auch keine *Upside*. Egal, wie sehr ein Unternehmen wächst, blüht, gedeiht und prosperiert: Mehr als die versprochenen Kupons – die momentan eben lächerlich gering sind – und die fristgerechte Rückzahlung – deren Kaufkraft in den Sternen steht – ist garantiert nicht drin. Das ist vor allem deshalb so ernüchternd, weil Aktionäre im wahrsten Wortsinn ohne Ende profitieren, wenn das Geschäft erfolgreich läuft und fette Gewinne abwirft. Dann nämlich werden die Dividenden nicht nur regelmäßig gezahlt, sondern sukzessive erhöht. Der Softwarehersteller SAP beispielsweise hat seine Ausschüttung seit 1992 von umgerechnet 0,0153 Euro (also damals rund drei Pfennige) auf zuletzt 1,10 Euro je Aktie gesteigert – ein Plus von durchschnittlich 20,4 Prozent p.a.

Mehr Beispiele gefällig? Gerne doch, aber nicht jetzt. Wir haben schließlich noch fast ein ganzes Buch übrig, um den Mehrwert von Dividenden zu veranschaulichen und die Dividenden-Strategien zu beschreiben, nach denen wir unser eigenes Vermögen verwalten. Dabei wollen wir jedoch keine falschen Erwartungen wecken – so wie der Slogan, mit dem inzwischen landauf, landab für Dividenden-Investments getrommelt wird und den unser Verlag nur allzu gerne auf dem Titel gesehen hätte: *Dividenden sind die neuen Zinsen.*

Ohne Frage eine griffige Losung, obwohl oder gerade weil sie an die Diktion durchgeknallter Fashion-Fuzzis (»Rot ist das neue Grün«) oder die verbale Beruhigungspille gegen Midlife-Crisis (»Vierzig ist die neue Dreißig«) erinnert. Aber geschenkt. Alles, was nur ein bisschen hilft, das verkümmerte Pflänzchen namens Aktienkultur ein bisschen hochzupäppeln, ist erst einmal begrüßenswert. Doch wie das halt so ist mit coolen Sprüchen, man darf sie nicht allzu wörtlich nehmen: Denn Dividenden und Zinsen, Aktien und Anleihen sind nun mal zwei verschiedene Welten. Und wer in Dividendentitel investiert und dabei ganz bequem seine Ansprüche, Gewohnheiten und Verhaltensmuster aus der kuscheligen Welt der Silvesteranleihen kultiviert, wird früher oder später herbe Enttäuschungen erleben und brutale Verluste erleiden.

Es gibt gute Gründe zu behaupten, dass eine Bayer-Aktie sicherer ist als eine Bundesanleihe oder ein Sparbrief. Nur ist das eben eine völlig neue Interpretation von Sicherheit: Langfristiger, nachhaltiger und fokussiert auf reale Werte. Dagegen ist der traditionelle Sicherheitsbegriff nicht nur auf verlässliche Erträge ausgerichtet, sondern primär darauf, dass man jederzeit an sein Geld kommt, ohne dabei nennenswerte Verluste zu riskieren. Genau das werden Aktien jedoch niemals leisten können. Denn um von der Sicherheit einer Aktie zu profitieren, muss man gewisse Risiken akzeptieren und sogar gezielt eingehen. Diese Risiken sind zwar beherrschbar, aber es bleiben Risiken.

Aktien sind deshalb nicht alternativlos. Wer beim Blick auf den Kontoauszug – egal, ob aus sachlichen Zwängen oder einfach wegen des wohligen Gefühls – die unbedingte Gewissheit braucht und will, dass da mindestens der gleiche Euro-Betrag steht wie vor einer Woche, einem Monat oder einem Jahr, wird mit Aktien nicht glücklich und sollte dem Festgeldkonto treu bleiben – wohl wissend, dass auch das nicht ohne Risiko ist. Anders als die Deutsche Bank, die im Herbst 2015 Anleger auf geradezu schäbige Weise in die Irre geführt und unter dem Slogan »Da wird das Tagesgeldkonto neidisch« für Anlageprodukte mit unbegrenztem Aktienrisiko geworben hat, wollen wir Sie zu nichts überreden. Wenn Sie bis hierhin nicht überzeugt sind, dass es sich lohnen kann, die Mauer-Taktik in Ihrem Portfolio wenigstens ein bisschen zu lockern, sollten Sie dieses Buch jetzt zuklappen und zur Seite legen. Noch sind die meisten Seiten unberührt und mit ein bisschen Glück werden Sie das Ding im Internet zum halben Preis wieder los.

06

Unterschätztes Kleinvieh

Abseits aller technischen, wirtschaftlichen und philosophischen Erwägungen gibt es auch in der Wahrnehmung einen fundamentalen Unterschied zwischen Zinsen und Dividenden. Hier das goldene Kalb, das Investoren mit fetten Prozentzeichen in den Augen umtanzen; dort das putzige Zubrot, das dann und wann aufs Konto tröpfelt. Doch der Zins-Wahn kommt nicht von ungefähr: Da bei Anleihen genau wie bei Sparbriefen – sofern alles gut geht und der Schuldner nicht die Grätsche macht – am Schluss *nominal* genau das zurückkommt, was man hineingesteckt hat, ist der Kupon die einzige Differenzierung und mithin der Hauptgrund, warum man zugreift oder die Finger davon lässt.

In der Theorie gilt der Zins nicht nur als Leihgebühr, sondern auch als Prämie für das übernommene Risiko. Dass dieses Prinzip ziemlich *ad absurdum* geführt wird, wenn Staatsanleihen negative Renditen aufweisen, steht dabei außer Frage. Relativ betrachtet sind die Verhältnisse trotzdem noch nicht ganz auf den Kopf gestellt, denn zumindest außerhalb des Hoheitsgebiets von Mario Draghi können sich nicht allzu viele Finanzminister Geld für lau pumpen oder sogar die Hand dafür aufhalten, dass sie aufs Vermögen der Bürger aufpassen. Eine fünfjährige Euro-Anleihe aus Brasilien etwa rentierte Ende 2015 immerhin mit fünf Prozent p.a. – ein klares Signal dafür, dass die Investoren der Regierung nicht wirklich trauen und einfach mal eine gewisse Wahrscheinlichkeit *einpreisen*, dass man am Zuckerhut in den nächsten Jahren dem Vorbild des südwestlichen Nachbarn folgt und wie Argentinien anno 2001 eine Pleite hinlegt.

Noch krasser sind die *Spreads* bei Unternehmensanleihen. Während die Gläubiger der leidlich solide finanzierten Lufthansa sich bereits mit gut einem Prozent p.a. bescheiden, muss die notorisch klamme Air Berlin zeitweise zweistellige Kupons bieten, um überhaupt genügend Abnehmer für ihre Schuldverschreibungen zu finden. Kein Wunder, denn wenn der reiche Onkel aus dem Morgenland, sprich der Großaktionär Ethihad aus Abu Dhabi, irgendwann die Geduld verliert und den Geldhahn zudreht, müsste der Insolvenzverwalter schon die Kaffeekasse der Stewardessen plündern, um nur sein eigenes Honorar zahlen zu können. Zinsen sind damit wie ein Preisschild, jede Erwartung lässt sich auf ein Prozentzeichen eindampfen – wenngleich das nur begrenzt logisch ist: Ein Schuldner, dem man zu zwei Prozent keinen Cent borgen würde, bleibt schließlich derselbe unsichere Kantonist, auch wenn er den dreifachen Kupon verspricht.

Trotzdem haben Zinsen eine elektrisierende Wirkung, während Dividenden ... nun ja, auch irgendwie ganz nett sind. Natürlich wehrt man sich nicht, wenn Unternehmen unbedingt Geld loswerden wollen, doch wer Aktien kauft, schielt nicht auf die Dividende, sondern schaut gebannt auf die Kurse. Billig kaufen und teuer verkaufen, lautet die Devise, immer auf der Jagd nach der nächsten Apple, dem feuchten Traum von Millionen Investoren. Damals vor zehn Jahren, zum Ende dieses öden und dunklen Zeitalters, als Menschen beim Essen tatsächlich noch miteinander geredet haben sollen, statt auf ihren iPhones herumzuwischen, konnte man sich für umgerechnet weniger als fünf Euro ein Stückchen vom angebissenen Apfel aus Cupertino sichern – bevor der *iBoom* den Aktienkurs auf zeitweise 120 Euro trieb.

Glückwunsch an jeden, der damals das Glück und den Mut hatte, rechtzeitig zuzugreifen – und die Geduld, lange genug bei der Stange zu bleiben. Die geht den meisten Anlegern nämlich ab. Daimler ist in den vergangenen drei Wochen um 15 Prozent gestiegen? Höchste Zeit, den Gewinn mitzunehmen! BMW seit Jahresbeginn schon zehn Prozent im Minus? Schnell raus, bevor der Kurs noch weiter abschmiert! Befeuert wird diese Hysterie durch eine Legion von Internet-Seiten, die jeden Hobby-Börsianer zum Nulltarif mit einer Infrastruktur versorgen, die sich vor 15 Jahren selbst eine mittlere Sparkasse nicht hätte leisten können. *Live-Kurse,*

News-Feeds, Real-Push-Watchlists, Chart-Analyzer – alles blinkt so schön in Grün und Rot, dass man selbst im Hochsommer plötzlich an den Christbaum vor dem New Yorker Rockefeller Center denken muss.

Gewiss, es soll durchaus Leute geben, die mit diesen *Tools* tatsächlich Geld verdienen und denen dafür auf jeden Fall Respekt gebührt. Nur hat derlei *Trading* herzlich wenig damit zu tun, was die Aktie im Kern verkörpert: Eine unternehmerische Beteiligung, die im Idealfall laufende Erträge abwirft und an Wert gewinnt. Doch Wertzuwachs ist eine Sache von Jahren. Wer hingegen immer nur mit einem Horizont von ein paar Tagen, Wochen oder Monaten an der Börse agiert, der spekuliert bloß auf Preisänderungen – und der Preis einer Aktie wird erst auf längere Sicht ein halbwegs reelles Abbild vom Wert eines Unternehmens liefern.

Auch Dividenden sind nichts für Kurzstreckenläufer. Denn um in den Genuss der Ausschüttung zu kommen, muss die Aktie zu einem bestimmten Stichtag im Depot sein. Anleger, die Börse als ewiges Rein-Raus-Spiel begreifen, kriegen deshalb oft nur durch Zufall ein paar Tröpfchen vom großen Dividendenregen ab. Bei deutschen Aktien ist die Wahrscheinlichkeit zwischen Mitte April und Ende Mai am größten. Dann finden die meisten Hauptversammlungen statt – und zu den vornehmsten Pflichten des alljährlichen Aktionärstreffens gehört die Beschlussfassung über die Dividende, die in aller Regel am nächsten Werktag ausgezahlt wird. Börsianer nennen dieses Datum der Krötenwanderung vom Unternehmen zum Aktionär auch *Ex-Tag*, weil die Notierung dann *ex Dividende* erfolgt: Wer dann erst kauft, ist zu spät dran und muss wieder ein Jahr warten, bis hoffentlich die nächste Bescherung ansteht.

Bei unseren europäischen Freunden hingegen ist der Dividendenkalender nicht so übersichtlich. Nur in Österreich, der Schweiz und Skandinavien hält man sich fast durchgängig an den Jahrestakt, während britische Unternehmen ihre Ausschüttung traditionell auf zwei Termine verteilen – irgendwann mitten im Geschäftsjahr wird eine *Interimsdividende* gezahlt und sobald dann der endgültige Jahresabschluss vorliegt, folgt die *Final Dividend.* Auf dem Rest des Kontinents regiert derweil, wer hätte es gedacht, die Kakophonie. Mehr als die Hälfte der Firmen schüttet jährlich aus, ein gutes Drittel macht seine Aktionäre zweimal im Jahr glücklich und der Rest denkt sich, dass auch doppelt genäht noch nicht gut genug hält, und teilt die Dividende vorsichtshalber gleich auf drei oder vier Termine auf.

Das Portfolio muss also nur breit genug gestreut sein und schon kommt jede Woche von irgendwo her Geld aufs Konto – vor allem, wenn auch noch US-Aktien mit von der Partie sind. Jenseits des Atlantiks wird nämlich grundsätzlich quartalsweise ausgeschüttet, wobei die während eines Fiskaljahres gezahlten Dividendenbeträge anders als bei den europäischen Mehrfachtätern in aller Regel identisch sind. Nur ein knappes Dutzend der 500 wichtigsten Konzerne weicht von der Quartalsdisziplin ab, darunter Walt Disney: Nachdem in der Heimat von Dagobert Duck der Geldspeicher bislang immer nur einmal jährlich geöffnet wurde, hat der Konzern sich 2015 dazu durchgerungen, immerhin alle sechs Monate ein paar Taler unter die Aktionäre zu bringen.

Ungleich emsiger präsentiert sich ein anderer Abweichler. Die Immobilienfirma Realty Income routet ihre Mieteinnahmen sozusagen direkt an die Anteilseigner durch und schreibt sogar jeden Monat einen Dividendenscheck, wenngleich der Betrag der besseren Übersicht halber nur im Quartalstakt angepasst wird – erfreulicherweise schon seit zwei Jahrzehnten immer nur nach oben. Dennoch lässt sich über Sinn und Unsinn von unterjährigen Ausschüttungen natürlich trefflich streiten, schließlich ist jede Dividendenzahlung mit Aufwand verbunden. Zwar kümmern sich Zahlstellen, Wertpapierabwickler und Depotbanken darum, dass jeder Investor automatisch das seinem Aktienbesitz entsprechende Krümelchen vom Dividendenkuchen aufs Konto überwiesen bekommt. Doch auch diese Dienstleister arbeiten selbstredend nicht für Pfefferminzkes und finanziert werden sie natürlich aus der Firmenkasse, sprich vom Geld der Aktionäre.

Auch aus deren Sicht sind allzu viele Kleinstbeträge nicht immer ein Segen, denn manch dreiste Bank lässt sich jeden Dividendeneingang aus dem Ausland vom Kunden mit einer Aufwandspauschale von fünf Euro vergüten. Bei 19 US-Cent, die Realty Income derzeit im Monat ausbezahlt und von denen nach Steuern umgerechnet rund 13 Euro-Cent tatsächlich ankommen, braucht man also erst mal 40 Aktien im Gegenwert von immerhin knapp 2.000 Dollar, damit die Ausschüttung kein Minusgeschäft wird. Andere Institute buchen zwar kostenfrei, sind aber noch nicht im Online-Zeitalter angekommen und orchestrieren Dividendenzahlungen stets mit einem papiernen Dreigestirn aus Deckblatt, Abrechnung und Steuer-Information – wohl dem, der einen leistungsfähigen Schredder oder viel Platz im Aktenschrank hat!

Dennoch teilen Unternehmen ihre Jahresausschüttung natürlich nicht aus Jux und Dollerei auf mehrere Tranchen auf. Überall dort, wo Aktionäre nicht als *Freaks* beäugt werden, allen voran in den USA, stehen Dividenden nämlich in einer Reihe mit Zinsen oder Mieten – als ebenso zuverlässige wie unverzichtbare Einkommensquelle. Bei CalPERS etwa, der über 300 Mrd. US-Dollar schweren Pensionskasse für die Angestellten des Staates Kalifornien, steckt mehr als die Hälfte des Deckungskapitals in Aktien. Diese Aktien die müssen laufend etwas abwerfen, damit das *California Public Employees' Retirement System* jeden Monat Renten und Gesundheitsbeihilfen an 1,6 Mio. Versicherte auszahlen kann, ohne die Substanz anzugreifen. Ähnlich sieht es bei den Universitäten aus, die sich kaum auf staatliche Unterstützung verlassen können, sondern Forschung, Lehre und Stipendien aus den Erträgen ihres ebenfalls stark aktienlastigen Stiftungsvermögens finanzieren müssen. Selbst für den kleinen Mann von der *Main Street* ist ein stetiger Dividendenstrom essenziell: Viele Amerikaner haben während ihres Erwerbslebens *peu à peu* ein Aktienportfolio aufgebaut und peppen mit den Ausschüttungen später die karge staatliche Rente auf. Da fühlt es sich einfach besser an, wenn die Dividenden über das Jahr verteilt kommen anstatt auf einen Schlag im Frühjahr.

Dividenden als Einkommen, davon sind wir hierzulande meilenweit entfernt, obwohl die Konzerne beileibe nicht schlecht zahlen. Beispiel BASF: Der Chemiekonzern hat 2015 eine Dividende von 2,80 Euro ausgeschüttet. Bezogen auf die 69,85 Euro, die man zu Jahresanfang für eine Aktie berappen musste, sind das immerhin vier Prozent. Ziemlich ordentlich, vor allem verglichen damit, was mit Anleihen der »Badischen«, wie das 1865 als *Badische Anilin- und Soda-Fabrik* gegründete Unternehmen bei Opa Wilhelm hieß, zu holen war: nicht einmal ein Prozent.

BASF: Kursverlauf 2015

Blickt man hingegen auf die Kursentwicklung des Jahres 2015, stellt sich bald Ernüchterung ein. Zuerst legte BASF einen satten Sprint aufs Parkett, Anfang April kostete die Aktie zeitweise mehr als 95 Euro. Über 25 Euro respektive 45 Prozent Kursgewinn – da sind 2,80 Euro oder vier Prozent Dividende bloß die Kirsche auf dem Kuchen. Doch wie gewonnen, so zerronnen: Bis zum September brach die Notierung auf 66 Euro ein, gegenüber dem Höchstkurs ein Verlust von gut 30 Euro oder einem Drittel. Wer so viel verliert, wird sich kaum noch an die 2,80 Euro erinnern, die am 4. Mai aus Ludwigshafen auf dem Konto eingetrudelt sind. Noch dürftiger sieht die Dividende neben den wöchentlichen Kursschwankungen aus. Im Jahresverlauf 2015 hat die BASF-Aktie von Montag bis Freitag *per saldo* elfmal mehr als 2,80 Euro gewonnen und neunmal mehr als 2,80 Euro verloren: Was also soll das ganze Trara um diese eine jährliche Ausschüttung, wenn man dasselbe Geld so häufig binnen fünf Tagen gewinnen oder verlieren kann!?

Abgesehen davon, dass man immer erst am Freitagabend weiß, ob es eine gute oder eine schlechte Börsenwoche war, springt diese Betrachtung einfach viel zu kurz. Dividenden sind in der Tat Kleinvieh – und das braucht Zeit, um genügend fruchtbaren Mist zu produzieren. Der Wert der Ausschüttungen erschließt sich deshalb erst über längere Zeiträume. Fünf Jahre sollte man sich mindestens anschauen, besser noch zehn, um einen kompletten Konjunktur- und Börsenzyklus abzudecken. Wieder BASF: Anfang 2006 notierte die Aktie bei 32,50 Euro, Ende 2015 bei 70,50 Euro, also 38 Euro höher. Natürlich ist dazwischen einiges passiert und die Finanzkrise hat auch dem Chemieriesen kräftig zugesetzt. Dennoch hat sich die Aktie *per saldo* mehr als verdoppelt, unter dem Strich steht eine *Performance* von 117 Prozent oder im Schnitt 8,1 Prozent p.a.

Das kann sich durchaus sehen lassen, ist aber noch lange nicht alles. Denn BASF macht genau das, was ein ordentliches Unternehmen tun sollte – seine Aktionäre jedes Jahr mit einer Dividende zu beglücken. Zunächst, im Mai 2006, gab's einen Euro je Aktie und hernach ging's Schritt für Schritt nach oben. Nur 2009, als der Wirtschaftshimmel voll mit dunklen Wolken war und Unternehmen ihr Geld lieber zusammengehalten als ausgeschüttet haben, mussten auch die Aktionäre etwas kürzertreten. Doch nur ein Jahr später wurde der Hauptversammlung schon wieder die nächste Rekorddividende vorgeschlagen und seitdem hält der Aufwärtstrend an.

Entscheidend aber ist die Summe: Je Aktie hat BASF binnen zehn Jahren 20,90 Euro unter die Leute gebracht und plötzlich ist die Dividende nicht mehr nur die Kirsche, sondern ein zusätzliches Stück Torte. 20,90 Euro – das sind pro Jahr gut zwei Euro und bezogen auf den Kurs von Anfang 2006 stattliche 64,5 Prozent, einfach so obendrauf, zusätzlich zum Kursgewinn. *All in all*, also Kursgewinn und Ausschüttungen aufaddiert, ergibt das ein Plus von rund 181 Prozent oder 10,9 Prozent p.a.

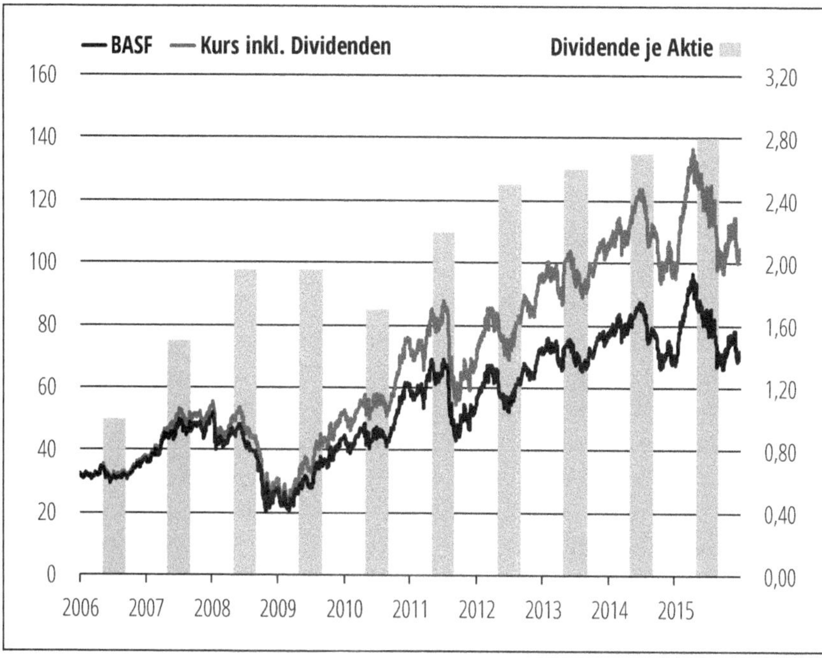

BASF: Dividende je Aktie und Kursverlauf 2006 - 2015

Diese Gegenüberstellung ist freilich nicht ganz fair. Denn während die Dividenden unwiderruflich in die Tasche des Aktionärs geflossen sind, resultiert der Kursgewinn nur aus einer Momentaufnahme per 31. Dezember 2015 – und wenn Sie dieses Buch in der Hand haben, notiert die BASF-Aktie vielleicht nur noch bei 55 Euro oder längst wieder bei 75 Euro. Aber wir wollen uns oder Sie ja auch nicht reich rechnen, es geht vor allem um die Relationen: 38 Euro Kursgewinn plus 20,90 Euro Dividendensumme gleich 58,90 Euro Gesamterfolg bedeutet auf gut Deutsch, dass mehr als ein Drittel dessen, was in den vergangenen zehn Jahren mit der BASF-Aktie zu verdienen war, eben nicht aus Kursgewinnen resultiert, sondern aus dem Kleinvieh namens Dividende.

Wenn also künftig wieder jemand lästert, die Ausschüttungen seien doch bloß Pillepalle, putzige Grüße von der Hauptversammlung, viel zu wenige Tropfen auf einen viel zu heißen Stein: Geben Sie ihm einfach Ihre (oder besser noch unsere) Kontonummer und bitten Sie um regelmäßige Überweisung dieser Kinkerlitzchen. Dabei ist BASF natürlich nur ein Beispiel. Je nachdem, wie großzügig ein Unternehmen das Füllhorn über seinen Anteilseignern ausbreitet und wie die Börsenpreise sich entwickeln, ändert sich natürlich auch das Verhältnis zwischen Ausschüttung und Kursgewinn. Die Aktie von Fresenius etwa hat sich binnen zehn Jahren mehr als verfünfeinhalbfacht (plus 458 Prozent) – und neben einer derart sagenhaften Kursentwicklung muss fast jeder Dividendenstrom zu einem trüben Bächlein schrumpfen. Überdies zahlt der Gesundheitsdienstleister zwar sehr zuverlässig, aber eher wenig. Bezogen auf den Preis vom Jahresanfang 2006 beläuft sich der *Dividend Return* folgerichtig nur auf gut 24 Prozent, also rund ein Zwanzigstel des Gesamterfolgs. Anders die Lage bei der Münchener Rückversicherung, wo die Dividende für den Aktionär seit 2006 sogar fast genauso wichtig war wie der Kursgewinn. Die Aktie hat rund 60 Prozent zugelegt, die Summe der Ausschüttungen beläuft sich auf 51 Prozent.

Noch besser sichtbar wird die Bedeutung von Dividenden für die langfristige Wertschöpfung des Aktionärs beim Blick auf den Deutschen Aktienindex. Der DAX ist das Barometer und durch die große Anzeigentafel, ohne die keine TV-Schalte in den Handelssaal auskommt, längst auch das Sinnbild des Frankfurter Börsenparketts. Der Index bündelt die 30 wichtigsten deutschen Aktiengesellschaften, aus deren Kursveränderungen die Deutsche Börse AG fortlaufend eine Art Durchschnitt errechnet, an dem man dann unabhängig von der Entwicklung einzelner Titel die übergeordnete Börsentendenz ablesen kann. Letztendlich ist der DAX damit so etwas wie ein virtuelles Portfolio – das wie im richtigen Leben nicht nur Kursveränderungen nachvollzieht, sondern auch Dividendenzahlungen widerspiegelt. Diese werden allerdings nicht einfach zur Seite gelegt wie in unserem BASF-Beispiel. Stattdessen wird so getan, als würde man für jede Ausschüttung, sobald sie auf dem Konto eingegangen ist, gleich wieder Aktien des jeweiligen Unternehmens kaufen.

Insofern reflektiert der DAX tatsächlich die Gesamtrendite oder, wie die um angloamerikanisches Fachchinesisch nie verlegenen Börsianer gern sagen, den *Total Return* eines Investments in die heimischen Top-Konzerne – und das schon seit Anfang 1988. Damals startete der DAX bei

1.000 Zählern und dass der Index sich Ende 2015 die 10.000 Punkte-Marke von oben ansah, heißt im Klartext: Wer seinerzeit deutsche Aktien gekauft und die Dividenden nicht versoffen, sondern fleißig *reinvestiert* hat, konnte sein Vermögen binnen 28 Jahren mehr als verzehnfachen. Verteilt man den Gewinn mithilfe der *Zinseszinsformel* auf die Laufzeit, entspricht das einem Jahresdurchschnitt von 8,8 Prozent, den Sie gerne mit dem aktuellen Zinsniveau vergleichen dürfen. Oder mit dem REXP, der als Gegenstück zum DAX die Gesamtrendite von Bundesanleihen misst, der ebenfalls am 4. Januar 1988 das Licht der Welt erblickte und der seitdem in Summe nur 372 Prozent oder 5,7 Prozent p.a. zugelegt hat. Und das, obwohl zehn Jahre lang auch unsere neunprozentige Silvesteranleihe enthalten war ...

Doch das Duell Aktien versus Anleihen liegt ja schon hinter uns. Weitaus interessanter als der REXP ist deshalb an dieser Stelle der kastrierte Zwilling des DAX – kastriert deshalb, weil etwas Essenzielles fehlt, nämlich die Dividenden. Der sogenannte *Kursindex* (DAXK) bildet lediglich die Preisveränderungen der 30 DAX-Titel nach, während die Ausschüttungen unter den Tisch fallen. Und das macht sich bemerkbar. Mit gut 5.000 Punkten stand der DAXK Ende 2015 bloß halb so hoch wie der »echte« DAX. Statt Verzehnfachung nur Verfünffachung, statt 8,8 Prozent nur 6,2 Prozent durchschnittliche Jahresrendite und die 2,6 Prozentpunkte dazwischen sind der durch Dividenden (und ihre Reinvestition) geschaffene Mehrwert.

Oder andersherum: 6,2 Prozent Kursgewinn plus 2,6 Prozent Dividendenertrag gleich 8,8 Prozent Gesamtergebnis. Dieselbe Rechnung wie eben bei BASF, nur jetzt halt nicht nur für ein Unternehmen und nicht nur über zehn Jahre, sondern für ein Portfolio mit 30 Aktien und über fast 30 Jahre. Nur das Ergebnis bleibt annähernd dasselbe. Über den Daumen gepeilt stehen die Gewinnausschüttungen der deutschen Großunternehmen für ein Drittel der historischen Aktienrendite. Und je weiter man auf der Zeitachse vorrückt, umso größer wird die Lücke. Diesen haben wir in der Abbildung nochmal separat ausgewiesen, wobei der treppenförmige Anstieg daher rührt, dass die Dividenden der heimischen Top-Konzerne eben allesamt im April/Mai fließen – abgesehen von Siemens, Infineon und ThyssenKrupp, deren Geschäftsjahr am 30. September endet und die deshalb schon im Januar/Februar zur Hauptversammlung laden.

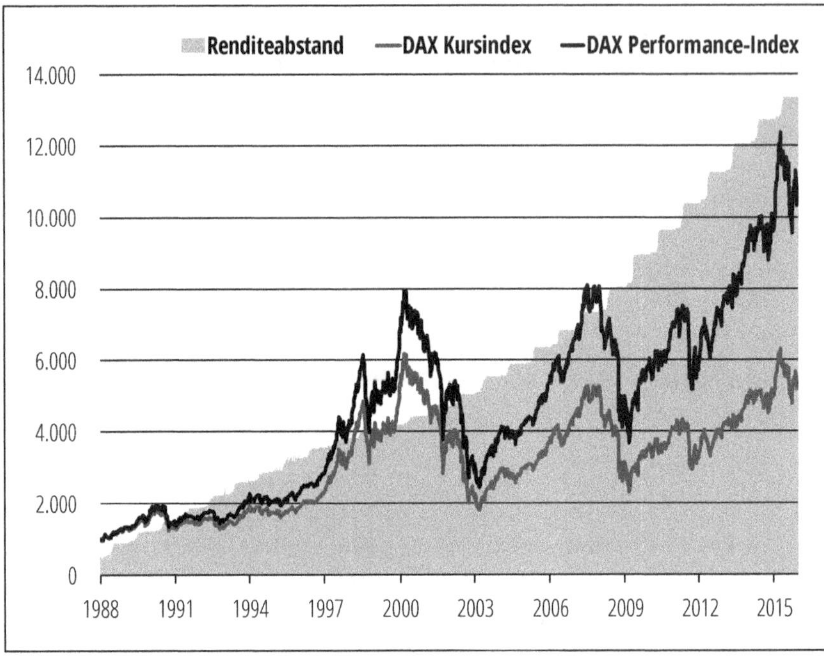

DAX: Kursindex vs. Performance-Index 1988 - 2015

Das, was wir jetzt am Beispiel des DAX für Deutschland durchdekliniert haben, gilt überdies auch anderswo. Vom EURO STOXX 50 etwa, der die fünfzig wichtigsten Aktien der Eurozone abbildet, gibt es ebenfalls sowohl einen *Total-Return*-Index mit Dividenden wie auch eine *Price-Return*-Variante ohne Ausschüttungen – wobei, wenn in den Medien ganz schlicht vom EURO STOXX 50 die Rede ist, immer Letztere gemeint ist. Doch hier tanzt ausnahmsweise nicht Europa, sondern Deutschland aus der Reihe: Nur der Frankfurter Index mit dem an einen possierlichen Waldbewohner erinnernden Namen kommt standardmäßig inklusive Dividenden daher, während alle anderen bekannten Börsenbarometer primär als Kursindizes veröffentlicht werden.

Insofern Augen auf beim Index-Kauf. Wenn der Verkäufer hinterm Banktresen Ihnen ein Produkt auf den EURO STOXX 50 andrehen will, sollten Sie sich unbedingt nach dem Schicksal der Dividenden erkundigen.

Vor allem bei Zertifikaten ist es nämlich oft der Fall, dass die Ausschüttungen einbehalten werden und einen Ihrerseits eher nicht intendierten Solidarbeitrag zur Sanierung maroder Bankbilanzen leisten. Und dieses Scherflein kann sich durchaus sehen lassen: Während der Ende 1991 bei 1.000 Punkten aufgesetzte Kursindex 24 Jahre später rund 230 Prozent höher notiert, liegt die *Total-Return*-Version des EURO STOXX 50 mehr als 520 Prozent im Plus. Im Jahresdurchschnitt beläuft sich der Abstand auf 2,8 Prozentpunkte – 5,1 Prozent versus 7,9 Prozent. Bei europäischen *Blue Chips*, wie die großen Aktien in Anlehnung an die teuersten Jetons im Casino von Monte Carlo auch genannt werden, macht der Anteil der Dividenden an der Gesamtrendite also sogar etwas mehr als ein Drittel aus.

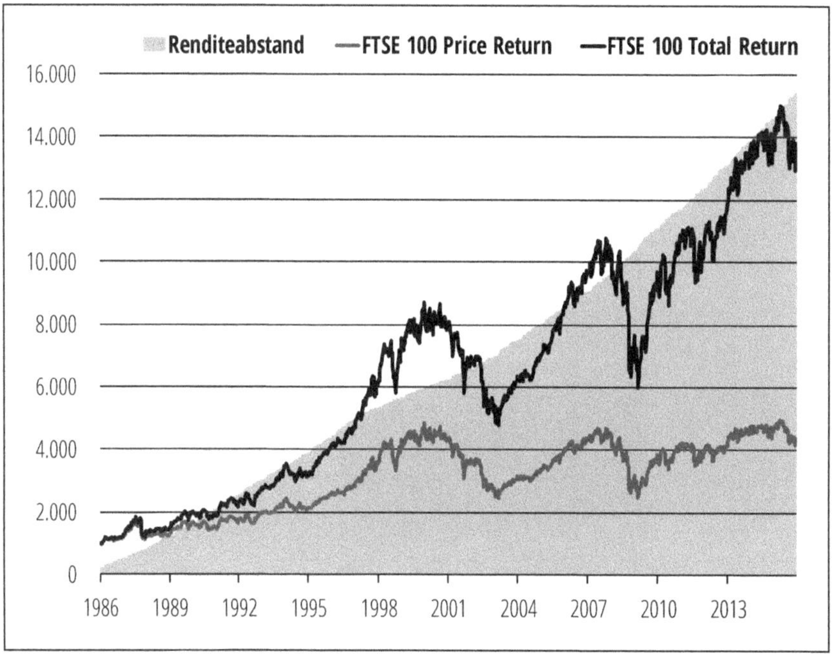

FTSE 100: Total Return vs. Price Return Index in GBP 1986 - 2015

Noch viel essenzieller sind die Ausschüttungen in Großbritannien. Den britischen FTSE 100 gibt es bereits seit Ende 1985 und in 30 Jahren hat's nur zu etwas mehr als einer Vervierfachung gereicht – plus 340 Prozent oder 5,0 Prozent p.a., allerdings ohne Dividenden. Mit Dividenden stehen knapp 1.300 Prozent zu Buche, und der Jahresdurchschnitt von 9,1 Prozent zeigt an: Gute vier Prozent pro Jahr stammen vom Kleinvieh, das auf der Insel fast die Hälfte des *Performance*-Mists macht.

Den Dividendenvogel schießt derweil die ehemalige Strafkolonie der Queen ab. Der australische S&P/ASX 200 Index hat zwar in den 15 Jahren seit Ende 2000 *per saldo* lediglich um die 60 Prozent gewonnen, womit man wahrlich keine großen Sprünge machen kann. Dafür kamen ordentlich Dividenden in den Beutel; das Total-Return-Barometer für die 200 wichtigsten Känguru-Aktien hat sich mehr als verdreifacht. Bricht man das wiederum auf Jahresdurchschnitte herunter, stehen 3,3 Prozent gegen 7,8 Prozent. *Down under* spielen Kursgewinne mithin nur die zweite Geige, während Dividenden wichtigster Ertragsbringer für Aktionäre sind.

07

Treibstoff aus reifen Früchten

Doch egal, ob Aktie oder Index, ob zehn oder 30 Jahre: Die Gegenüberstellung von Kursgewinnen und Gesamtrendite überzeugt beileibe nicht jeden. Manche Investoren halten derlei *empirische* Analysen nicht nur für mathematische Taschenspielerei, sie interpretieren Dividenden sogar als unternehmerische Bankrotterklärung – als Zahl gewordenes Eingeständnis, dass eine Firma die besten Zeiten längst hinter sich hat. Denn sonst, so die Argumentation, würde man die Gewinne doch wohl lieber wieder ins Geschäft stecken statt das sauer verdiente Geld an die Anteilseigner auszukehren.

Um diese steile These zu untermauern, führen die Apologeten der Ausschüttungs-Askese gerne Microsoft ins Feld. Gewiss, mit seinem Streber-Scheitel, der übergroßen Tropfenbrille und seinen Schlabberpullis war Firmengründer Bill Gates schon früher nicht annähernd so *hip* wie Apple-Genius Steve Jobs. Doch während der *iGod* in den 1990er-Jahren bisweilen sogar am Rand der Pleite lavierte, war Microsoft der globale Champion des PC-Zeitalters. Das Betriebssystem MS-DOS, die Benutzeroberfläche MS Windows, das Büropaket Office, der Web-Browser MS Internet Explorer – der Gigant aus Redmont, ob seiner Dominanz jahrelang Gottseibeiuns der Wettbewerbshüter, legte immer wieder nach und scheffelte Milliarden. Die wurden aber gleich wieder reinvestiert.

Erst 2003 machte Gates, längst vom blassen *Nerd* zum weltläufigen Philanthropen gereift, die Schatulle auf. Microsoft zahlte plötzlich Dividenden und von nun an ging's bergab. Zwar ist das Brot- und Buttergeschäft rund um die bunten Fenster für stationäre Computer nach wie vor eine Lizenz zum Gelddrucken, aber in der neuen Welt der MP3-Player, Smartphones, Tablets und *Mobile Applications* geben längst Apple, Google oder Facebook den Ton an. Wobei, seit Jobs' schockierend frühem Tod hat auch Apple nichts Bahnbrechendes mehr präsentiert. Stattdessen kündigte sein Nachfolger Tim Cook im Sommer 2012 noch während des Trauerjahres was an? Richtig: regelmäßige Ausschüttungen.

Wer das jedoch als schlechtes Omen sieht, verwechselt Kausalität und Koinzidenz – und ignoriert das Wesen der Aktie als Finanzierungsinstrument: Warum, wenn nicht wegen der Aussicht auf eine mehr oder weniger üppige Gewinnbeteiligung, sollte man ins Risiko gehen und einem Unternehmen Eigenkapital zur Verfügung stellen!? Die Hoffnung auf Kursgewinne wird's ja wohl kaum sein, denn von den mehr als 12.000 in Deutschland registrierten Aktiengesellschaften sind nicht einmal 1.200 börsennotiert. Bei neun von zehn Firmen kann also schon aus technischen Gründen nur die Dividende dafür sorgen, dass Aktien kein totes Kapital sind.

Beispiel Bertelsmann, wo man zur Börse ein ähnlich inniges Verhältnis pflegt wie der Teufel zum Weihwasser: Abgesehen vom kurzen Gastspiel des belgischen Tycoons Albert Frère ist das gemessen am Umsatz immerhin neuntgrößte Medienimperium der Welt ein Familienunternehmen in sechster Generation. Mehr als drei Viertel der Aktien liegen bei der 1977 vom Patriarchen Reinhard Mohn gegründeten Bertelsmann Stiftung, den Rest hält die Familie direkt und trotz Börsen-Abstinenz können sowohl die Stiftung als auch die resolute Witwe Liz aus dem Vollen schöpfen – zuletzt hat Bertelsmann Jahr für Jahr 180 Mio. Euro Dividende gezahlt.

Auch die andere *Grande Dame* der deutschen Medienlandschaft lebt von Dividenden. Zwar dürfte Friede Springer daheim in Potsdam durchaus einige Taler in der Teetasse haben, doch ihren 27. Platz in der Reichenliste des Manager Magazins verdankt sie natürlich den rund 50 Mio.

ihr zuzurechnenden Axel-Springer-Aktien. Bei einem Börsenkurs von 51 Euro per Ultimo 2015 ist das Paket über zweieinhalb Milliarden Euro schwer, wofür sich die Witwe des 1985 verstorbenen Großverlegers aber buchstäblich nichts kaufen kann. Denn würde das Unternehmen keine Dividenden abwerfen, müsste Frau Springer immer erst Aktien zu *Cash* machen, wenn sie sich eine exklusive Immobilie gönnen oder die nach ihr benannte Herz-Stiftung alimentieren will. Um ein paar Früchte ihrer unternehmerischen Leistung zu ernten, wäre sie gezwungen, sich von einem Teil dessen zu trennen, was sie in den vergangenen 30 Jahren mit Charme, Kampfgeist und einer gehörigen Portion Mut zusammengehalten hat.

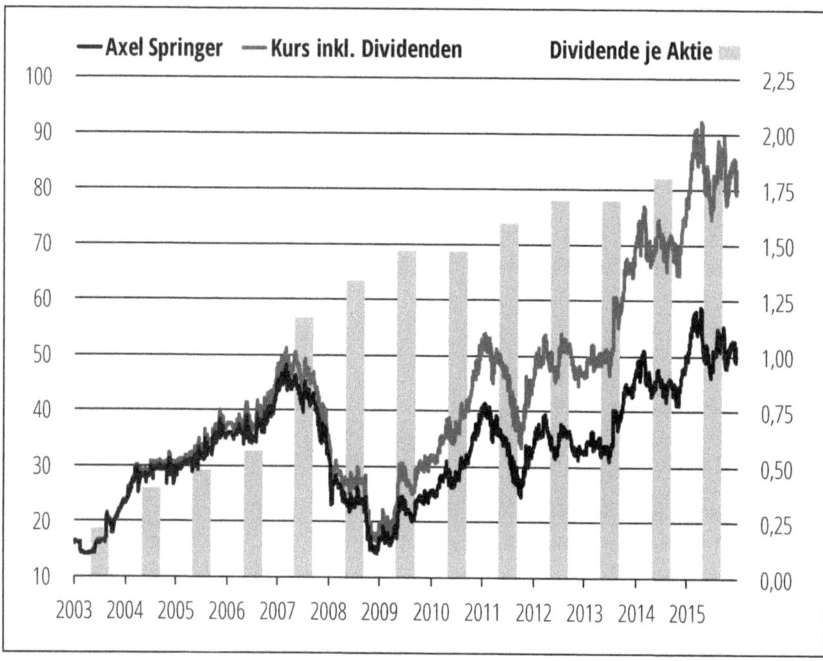

Axel Springer: Dividende je Aktie und Kursverlauf 2003 - 2015

Durchaus verständlich also, dass die mittlerweile von einer deutschen AG in eine europäische Aktiengesellschaft (*Societas Europaea*) umgewandelte Axel Springer SE zu den zuverlässigeren Dividendenzahlern auf dem

Frankfurter Parkett gehört. Seit 2003 wurde die Ausschüttung neunmal erhöht, nicht einmal im Krisenjahr 2009 mussten Friede Springer und die übrigen Aktionäre kürzertreten – und trotzdem hatte das Unternehmen stets genügend finanziellen Spielraum für seine ebenso ambitionierte wie konsequente Digital-Strategie: Mittlerweile wird nicht nur der halbe Konzernumsatz, sondern auch der Großteil des operativen Profits im Internet erwirtschaftet.

Digitales Wachstum und nachhaltige Dividenden passen also durchaus zusammen, auch wenn smarte Jungunternehmer das bisweilen genauso wenig wahrhaben wollen wie gierige Investoren. Wer heute ein *Start-up* gründet, das so banalen Alltagskram wie Wohnung putzen, Hemden reinigen, Lebensmittel einkaufen oder Frühstücksflocken mischen mit einer schicken *Smartphone-App* verbindet, kriegt das Kapital fast hinterhergeschmissen – solange der *Businessplan* bloß halbwegs valide erklärt, dass man die Knete jetzt ohne Rücksicht auf Verlust in Technologie und Marketing pumpen muss, um ganz viele Nutzer anzulocken, von denen einige später zu zahlenden Kunden werden, die tatsächlich genug Umsatz machen, damit die Firma irgendwann Gewinn abwirft. Anno 2025 könnte es also eigentlich eine Dividende geben, doch *who cares*? Denn dann wollen Gründer und Geldgeber ohnehin längst über alle Berge sein. *Exit* heißt das Zauberwort: Sobald die Kiste läuft, wird verkauft, wahlweise an einen trägen Großkonzern mit voller Kasse und leerer Innovationspipeline oder – und das ist die Königsdisziplin – über die Börse an Kreti und Pleti.

Mal schauen, wie lange *Entrepreneure* und Finanziers sich noch an der Vision vom großen *Deal* berauschen. Gewiss wird das eine oder andere *Start-up* den Durchbruch schaffen und auf einen Schlag ein Vielfaches des investierten Kapitals einspielen. Die nur fünf Jahre nach ihrer Gründung für kolportierte 100 bis 200 Mio. US-Dollar von Microsoft übernommene Berliner Softwareschmiede 6Wunderkinder oder das erst 2008 aufgesetzte und an der Börse inzwischen mit mehr als acht Mrd. Euro bewertete Mode-Portal Zalando lassen grüßen. Doch derlei Leuchttürme sind fast so selten wie Einhörner. Die allermeisten Hoffnungsträger werden über kurz oder lang jämmerlich eingehen, während ein paar andere sich allmählich etablieren, seriös arbeiten, Gewinne einfahren – und irgendwann Dividende zahlen.

So wie United Internet: Mit seinen superschnellen ISDN-Zugängen für dieses faszinierende *World Wide Web* war das seinerzeit noch unter seiner Hauptmarke 1&1 firmierende Unternehmen Ende der 1990er-Jahre ein ähnlich heißes Ding wie heute der Kochbox-Versender HelloFresh. Die Internet-Hysterie hatte den *Börsenwert* der im beschaulichen Montabaur beheimateten Firma zeitweise auf das Zwanzigfache des mit gut 100 Mio. Euro durchaus stattlichen Umsatzes getrieben. Nur als der digitale Goldrausch kurz nach der Jahrtausendwende ein ähnlich ernüchterndes Ende nahm wie einst die *Stampede* am Klondike River, brannte auch im Westerwald der Baum. Die Aktie um mehr als 90 Prozent abgestürzt, fast 50 Mio. Euro Verlust im Jahr 2000 – die meisten Vorstände haben in dieser Situation die Nerven verloren und Fehler gemacht, die schnurstracks in die Pleite führten. Nicht so Ralph Dommermuth. Während um ihn herum die *New Economy* zerbröselte, behielt der Gründer und Hauptaktionär von United Internet einen kühlen Kopf und nutzte den Trubel, um sein zwischenzeitlich zum virtuellen Bauchladen verkommenes Reich zu ordnen und intelligent zu vernetzen.

Und siehe da, bereits 2002 schrieb das Unternehmen wieder schwarze Zahlen. Für Dommermuth, der nach wie vor knapp 40 Prozent der Aktien hält, war das Grund genug, sich und die übrigen Anteilseigner gleich mal mit der ersten Dividende seit dem Börsengang zu belohnen. Wer Ausschüttungen als Schlussakkord einer spannenden Wachstumsstory interpretiert, hätte also spätestens am 16. Mai 2003, als der Dividendenscheck über insgesamt 28,6 Mio. Euro von der Hauptversammlung freigegeben wurde, die Reißleine ziehen und alle seine United-Internet-Aktien verscherbeln müssen. Rückblickend wäre das eine ziemliche Eselei gewesen, schließlich ging's danach erst richtig los: Nachdem United Internet 2002 noch 320 Mio. Euro umgesetzt hatte, knackte Dommermuth schon vier Jahre später die Milliarden-Marke. Und auch das war nur ein Zwischenziel, denn 2014 stand ganz vorne schon die Drei.

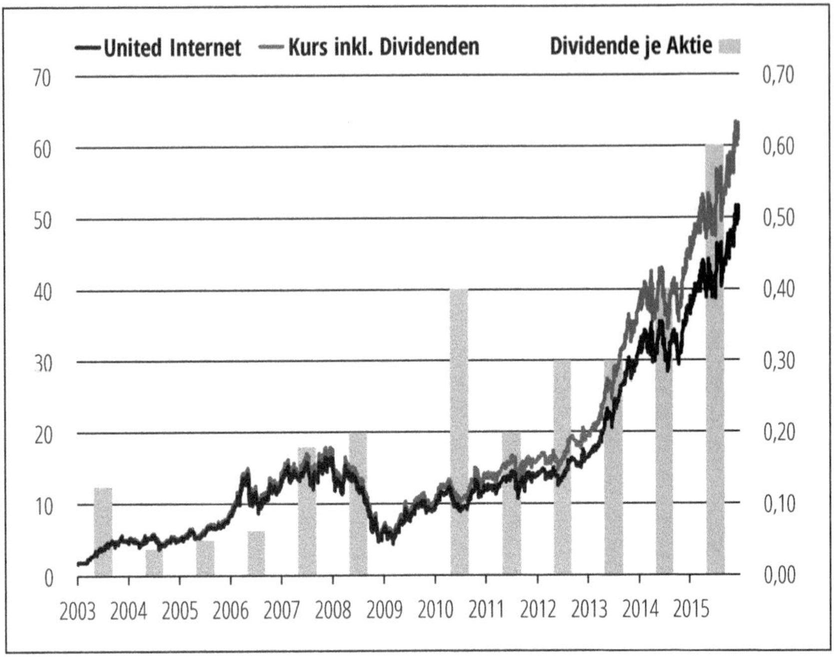

United Internet: Dividende je Aktie und Kursverlauf 2003 - 2015

Per saldo hat sich das Geschäftsvolumen von United Internet also in den zwölf Jahren, die seit der ersten Dividendenzahlung ins Land gegangen sind, nahezu verzehnfacht. Genauso sieht's beim Gewinn aus, der von 2002 bis 2014 von 37,3 Mio. Euro auf 371 Mio. Euro gestiegen ist. Ein Aufschwung wie aus dem Bilderbuch, an dem die Aktionäre nahezu mustergültig beteiligt wurden. Seit 2003 gab's fast jedes Jahr mehr Dividende, zuletzt mit 60 Euro-Cent zwölfmal (!) mehr als zehn Jahre zuvor. Nur 2009, inmitten der Finanzkrise, verordnete das Unternehmen seinen Eigentümern eine Nullrunde. Unter dem Aspekt der Verlässlichkeit ist das definitiv ein Schönheitsfehler, aber nachdem die konjunkturelle Apokalypse ausgeblieben war, wurde die ausgefallene Dividende immerhin ein Jahr später als Sonderausschüttung nachgereicht.

Wenn das Geschäft dermaßen brummt, reagiert natürlich auch der Börsenkurs. Dabei hatte sich die Aktie gegenüber ihren Tiefs bereits mehr als verneunfacht, als die Aktionäre erstmals mit einer Ausschüttung beglückt wurden. Doch auch das war nur der Prolog zu einer Rallye, die noch immer läuft: Mit rund 50 Euro kostete ein Anteil an Deutschlands erfolgreichster Internet-Firma Ende 2015 rund fünfzehnmal mehr als im Mai 2003. Der DAX Kursindex kommt im selben Zeitraum bloß auf ein Plus von 150 Prozent und die *Price-Return*-Variante des TecDAX, der die 30 wichtigsten Technologie-Aktien der Republik bündelt, bleibt mit einer Vervierfachung ebenfalls deutlich hinter United Internet zurück.

Schade deshalb, dass in den Medien oft zuerst von Mark Zuckerberg oder Oliver Samwer die Rede ist, wenn es um die Stars der Web-Wirtschaft geht. Keine Frage, der Facebook-Gründer hat schon jetzt die Welt verändert und der Rocket-Frontmann züchtet *Start-ups* wie andere Leute Karnickel. Aber als Entrepreneur ist der trotz seiner Leidenschaft für teure Segelyachten und italienische Sportwagen immer etwas bieder daherkommende Ralph Dommermuth den beiden *Posterboys* einen entscheidenden Karriereschritt voraus – und der heißt nun mal Dividende. Es ist fast wie im Obstgarten: Von Samwers jungen Stauden will noch keine so richtig blühen, während Zuckerbergs reiche Ernte auf dem Boden verrottet, damit der Kompost den ohnehin gewaltigen Baum noch mächtiger werden lässt. Nur Dommermuth sortiert lächelnd seine Früchte. Ein paar enden als Dünger, ein paar werden verkauft und von den besonders reifen isst er zwei Fünftel selbst und verteilt den Rest an diejenigen, die ihm einst beim Saatgut unter die Arme gegriffen haben und denen die anderen 60 Prozent des Bodens gehören, auf dem sein Lebenswerk gedeiht.

Spätestens an dieser Stelle sollte klar sein: Dividenden sind nicht das Ende, sondern die natürliche Konsequenz einer unternehmerischen Erfolgsgeschichte. Wer sät, will irgendwann auch ernten. Und wer einer Firma Eigenkapital gibt, sollte früher oder später Gewinne nicht nur sehen, sondern seinen Anteil daran einstreichen können – ansonsten wäre die Aktiengesellschaft eine ziemlich witzlose Veranstaltung. Nur logisch also, dass Konzerne wie Facebook, die trotz fetter Profite (noch) nicht ausschütten, an der Börse genauso in der Minderheit sind wie Hoffnungswerte à la Rocket Internet, bei denen sich erst zeigen muss, ob das Geschäftsmodell tatsächlich nachhaltige Werte schafft oder bloß Aktionärsknete verbrennt.

Der Normalfall hingegen ist, dass eine börsengelistete Aktiengesellschaft Geld verdient und Dividende zahlt. So haben 2015 von den 30 DAX-Unternehmen nur zwei nicht ausgeschüttet – die Commerzbank, deren Anteilseigner schon seit der Teilverstaatlichung 2009 leer ausgehen, und die Lufthansa, die angesichts der Streiklust ihrer Piloten lieber mal den ganzen Gewinn des Vorjahres auf die hohe Kante gelegt hat, anstatt ihre Eigentümer zu beglücken. Wirklich repräsentativ ist diese Selektion indes nicht, denn glücklicherweise hat der Frankfurter Kurszettel weitaus mehr zu bieten als die zweieinhalb Dutzend Top-Konzerne der DAX-Liga. In den meisten der schon zitierten rund 1.200 Aktien findet zwar kaum Handel statt und bei allen Klitschen, deren Börsenwert jahrelang unterhalb von 20 Mio. Euro herumdümpelt, drängt sich ohnehin die Frage auf, was der ganze Zauber überhaupt soll. Doch selbst wenn man diesen Bodensatz aussortiert, bleiben immer noch genügend potenzielle Anlage-Ziele übrig – zumindest aus dem Blickwinkel des Privatinvestors, der nicht wie die großen Fonds auf einen Schlag Millionenbeträge unterbringen muss.

Im Rahmen unserer Analysen und Strategien greifen wir deshalb nur ungern auf den DAX oder andere Indizes zurück. Statt der von Börsen oder Banken gelieferten Stangenware verwenden wir lieber einen maßgeschneiderten Aktien-Pool. Für Deutschland umfasst dieses Universum stets 250 Unternehmen, die wir immer zum Jahresanfang neu auswählen – natürlich nicht willkürlich, sondern nach Größe und Liquidität: Mit von der Partie sind diejenigen Firmen, die sowohl in puncto Börsenwert als auch beim durchschnittlichen Handelsvolumen der vergangenen 52 Wochen am weitesten oben rangieren.

Dass die Riege der DAX- und TecDAX-Werte ebenfalls in unseren *Deutschland Top 250* enthalten ist, liegt auf der Hand. Aber darüber hinaus nehmen wir halt auch Unternehmen wie KPS, Atoss Software oder Maschinenfabrik Berthold Hermle ins Visier, die zwar in den Indizes keine Rolle spielen, mit Kapitalisierungen im drei- oder sogar vierstelligen Millionenbereich jedoch wahrlich keine Pommesbuden sind. So entsteht ein realistischeres Abbild des deutschen Aktienmarktes, auch im Hinblick auf die Ausschüttungspolitik: Bei 197 von 250 Firmen war 2015 für die Aktionäre

Bescherung angesagt – eine Quote von fast 80 Prozent, die zweifelsohne unser Credo bestätigt, dass es schon reichlich ungewöhnlich ist, wenn ein Unternehmen die Dividende verweigert.

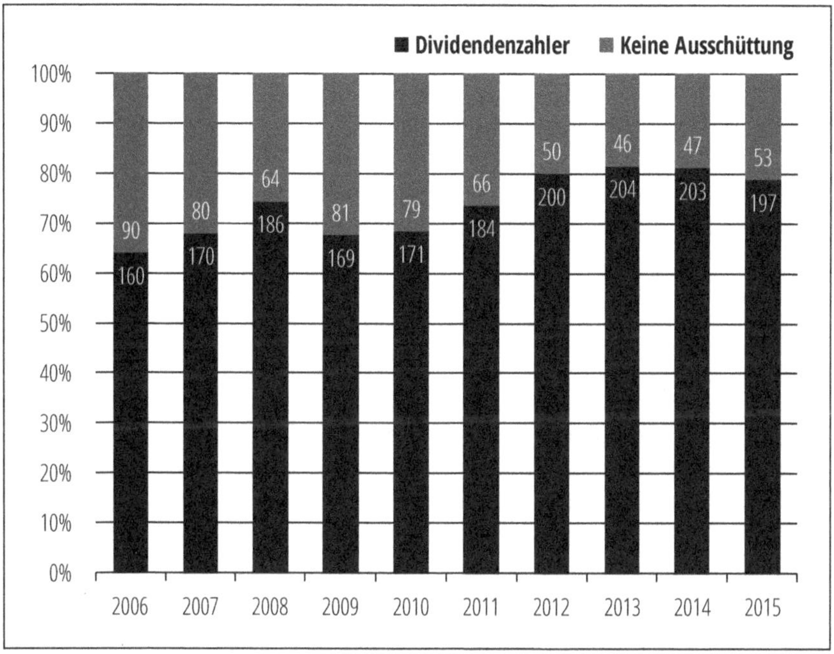

Deutschland Top 250: Anzahl und Anteil der Dividendenzahler 2006 - 2015

Gleichwohl war die Lage nicht immer so rosig. Noch vor fünf Jahren haben gerade einmal zwei Drittel der 250 wichtigsten deutschen Aktiengesellschaften es für nötig gehalten, ihre Anteilseigner an den Früchten des Geschäfts teilhaben zu lassen. Und der jüngste Sinneswandel in den Chefetagen dürfte auch nicht immer ganz freiwillig passiert sein: Nachdem der Zins mehr oder weniger verschwunden ist, haben institutionelle Investoren, die dringend auf laufende Erträge angewiesen sind, manchem Vorstand ebenso vornehm wie bestimmt klargemacht, dass man Gewinne eben nicht nur für sich behalten, sondern auch ausschütten kann – vielleicht sogar sollte, zumindest wenn man Stress vermeiden möchte.

Überdies sind die Firmen, die auf der Hauptversammlung vielleicht dicke Bohnen, aber keine Dividenden servieren, zwar eindeutig in der Minderheit. Aber bei 53 oder in früheren Jahren sogar bis zu 90 von insgesamt 250 Unternehmen sprechen Statistiker durchaus von *Signifikanz*. Und das ist auch gut so, denn auf diese Weise lässt sich empirisch fundiert beweisen, dass Dividenden nicht nur einen wesentlichen Teil der Gesamtrendite von Aktien zu verantworten haben, sondern obendrein auch Treibstoff für Kursgewinne sind.

Zu diesem Zweck verteilen wir unsere 250 Unternehmen auf zwei virtuelle Portfolios. Das eine wird immer zum Jahresanfang mit allen Firmen bestückt, die im Vorjahr eine Dividende überwiesen haben (»Zahler«); in das andere kommen die Ausschüttungs-Abstinenzler (»Nichtzahler«). Anschließend ermitteln wir für beide Depots die jährliche Wertentwicklung – und zwar als Durchschnitt aus den prozentualen Kursveränderungen der enthaltenen Aktien. Wir tun mithin so, als würden wir einmal im Jahr denselben Betrag in alle Zahler bzw. Nichtzahler investieren. In der Praxis wäre das zugegebenermaßen ziemlich aufwendig, schließlich hätte man Anfang 2015 allein für das Zahler-Depot 203 Orders aufgeben müssen, von denen jede einzelne selbst bei 250.000 Euro Kapitaleinsatz nur 1.231 Euro auf die Waage bringen würde. Aber das Ganze ist ja lediglich ein gedankliches Experiment, um den Mehrwert von Dividenden zu illustrieren.

Und der hat sich gewaschen. Denn während die Zahler in den zehn Jahren zwischen Anfang 2006 und Ende 2015 auf insgesamt 113 Prozent Kursgewinn kommen, treten die Nichtzahler mit kümmerlichen 14 Prozent Plus per saldo auf der Stelle – da wäre sogar schnödes Tagesgeld die bessere (und deutlich entspanntere) Alternative gewesen. Parallel zeigt der Blick auf die Jahreswerte, dass der gewaltige Abstand nicht aus einem oder zwei Ausreißern resultiert, sondern kontinuierlich angewachsen ist: Siebenmal haben die ausschüttenden Aktiengesellschaften die Nase vorn, insbesondere in den kritischen Jahren 2007, 2008 und 2011.

Deutschland Top 250	Kursänderung		Gesamtrendite	
	Zahler	Nichtzahler	Zahler	Nichtzahler
2006	24,2%	22,3%	27,1%	23,0%
2007	8,2%	-1,5%	11,2%	-1,2%
2008	-39,1%	-53,0%	-36,8%	-52,6%
2009	28,1%	31,2%	32,5%	31,9%
2010	29,9%	15,9%	33,1%	16,8%
2011	-14,2%	-27,9%	-11,6%	-27,3%
2012	17,6%	13,0%	21,5%	15,4%
2013	24,0%	25,7%	27,9%	27,7%
2014	3,6%	1,4%	6,2%	2,6%
2015	19,2%	26,2%	22,3%	27,0%
Total 2006-15	112,8%	14,0%	180,7%	23,7%
	8,1% p.a.	1,4% p.a.	11,2% p.a.	2,2% p.a.

Deutschland Top 250: Dividendenzahler vs. Nichtzahler – Performance 2006 - 2015

Doch selbst das ist noch nicht die ganze Wahrheit. Die sieht nämlich noch besser aus. Denn bis hierhin haben wir ja nur auf Kursgewinne geschaut, während die Dividenden schändlicherweise unter den Tisch gefallen sind. Höchste Zeit also, auch diese in unsere Kalkulation einzubeziehen. Dabei folgen wir dem Vorbild des DAX und stecken jede Ausschüttung am Tage des Zuflusses wieder in die jeweilige Aktie, so dass die Prozentzahlen nun nicht mehr bloß die Kursveränderung, sondern die Gesamtrendite angeben.

Weil manche Firmen – siehe United Internet 2009/2010 – die Dividendenzahlung schon nach einem Jahr Nulldiät wieder aufnehmen, profitiert davon auch das Nichtzahler-Portfolio. Mit nunmehr 24 Prozent Plus bleibt die Bilanz trotzdem mehr als mau, sozusagen *mau-mau*. Kein Vergleich jedenfalls zu den Zahlemännern (Frauen gibt's in den Vorständen ja kaum), deren Gesamtrendite sich auf 181 Prozent beläuft und die das jährliche Duell jetzt sogar mit 9:1 statt 7:3 für sich entscheiden. Nur 2015 liegen die Asketen tatsächlich fünf Prozentpünktchen in Front. Doch Ausnahmen bestätigen ja bekanntlich die Regel. Würde eine solche *historische Rückrechnung* gänzlich ohne Makel daherkommen, sollte man ohnehin misstrauisch werden – so wie ein Steuerprüfer erst recht Verdacht schöpft, wenn die Unterlagen allzu perfekt aussehen.

Was zählt, ist ohnehin die Langfrist-Bilanz. Man sollte sich das wirklich auf der Zunge zergehen lassen: Beide Portfolios sind mit ein paar Dutzend deutschen Aktien bestückt, die einmal jährlich ausgewählt und gleich gewichtet werden, wobei kein Geld-Guru à la Warren Buffett die Finger im Spiel hat und auch keine streng geheime Börsen-Zauberformel zum Einsatz kommt. Es sind bloß die Dividenden, die entscheiden, wer ins Töpfchen und wer ins Kröpfchen wandert – und die dafür sorgen, dass dem einen Depot binnen eines Jahrzehnts fast eine Verdreifachung gelingt, während das andere kaum vom Fleck kommt.

Eurozone Top 500	**Kursänderung**		**Gesamtrendite**	
	Zahler	Nichtzahler	Zahler	Nichtzahler
2006	27,3%	19,9%	31,1%	21,2%
2007	-2,8%	0,7%	-0,1%	2,2%
2008	-46,4%	-55,3%	-44,5%	-54,8%
2009	37,8%	35,3%	42,9%	36,3%
2010	9,7%	1,9%	13,2%	2,9%
2011	-19,9%	-32,7%	-17,3%	-31,9%
2012	16,6%	18,9%	21,1%	20,3%
2013	24,4%	42,5%	28,7%	43,1%
2014	1,3%	-7,2%	4,1%	-5,8%
2015	16,1%	10,9%	19,1%	11,8%
Total 2006-15	38,2%	-11,7%	87,9%	-3,1%
	3,4% p.a.	-1,3% p.a.	6,7% p.a.	-0,3% p.a.

Eurozone Top 500: Dividendenzahler vs. Nichtzahler – Performance 2006 - 2015

Wenn Sie Dividenden jetzt immer noch für Pipifax halten, sind wir mit unserem Latein am Ende. Gewiss, wir könnten noch ins Feld führen, dass Ausschüttungen auch außerhalb Deutschlands kurstreibend wirken. Wendet man unsere Versuchsanordnung zum Beispiel auf die 500 größten und liquidesten Aktien der Eurozone an, tut sich bei der Gesamtrendite seit 2006 eine ähnlich große Schere auf wie hierzulande: Zahler plus 88 Prozent, Nichtzahler minus (!) drei Prozent und nur zwei Jahre, in denen die Geizhälse besser abschneiden. Doch wahrscheinlich wird Sie auch das nicht von Ihrer Meinung abbringen, und natürlich ist es Ihr gutes Recht, Dividenden wahlweise für langweilig, anachronistisch oder schlicht überflüssig zu halten. Aber genau deshalb sollten Sie unbedingt noch schnell das nächste Kapitel lesen, bevor Sie dieses Buch in die Tonne kloppen – schließlich kann ein Unternehmen seine Aktionäre ja nicht nur mit Ausschüttungen beglücken.

08

Wasser predigen und Cherry Coke saufen

Dividenden füllen nicht nur den Geldbeutel, sondern beflügeln für gewöhnlich auch die Börsenkurse. Blöd jedoch, wenn man in den vergangenen Jahren statt »gewöhnlicher« Aktien die Papiere von RWE, E.ON oder K+S im Depot hatte. Die beiden Versorger und der Düngemittelkonzern haben zwar zur Hauptversammlung immer brav die Kasse klingeln lassen, dennoch sind die Notierungen seit Anfang 2011 um mehr als 60 Prozent abgeschmiert – da ist dann selbst die üppigste Ausschüttung kein Trostpflaster mehr.

Umgekehrt entpuppt sich auch nicht jeder Dividendenverweigerer als Rohrkrepierer. Denken Sie bloß mal an die Google-Holding, die inzwischen Alphabet heißt: Der Internet-Krake aus Kalifornien, Ende 2015 mit einem Börsenwert von gut einer halben Billion US-Dollar hinter Apple Vizemeister in der Liga der wertvollsten Unternehmen der Welt, verdient pro Quartal zwischen drei und vier Milliarden US-Dollar, wohlgemerkt nach Steuern. Trotzdem gab's noch nie eine Dividende, was aber niemanden großartig juckt, solange die Aktie weiterhin abgeht wie Schmitz' Katze: Seit dem *Going Public* im August 2004 hat der Kurs sich fast verzwanzigfacht.

Und das ist noch nicht alles, denn sogar der drittreichste Mann des Planeten lässt seine Aktionäre leer ausgehen: Berkshire Hathaway, das börsennotierte Konglomerat von Investment-Ikone Warren Buffett, hat in fünfzig Jahren nicht einen einzigen Cent ausgeschüttet. Die gewaltigen Gewinne, die der mittlerweile 85-jährige Großmeister der Geldanlage seit Jahrzehnten einfährt, werden immer wieder ins Geschäft gesteckt. Nicht von ungefähr ist Berkshire die teuerste Aktie der Welt – 2015 musste man für einen Buffett-Bruchteil im Durchschnitt satte 210.000 US-Dollar berappen. Wenn am ersten Maiwochenende ein paar zehntausend Anteilseigner zur Hauptversammlung nach Omaha pilgern, dürfte die Millionärsdichte in der eher unglamourösen Stadt an der Ostgrenze von Nebraska höher sein als in Monaco oder St. Moritz.

Bisweilen steht bei diesem *Woodstock des Kapitalismus* auch die Frage nach einer Dividende im Raum, schließlich bunkert Berkshire inzwischen mehr als 60 Mrd. US-Dollar weitgehend unverzinste Liquidität. Dennoch tut man sich schwer zu behaupten, dass dieses Geld bei den Aktionären besser aufgehoben wäre als bei Buffett und seinem kongenialen Partner, dem sechs Jahre älteren Charles Munger. Dafür ist der langfristige *Track Record* des kauzigen Duos schlichtweg zu überwältigend: Wer 1969 für 2.500 US-Dollar Berkshire-Aktien gekauft hat, ist heute zehnfacher Millionär. Und vor 25 Jahren hätte Opa Wilhelm seinem Enkel statt der Silvesteranleihe besser mal den Unterschied zwischen Buffet und Buffett erklären sollen. Sich letzteren ins Depot zu legen, kostete damals zwar schon knapp 7.000 US-Dollar, aber heute ist die Aktie halt 30-mal so teuer. Im jährlichen Durchschnitt entspricht das einer Rendite von 14,6 Prozent, gegen die nicht nur der selige Neunprozenter mit dem Bundesadler alt aussieht, sondern auch der S&P 500: Der Leitindex der New Yorker Börse, das amerikanische Pendant zum heimischen DAX, kommt seit Anfang 1991 selbst mit Dividenden nur auf ein Plus von durchschnittlich 9,8 Prozent p.a.

Berkshire Hathaway vs. S&P 500: Total Return in USD 1991 - 2015

Gleichwohl taugt Warren Buffett nicht als Kronzeuge gegen ansehnliche Ausschüttungen. Im Gegenteil, die fünf größten Positionen im Portfolio von Berkshire Hathaway sind Wells Fargo, Coca-Cola, American Express, IBM und Wal Mart – alles Firmen, die nicht nur Dividende zahlen, sondern diese sogar seit mehr als einem Vierteljahrhundert Jahr für Jahr anheben. Während Buffett also seinen Aktionären Wasser predigt, säuft er selber durchaus gerne Wein. Das allerdings nur im übertragenen Sinn, denn seinen Durst löscht der Milliardär vorzugsweise mit *Cherry Coke*. Fünf Dosen am Tag müssen es schon sein, und hartnäckig halten sich Gerüchte, dass das klebrig süße Achtziger-Jahre-Gesöff nur deshalb noch abgefüllt wird, weil der passionierte Kirschbrause-Trinker größter Anteilseigner von Coca Cola ist.

Überdies hat auch Buffett schon Geld unter die Leute gebracht, nur eben nicht als Dividende. Stattdessen hat Berkshire Hathaway 2011 für immerhin 1,2 Mrd. US-Dollar erstmals eigene Aktien zurückgekauft, was jenseits des Atlantiks ohnehin gang und gäbe ist. Von den im S&P 500 enthaltenen Unternehmen haben 2015 knapp 400 – also rund vier Fünftel – *Share Buybacks* durchgezogen. Dabei haben sie insgesamt rund 580 Mrd. US-Dollar rausgehauen, mehr als für Dividenden: Die Ausschüttungssumme der 500 wichtigsten Börsenfirmen der USA lag im selben Zeitraum bloß bei 410 Mrd. US-Dollar.

Hierzulande machen Aktienrückkäufe hingegen nicht einmal ein Zehntel des Dividendenvolumens aus, schon wegen der fehlenden Tradition. Ihre eigenen Anteile dürfen deutsche Aktiengesellschaften nämlich erst seit 1998 erwerben. Zuvor war das bis auf wenige Ausnahmen schlichtweg verboten. Und irgendwie hat's tatsächlich ein Geschmäckle, wenn ein Unternehmen eigene Aktien auf dem Buch hat, denn in letzter Konsequenz gehört die Firma dann ja zumindest teilweise sich selbst. Wirklich Sinn ergibt die ganze Sache deshalb erst, wenn die zurückgekauften Aktien eingestampft werden – durch das *Einziehen* steigt der Miteigentumsanteil der verbliebenen Papiere.

Dazu ein Beispiel: Angenommen, eine AG, die eine Million Aktien ausgegeben hat, macht eine Million Euro Gewinn und will diesen komplett an die Aktionäre ausschütten. Man könnte also eine Dividende von einem Euro je Aktie zahlen und die Sache wäre erledigt. Alternativ lässt sich die Million aber auch dafür verwenden, über die Börse oder ein öffentliches Angebot eigene Aktien zurückzukaufen. Wenn das der Einfachheit halber zu einem (Durchschnitts-)Preis von zehn Euro gelingen sollte, hält das Unternehmen schließlich 100.000 Anteile, die durch Beschluss des Vorstands eingezogen werden können, so dass hernach nur noch 900.000 Aktien im Umlauf sind.

Die Firma jedoch ist nach wie vor dieselbe. Alle Maschinen und Anlagen, alle Patente und Lizenzen, alle Mitarbeiter und Kunden sind ja weiterhin da. Nur verteilt sich dieses Vermögen jetzt auf 900.000 statt auf eine Million Stücke. Ein Großaktionär mit 100.000 Aktien besaß zuvor zehn Prozent des Unternehmens, doch sofern er das Rückkaufprogramm nicht genutzt hat, um seinen Bestand zumindest teilweise zu versilbern, ist sein Anteil nun ohne eigenes Zutun auf 11,1 Prozent – 100.000 von 900.000 Aktien – gestiegen. Oder anders formuliert: Der *intrinsische Wert* der Aktie hat sich um 11,1 Prozent erhöht.

So etwas spiegelt sich natürlich auch am Kapitalmarkt wider. In der Regel wird schon die börsenrechtlich zwingend notwendige Ankündigung, dass ein Unternehmen eigene Aktien zurückkaufen will, mit steigenden Kursen gefeiert. Wenn sich zusätzliche Nachfrage abzeichnet, ist das immer gut für die Preise. Und sobald dann tatsächlich gekauft wird, geht die Party erst richtig los, was nicht zuletzt der S&P Buyback Index bestätigt. Für dieses ganz spezielle Börsenbarometer werden aus dem S&P 500 Index jedes Quartal diejenigen 100 Unternehmen herausgepickt, die am meisten Aktien zurückgekauft haben. In den vergangenen zwei Jahrzehnten hat sich das auf jeden Fall gelohnt: Während dem S&P 500 einschließlich reinvestierter Dividenden eine Vervierfachung gelungen ist, kommen die fleißigsten Rückkäufer per saldo auf eine Gesamtrendite von mehr als 1.100 Prozent. Aufs Jahr gerechnet entspricht das einem Vorsprung von fünf Prozentpunkten.

S&P Buyback vs. S&P 500: Total Return in USD 1996 - 2015

Dazu sind Aktienrückkäufe aus Investorensicht auch steuerlich charmant. Während der Fiskus nämlich von Dividenden sofort etwas abzwackt, interessiert sich das Finanzamt für Kursgewinne erst, sobald diese realisiert werden. Wer also brav bei der Stange bleibt, wird mit jeder Aktie, die ein Unternehmen zurückkauft und einzieht, ein bisschen reicher – allerdings bloß auf dem Papier. Kaufen kann man sich davon nichts, denn wenn Sie in der Bäckerei statt Kleingeld Ihren Depotauszug herauskramen, bekommen Sie vielleicht anerkennende Blicke, aber sicher keine Brötchen.

Unmittelbare Profiteure des Rückkaufsegens sind diejenigen, die ihre Aktien auf den Markt schmeißen. Solange eine Firma mit ihren Käufen den Börsenkurs anheizt, kommen die Verkäufer in den Genuss von künstlich überhöhten Preisen. Finanziert wird der Spaß indes mit dem Vermögen *aller* Aktionäre, so dass die loyalen Anteilseigner gleich doppelt angeschmiert sind. Nicht nur, dass sie selbst kein Bargeld sehen, sie müssen auch noch den Ausstieg derer subventionieren, die vom Unternehmen die Nase voll haben. Dividenden sorgen hingegen für Gerechtigkeit: Auf jede Aktie gibt's dieselbe Ausschüttung und dann darf der mündige Anleger souverän entscheiden, was er mit seinem Anteil am Gewinn anstellt – ob und wie er die Piepen reinvestieren oder lieber verprassen möchte.

Unabhängig davon signalisieren Dividenden eine gewisse Qualität, zumal hierzulande eine Firma zunächst einmal Gewinne erzielen und Rücklagen bilden muss, bevor sie überhaupt ausschütten darf. Für Aktienrückkäufe hingegen reicht ein Kopfnicken der Hauptversammlung, und dann kann ein Unternehmen sich sogar über beide Ohren verschulden und auf Pump den eigenen Aktienkurs hochjubeln. Weil Fremdkapital derzeit so lächerlich billig ist und Schuldzinsen sich im Gegensatz zu Dividenden von der Steuer absetzen lassen, ernten solche finanzakrobatischen Luftnummern bisweilen sogar noch den Beifall der Börse. Ungemütlich wird's erst, wenn das, was der Geschäftsbetrieb so abwirft, mal nicht mehr für Zins und vor allem Tilgung reicht.

Praktisch deshalb, dass Rückkaufprogramme sich bei Bedarf klammheimlich beerdigen lassen. Vorab festgelegt werden muss nämlich nur, wie viele Aktien *höchstens* erworben werden sollen. Ob ein Unternehmen diesen Spielraum aber tatsächlich ausreizt, liegt allein im Ermessen des

Vorstands. Notfalls waren halt die Marktumstände Schuld, dass statt der angekündigten 250.000 nur mickrige 5.000 Aktien gekauft wurden und der wortreich beschworene Geldregen für die Aktionäre ausgeblieben ist. Einen stärkeren Sturm der Entrüstung wird das kaum entfachen: Selbst in Finanzdatenbanken wie dem *Bloomberg-Terminal*, für das professionelle Anleger, wie die Autoren dieses Buches, jeden Monat zweieinhalbtausend US-Dollar hinblättern, werden die Rückkauf-Aktivitäten eher halbherzig erfasst.

Ohne Zweifel sind Aktienrückkäufe ein sehr flexibles Instrument, um nicht benötigte Liquidität an die Anteilseigner auszukehren. Aber die Grenze zwischen Flexibilität und Beliebigkeit ist nun einmal fließend. Dagegen symbolisieren Dividenden schlichtweg das, was auf Neudeutsch *Hard Commitment* heißt – ein starkes Signal, eine nachhaltige Verpflichtung, wobei es nicht um Recht geht, sondern um Reputation: Wer heute Dividende zahlt, weckt am Kapitalmarkt die Erwartung, dass auch im nächsten Jahr wieder Bescherung sein wird. Und wenn man dann zurückrudern und die Ausschüttung kürzen oder gar streichen muss, ist das Image erst mal im Eimer.

Insofern hatte der neue Deutsche-Bank-Chef John Cryan also eigentlich nichts mehr zu verlieren, als er seine Aktionäre im Herbst 2015 auf eine gleich zweijährige Nullrunde einstimmte. Der anschließende *Shitstorm* war dennoch nicht von schlechten Eltern. Selbst ansonsten nicht für investigativen Wirtschaftsjournalismus berüchtigte Käseblättchen machten den Dividendenausfall zum Thema – als bis dato augenfälligstes Symptom für den Niedergang des blauen Geldhauses, das seit Kriegsende noch jedes Jahr ein paar Taler aus dem Tresor geholt und an die Eigentümer verteilt hatte. Ob parallel wohl auch die Aktienrückkäufe ausgesetzt werden? Keine Ahnung, dazu wurde nichts gesagt und nichts gefragt, obwohl die Deutsche Bank allein im dritten Quartal 2015 für immerhin 128 Mio. Euro eigene Anteile vom Markt genommen hat.

Derlei Intransparenz kann zum Bumerang werden, denn wenn Aktiengesellschaften sich selbst kaufen, lauern die größten Risiken in der Vorstandsetage. Fast jeder moderne Manager lässt sich zusätzlich zum Fixgehalt noch eine variable Vergütung in den Vertrag schreiben, und die hängt oft nicht nur an Bilanzkennzahlen, sondern auch am Börsenkurs. Warum also nicht mit einem hübschen Rückkaufprogramm der lahmen Aktie etwas auf die Sprünge helfen!? Zugegeben, so ganz astrein ist das nicht, mit anderer Leute Geld die eigene Gage in die Höhe zu treiben. Aber letztendlich haben ja alle etwas davon und welcher Aktionär wird ernsthaft dumme Fragen stellen, so lange der Aktienkurs frisch, fromm, fröhlich, frei gen Norden marschiert!?

Heikel wird die Sache erst, wenn's in die andere Richtung geht. Dabei muss gar nicht unbedingt private Gier im Spiel sein – es reicht schon, dass Vorstände halt auch bloß Menschen sind, die von Emotionen geleitet werden. So wie 2007/2008, als deutsche Aktiengesellschaften für mehr als 30 Mrd. Euro eigene Aktien zurückkauften, um die angesichts der heraufziehenden Finanz- und Wirtschaftskrise ins Taumeln geratenen Börsenkurse zu stützen. Allein Daimler pumpte damals rund sieben Mrd. Euro in den Markt und bekam schon ein paar Monate später die Quittung, die Sie bereits aus Kapitel 03 kennen: Nachdem die Schwaben ihr Sparschwein für Aktien verjuxt hatten, die plötzlich nicht mal mehr die Hälfte wert waren, musste man Anfang 2009 satte neun Prozent Zinsen aufrufen, um wieder ein bisschen Geld ins Säckel zu kriegen.

Nicht zuletzt aus eigener Erfahrung wissen wir, dass Vorstände börsennotierter Firmen »ihre« Aktie fast immer für zu billig halten – vor allem, wenn das Unternehmen eben nicht nur Arbeitsstelle auf Zeit, sondern Lebenswerk ist. Genau dieser mit Eitelkeit gepaarte Mangel an Distanz macht jedoch anfällig: Man kommt in Versuchung, sich und der Welt beweisen zu wollen, dass der Markt unrecht hat und der Kurs eigentlich viel höher sein müsste. In einigen Fällen stimmt das sogar, doch für die Vendetta gegen die böse Börse sollte der Chef schon das eigene Geld in die Hand nehmen und nicht die Firmenkasse plündern.

Darin liegt ohnehin eine besondere Krux der Rückkäufe – Firmen werden dazu verleitet, sich ständig mit dem Kursverlauf ihrer Aktie zu beschäftigen. Damit wir uns nicht falsch verstehen: Natürlich muss eine Aktiengesellschaft *Investor Relations* betreiben, ihre Anteilseigner seriös informieren und sich am Kapitalmarkt angemessen präsentieren. Aber es ist nicht Aufgabe eines Unternehmens, den Spekulanten die Arbeit abzunehmen und die Börsenperformance zu optimieren. Absurd deshalb, wie sich manche Vorstände auf der Hauptversammlung damit brüsten, sie hätten »den Aktienkurs binnen eines Jahres um 50 Prozent gesteigert«. Selbiges gilt natürlich auch umgekehrt, wenn Anlegerschützer die Manager lautstark in den Senkel stellen, weil der Anteilswert unter ihrer Ägide um 30 Prozent eingeknickt ist.

Erst über längere Zeiträume – und da reden wir eher über zehn als über fünf Jahre – wird der Aktienkurs wirklich Geschäftsverlauf und Unternehmenswert widerspiegeln. Kurz- und mittelfristig jedoch ist das Treiben auf dem Parkett primär eine Funktion dessen, was Investoren an Erträgen erwarten und welche Risiken sie dafür eingehen. Von wirtschaftlicher Realität und gesundem Menschenverstand kann dieses ewige Wechselspiel zwischen Gier und Angst Lichtjahre entfernt sein. Das hat bis heute niemand besser auf den Punkt gebracht als Sir Isaac Newton. Der britische Physiker und Universalgelehrte hatte 1720 im Zuge der großen Südsee-Blase sein halbes Vermögen verzockt und anschließend ernüchtert festgestellt: »Ich kann die Bahn der Himmelskörper auf Zentimeter und Sekunden genau berechnen, aber nicht, wohin die verrückte Menge einen Börsenkurs treibt.«

Genau deshalb können Aktienrückkäufe niemals eine Alternative zur Ausschüttung sein. Denn sie sind bloß zusätzlicher Treibstoff für Kursgewinne, die auf kurze Sicht unberechenbar sind und langfristig sowieso anfallen, wenn der Vorstand sich ums Geschäft statt um die Aktie kümmert. Umsatz machen, Gewinne steigern, Märkte entwickeln – das ist seine Aufgabe, dafür wird er bezahlt, daran muss er sich messen lassen und daran sind die Anteilseigner über die Dividende unmittelbar beteiligt: Läuft der Laden, klingelt beim Aktionär die Kasse. Egal, ob die Börse gerade in Depressionen versinkt, in Champagnerlaune ist oder sonstwie verrücktspielt.

Trotzdem lehnen wir Aktienrückkäufe nicht kategorisch ab, ähnlich wie wir nichts gegen Pfeffersoße haben. Vorsichtig dosiert und fein abgeschmeckt, nicht zu lasch und nicht zu scharf, kommt so ein Sößchen durchaus als Begleiter für ein saftiges 400-Gramm-Steak infrage. Dabei ist ein ordentliches Stück Omaha Natural Angus oder Temmener Queen, *medium rare* gebraten, auch pur ein göttlicher Genuss, wohingegen wir nie auf die Idee kämen, im Berliner *Grill Royal* statt unserer gewohnten Fleischportion bloß ein Töpfchen Tunke zu ordern. Ähnlich sieht das auch die Münchener Rück, die ihren Aktionären Jahr für Jahr dickere Dividenden-Filets serviert. Seit 1991 wurde die Ausschüttung nie gesenkt und nur sechsmal nicht angehoben. Zusätzlich nimmt der weltgrößte Rückversicherer mehr oder weniger regelmäßig eigene Anteile vom Markt. Erfreulicherweise muss man sich die Bilanz dieser Transaktionen nicht aus den Geschäftsberichten zusammenklauben: Im Investor-Relations-Bereich der Website *munichre.com* informiert eine handliche Tabelle darüber, wie viele Anteile jedes Jahr gekauft wurden und wie viel Geld dafür draufgegangen ist.

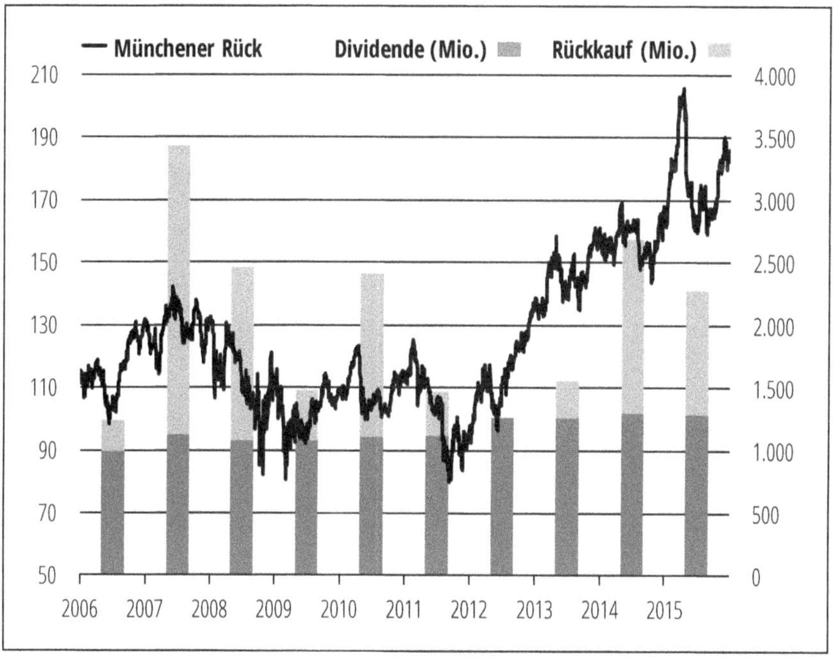

Münchener Rück: Dividendensumme, Aktienrückkäufe und Kursverlauf 2006 - 2015

So erfährt man dann, dass auch die Mannschaft um Vorstandschef Nikolaus von Bomhard nicht immer ein glückliches Händchen hatte. Am meisten gekauft wurde nämlich ausgerechnet 2007, kurz bevor aus einer amerikanischen Immobilien- eine weltweite Finanzkrise wurde: 17,7 Mio. Stücke für insgesamt 2,3 Mrd. Euro oder durchschnittlich 129,87 Euro je Aktie. Signifikant überschritten wurde dieser Kurs erst wieder 2013, doch weil die Münchener auch in den Jahren 2008 bis 2011 – zu deutlich niedrigeren Preisen – weiter Anteile eingesammelt haben, konnten die Fehlgriffe der Vergangenheit wieder ausgebügelt werden. Eine nachhaltige Strategie, die nicht auf punktuelle Kurskosmetik abzielt, sondern Rückkäufe als kontinuierliches Instrument begreift, zahlt sich also aus. Dennoch wird nicht nur Warren Buffett, der zeitweise größter Anteilseigner bei den Bayern war, froh gewesen sein, dass in den zehn vergangenen Jahren mehr Steak als Soße auf dem Teller gelandet ist. Denn während für den Erwerb eigener Aktien insgesamt 8,7 Mrd. Euro zu Buche stehen, summieren sich die Dividendenzahlungen auf mehr als 11,5 Mrd. Euro.

09

Rossmann schlägt Maschmeyer

Wenn Dividenden nun also das ultimative Qualitätsmerkmal für Aktien sind, liegt es natürlich nahe, die Ausschüttungen zum Dreh- und Angelpunkt einer Investment-Strategie zu machen – zumal die dafür essenziellen Informationen leicht zu beschaffen sind. Denn zumindest in Deutschland müssen Unternehmen ihren Dividendenvorschlag spätestens 40 Tage vor der Hauptversammlung veröffentlichen. Man kann also in aller Ruhe erforschen, wo es am meisten abzusahnen gibt, bevor man so rechtzeitig seine Kauforder platziert, so dass die Aktien am Dividendenstichtag auf jeden Fall eingebucht sind. Dann heißt es ein paar Tage abwarten und sobald die Ausschüttung endlich gutgeschrieben ist, wird schleunigst verkauft. Die nächste Aktie wartet schließlich schon und gerade zur Hochsaison im Frühjahr stehen Dividendenjäger ja ständig vor der Qual der Wahl: Für den 12. Mai 2016 etwa hat mit Adidas, BMW, der Deutschen Telekom, Fresenius Medical Care, SAP und Vonovia gleich ein Sechstel aller DAX-Konzerne zur Hauptversammlung gerufen. Irgendwie kriegt man freilich auch das gewuppt und wer überdies nach kleineren Unternehmen Ausschau hält, die ihr Aktionärstreffen oftmals später im Jahr abhalten, der kann pro Jahr locker 25 Dividendentermine wahrnehmen. Macht also, wenn man bloß mal von zwei Prozent Rendite ausgeht, flotte 50 Prozent Plus.

Das klingt zu schön, um wahr zu sein. In der Tat ist derlei Heuschrecken-Handeln – Ausschüttungen abgrasen und dann schnell weiterhüpfen – gleich aus zwei Gründen von vornherein zum Scheitern verurteilt. Da wäre zunächst das allgemeine Marktrisiko: Während der paar Tage um die Hauptversammlung kann eine Bank ins Trudeln geraten, wollen die Griechen womöglich mal wieder ihre Schulden nicht bedienen oder in China fällt ein Sack Reis um und deshalb muss die Wachstumsprognose für das Reich der Mitte von 7,1 auf 6,9 Prozent gekappt werden. Dann saust der Börsenpreis Ihrer Aktie schnell um ein Mehrfaches der Dividende in den Keller. Klar, es kann auch aufwärts gehen, vielleicht weil die EZB plötzlich neben Anleihen auch Aktien aufkauft. Doch meist sind es die schlechten Nachrichten, die für abrupte Reaktionen sorgen, während Optimismus sich erst allmählich in den Kursen niederschlägt.

Damit ist die Börsenstimmung definitiv ein Unsicherheitsfaktor. Der andere heißt *Dividendenabschlag* und resultiert daraus, dass ein Unternehmen am *Ex-Tag* erst einmal an Wert verliert. Das, was an die Aktionäre ausgeschüttet wurde, fehlt schließlich in der Firmenkasse. Und so lässt sich trefflich streiten, inwieweit Siemens mit einem 2015er-Jahresschlusskurs von 90 Euro wirklich fair bewertet war oder ob die Anteilsscheine des Elektronikriesen nicht eher bei 70 Euro oder 115 Euro notieren müssten. Genau dafür beschäftigen Banken ja ganze Heerscharen sogenannter *Analysten*, die sich von Kirmeswahrsagern primär dadurch unterscheiden, dass sie ihr Nichtwissen mathematisch verbrämen statt gleich mit Sternbildern zu hantieren. Doch völlig egal, von welchen absoluten Zahlen man ausgeht: Wenn die Hauptversammlung wie zuletzt am 26. Januar 2016 eine Dividende von 3,50 Euro beschließt, ist die Aktie einen Tag später genau diese 3,50 Euro weniger wert. *Ceteris paribus* – unter sonst gleichen Bedingungen, sofern also nichts Kursbewegendes passiert – verzeichnet folglich auch der Börsenpreis einen Abschlag in dieser Größenordnung.

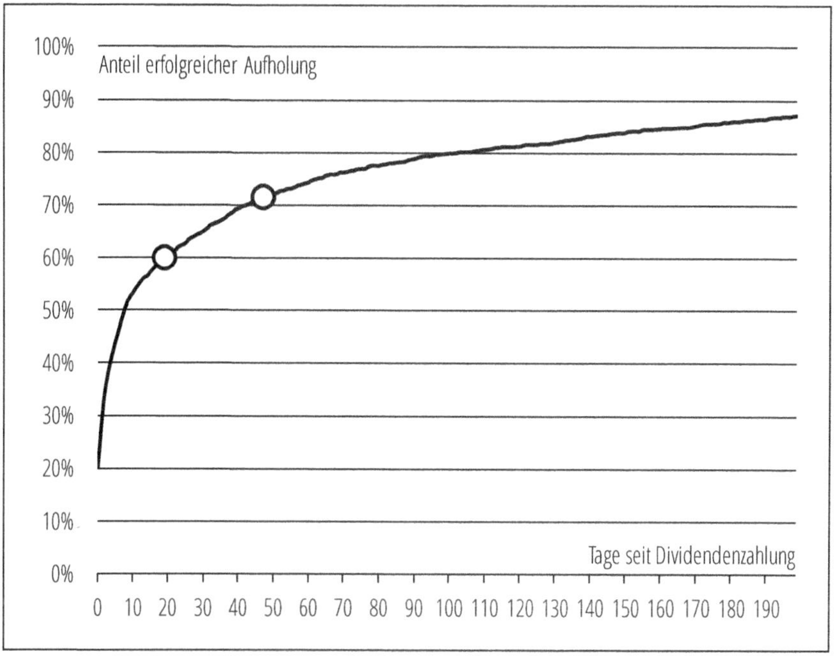

Deutschland Top 250: Aufholung des Dividendenabschlags 2006 - 2015

Insofern geht das, was dem Aktionär durch die Ausschüttung zufließt, beim Kurs wieder flöten. Unter dem Strich also ein Nullsummenspiel, allerdings nur für ganz kurze Zeit. Denn gemeinhin wird der Dividendenabschlag zügig aufgeholt: In den Jahren 2006 bis 2015 haben die Firmen aus unserer Deutschland Top 250-Selektion im Schnitt lediglich 48 Handelstage gebraucht, um die Kursdelle vom Ex-Tag auszubügeln. Und in drei von fünf Fällen hat es sogar weniger als 20 Tage gedauert, bis die Aktie dorthin zurückgekehrt war, wo sie vor der Ausschüttung notiert hatte.

Für Langfrist-Anleger spielt der Dividendenabschlag also keine Rolle und wer schnell ein paar Prozent abstauben will, muss sich nach anderen Gelegenheiten umsehen: Mit Dividenden zockt man nicht. Das wissen seit geraumer Zeit auch Carsten Maschmeyer und Veronika Ferres. Wenn man Presseberichten Glauben schenken darf, hatten der AWD-Gründer und die ihm angetraute *Superweib*-Darstellerin auf Geheiß der Schweizer Privatbank Sarasin in einen Spezialfonds investiert, der mit Spekulationen rund um den Dividendenstichtag fette Renditen einfahren wollte. Mittel zum Zweck waren vor allem sogenannte *Cum-Ex-Deals*, die auf die Erstattung von Steuern abzielen, die eigentlich von der Ausschüttung abgezogen werden, faktisch aber nie bezahlt wurden. Hochkomplexer Krempel also, dem der Fiskus aber trotz anderslautender Gutachten gottlob die Anerkennung verweigert hat. »Maschi« und einige andere superreiche Promi-Investoren mussten deshalb wohl zweistellige Millionenbeträge abschreiben.

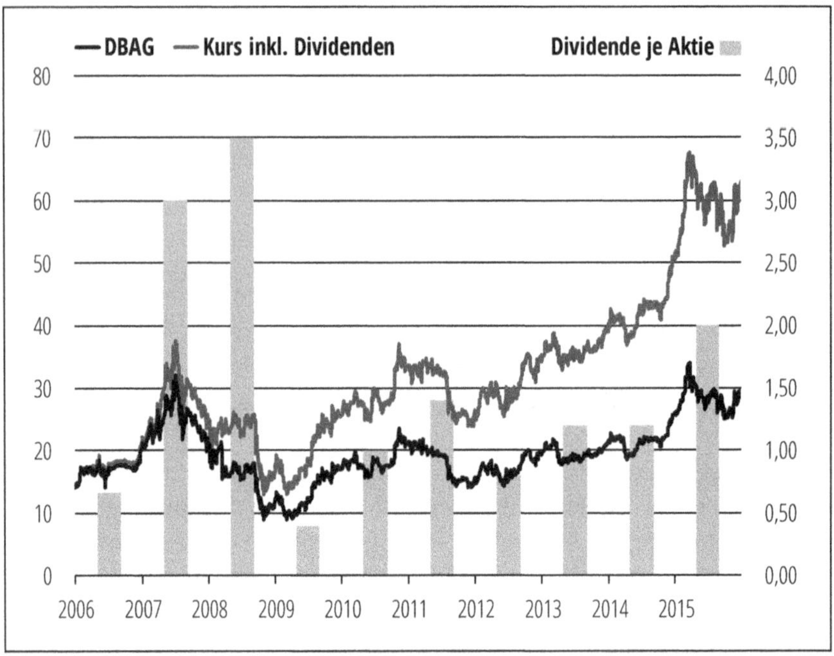

Deutsche Beteiligungs AG: Dividende je Aktie und Kursverlauf 2006 - 2015

Fraglich bloß, wieso reiche Leute überhaupt auf solchen Bockmist hereinfallen, statt sich mit langem Atem bei nachhaltig erfolgreichen Unternehmen zu engagieren und entspannt Dividenden zu kassieren – wie Warren Buffett oder hierzulande, natürlich ein paar Nummern kleiner, Dirk Rossmann. Der Drogeriekönig hält knapp 20 Prozent an der Deutschen Beteiligungs AG (DBAG), einer börsennotierten *Private-Equity-Holding* für den Mittelstand. Neben zahlreichen Maschinenbau- und Hightech-Firmen hat das ursprünglich mal von der Deutschen Bank gegründete Unternehmen auch Spezialitäten wie das Nachhilfe-Franchise *Schülerhilfe* oder den 2.800 Mitarbeiter starken Backwaren-Filialisten *Unser Heimatbäcker* im Portfolio. Lauter bodenständige Geschäfte also, die offensichtlich sauber laufen: Seit 2005 hat es immer für eine Ausschüttung gereicht.

Und die wirft witzigerweise ihre Schatten voraus, denn sobald der Dividendenvorschlag in der Welt ist, geht die DBAG-Aktie auf Klettertour. Wer fünf Wochen vor der Hauptversammlung einsteigt und seine Anteile bereits am Tag des Aktionärstreffens wieder zu Geld macht, kommt zwar niemals in den Genuss der Dividende, durfte sich aber zuletzt neun Jahre in Folge über stattliche Kursgewinne freuen: Von 2007 bis 2015 hätte das 35 Tage-Investment im Durchschnitt 5,8 Prozent gebracht. Dies ist vor allem deshalb beachtlich, weil der SDAX – der Index für die kleineren Firmen auf dem Frankfurter Kurszettel – währenddessen fünfmal ein Minus eingefahren hat und über alle neun Kurzstreckenrennen hinweg nur ein Ergebnis von plus minus null verzeichnet.

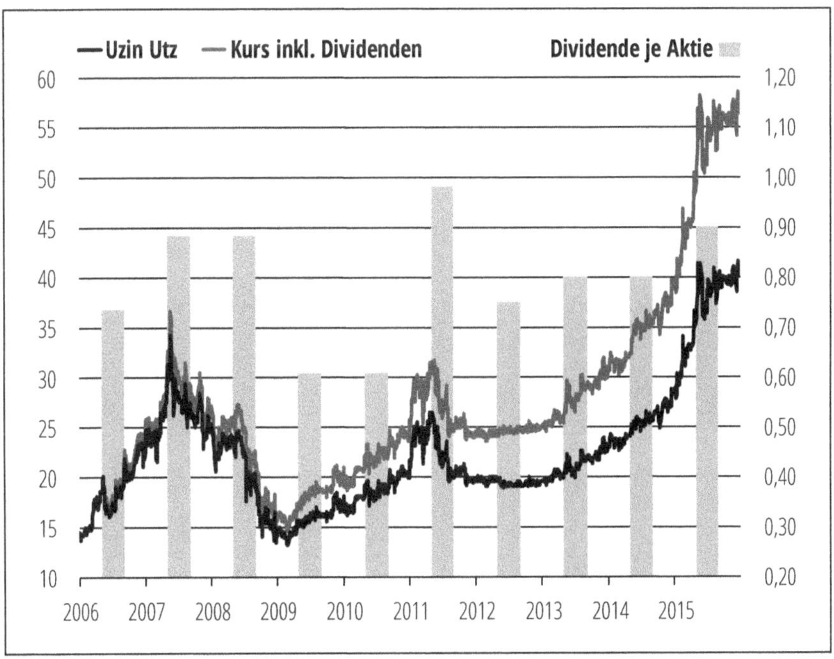

Uzin Utz: Dividende je Aktie und Kursverlauf 2006 - 2015

Eine schlüssige Begründung für dieses Phänomen fällt uns nicht ein, zumal man schon tief graben muss, um Aktien mit ähnlichem Kursverhalten zu finden. Zum Beispiel Uzin Utz, einen immerhin rund 200 Mio. Euro schwerer Hersteller von Bodenklebstoffen. Die in keinem der bekannten Indizes enthaltene Firma aus Ulm, die trotz Börsennotierung weiterhin zu mehr als 55 Prozent in Familienhand liegt, liefert in den 35 Tagen vor dem Dividendentermin sogar schon seit 2002 ausnahmslos Kursgewinne, die mit durchschnittlich 8,0 Prozent überdies noch deutlich höher ausfallen als bei der DBAG.

Eine valide Anlage-Taktik lässt sich aus dem Vorzieheffekt jedoch schon mangels Masse nicht ableiten. Obendrein sollte man sich hüten, hinter jeder empirischen Auffälligkeit gleich eine gewinnträchtige Kausalität zu vermuten. Insofern bleiben wir langfristig bei der Stange, was sich in der Vergangenheit sowohl bei der Deutschen Beteiligungs AG als auch bei Uzin Utz ausgezahlt hätte: Für die zehn Jahre zwischen Anfang 2006 und Ende 2015 summieren sich Kursgewinne und Dividenden auf 215 bzw. 230 Prozent. Aufs Jahr heruntergerechnet entspricht das Zuwächsen von 12,3 bzw. 12,7 Prozent – weit mehr, als mit einem regelmäßigen *Quickie* vor der Hauptversammlung zu holen gewesen wäre.

10

Trügerische Renditen

Uzin Utz, Deutsche Beteiligungs AG, Münchener Rück, United Internet: Mit allen Firmen, die wir uns in den letzten beiden Kapiteln etwas näher angeschaut haben, hätten Sie in den vergangenen zehn Jahren trotz einer epochalen Finanz- und Wirtschaftskrise zweistellige Renditen einfahren können. Doch wie Peer Steinbrück im Wahlkampf 2013 schon ganz richtig blaffte: »Hätte, hätte, Fahrradkette!« Zu wissen, welche Aktien in der Vergangenheit eine gute Wahl gewesen wären, ist ebenso schön wie nutzlos. Deshalb wird es so allmählich wohl mal Zeit für ein paar handfeste Ratschläge, woran man solche Dividenden-Stars im Vorhinein erkennt und wie sich daraus ein für Privatanleger investierbares Portfolio destillieren lässt.

Die älteste Idee dazu kommt, wie könnte es anders sein, aus dem Mutterland des Kapitalismus. Bereits 1991 definierte der US-Vermögensverwalter Michael O'Higgins in seinem Bestseller *Beating the Dow* eine Dividendenstrategie für den *Dow Jones Industrial Average* – den traditionsreichsten Aktienindex der Welt, erstmals veröffentlicht am 26. Mai 1896 im *Wall Street Journal*. Damals waren es zwölf Aktien, deren Kursbewegungen der Börsenreporter Henry Dow und sein Kumpel, der Statistiker Edward Jones in einem täglichen Durchschnitt zusammenfassten. Aus dem glorreichen Dutzend von einst ist heute nur noch der ewige Siemens-Rivale General Electric mit von der Partie. Hinzu kommen 29 weitere Titanen der amerikanischen Wirtschaft, von 3M bis Walt Disney. Ein wahrhaft exklusiver Zirkel also, der aber natürlich kaum repräsentativ sein kann für einen Aktienmarkt, der Ende 2015 allein 1.621 Unternehmen mit einem zehnstelligen Börsenwert zählte.

Am Mythos des globalen Leitindex kratzt das jedoch nicht und überdies kurbelt die Konzentration auf wenige Werte sogar die Performance an. Inklusive reinvestierter Dividenden hat das von Börsianern schlicht *Dow* genannte Kursbarometer in den vergangenen 25 Jahren nämlich rund 1.100 Prozent zugelegt. Dagegen ist dem fast 17-mal stärker besetzten S&P 500 nur etwas mehr als eine Verzehnfachung gelungen. Das klingt nach Luxusproblem, macht bei 10.000 US-Dollar Startkapital aber einen Unterschied von fast 20.000 US-Dollar aus. Gleichwohl tun sich viele Privatanleger auch mit 30 Aktien noch schwer und weil Fonds ebenfalls nicht jedermanns Sache sind, empfiehlt O'Higgins eine noch schärfere Fokussierung: Zehn Aktien reichen völlig, sofern man bloß die richtigen herauspickt – und das sind selbstredend die mit den fettesten Dividenden.

Ausgesiebt wird dabei anhand der *historischen Dividendenrendite*. Diese setzt die Ausschüttungen der vergangenen zwölf Monate ins Verhältnis zum aktuellen Aktienkurs. Ertrag geteilt durch Investition – eine ebenso banale wie logische Rechnung, die jedem Besitzer einer vermieteten Immobilie bestens vertraut ist. Nur dass es bei Eigentumswohnungen, Mehrfamilienhäusern oder Wohnblöcken eben die Jahresmieteinnahmen sind, die man durch die Anschaffungskosten dividiert. Und egal, ob Dividenden- oder Mietrendite, natürlich soll das, was hinten rauskommt, möglichst opulent ausfallen.

Insofern steckt beileibe keine *Rocket Science* dahinter, wenn O'Higgins dazu rät, sich einfach das renditestärkste Drittel des Dow ins Depot zu legen. Zumal der damit verbundene Aufwand ebenso marginal ist: Denn während die meisten Geld-Profis gerne den Eindruck erwecken, erfolgreiches Investieren sei ein furchtbar nervenaufreibendes *Business*, weil man ständig am Puls der Märkte sein und bei Bedarf in Sekundenschnelle reagieren müsse, lässt O'Higgins es ganz entspannt angehen. Geordert wird immer am Jahresanfang und dann bleiben die zehn Aktien volle zwölf Monate im Depot – ein grandioses Konzept für faule Menschen wie die Autoren dieses Buches, die lieber über die Weltmeere schippern oder durchs Jagdrevier strolchen, anstatt den ganzen Tag in höchster Alarmbereitschaft vor dem Handelsschirm zu hocken.

Und in der Ruhe liegt nicht nur die Kraft, sondern anscheinend auch der Gewinn – was man inzwischen sogar für mehr als vier Jahrzehnte nachvollziehen kann. Denn die Zehnerpäckchen werden ja nicht wie ein x-beliebiges Portfolio aus dem Bauch heraus nach Lust und Laune zusammengestellt, sondern streng mechanisch und anhand von Daten, die mit ein bisschen Recherche für jedermann zugänglich sind. Insofern braucht es nur die historischen Index-Zusammensetzungen, Kursreihen und Ausschüttungen und schon lässt sich die Mutter aller Dividendenstrategien bis weit in die Vergangenheit zurückverfolgen.

O'Higgins beginnt seine Auswertung im Jahr 1973 und das Ergebnis muss sich nicht einmal hinter Warren Buffett verstecken. Wer damals mit 10.000 US-Dollar angefangen, sein Vermögen immer kurz nach Silvester auf die jeweils zehn dividendenstärksten Aktien des Dow verteilt und alle Ausschüttungen brav reinvestiert hat, war Ende 2015 fast zweifacher Millionär: Auf dem Depotauszug prangten satte 1.882.342 US-Dollar Kurswert. Ein für biedere Sparbuch-Sparer kaum zu greifendes Plus von rund 19.000 Prozent, das natürlich nicht zuletzt aus dem Zinseszinseffekt resultiert, der 43 Jahre lang seine *exponenzielle* Wirkung entfalten konnte. So viel Zeit steht dem durchschnittlichen Erwerbstätigen kaum zur Verfügung, schließlich müsste man schon im zarten Alter von 22 das Startkapital beisammen haben, um pünktlich zum Renteneintritt mit dem Verprassen der Millionen loslegen zu können.

Gleichwohl illustriert diese ultralangfristige Perspektive das Wertschöpfungspotenzial einer konsequenten Fokussierung auf dividendenstarke Unternehmen. Ein Investment in den kompletten Dow mit allen 30 Aktien wurde nämlich nur mit einem sechsstelligen Vermögen belohnt. 676.225 US-Dollar sind zwar auch nicht zu verachten, aber eben nur ein Drittel dessen, was man mit der Strategie des mittlerweile bald 70-jährigen Michael O'Higgins angehäuft hätte. Dabei schaut der Vorsprung *annualisiert,* also auf jährliche Durchschnitte heruntergebrochen, gar nicht so weltbewegend aus: Einem Wertzuwachs von 12,9 Prozent p. a. aus der Dividendenstrategie steht eine mit 10,3 Prozent p. a. ebenfalls zweistellige Index-Rendite gegenüber. Doch wenn der *Anlagehorizont* nur lang genug bemessen ist, sorgt eben schon eine jährliche Differenz von gut zweieinhalb Prozentpunkten für eine gewaltige Kluft.

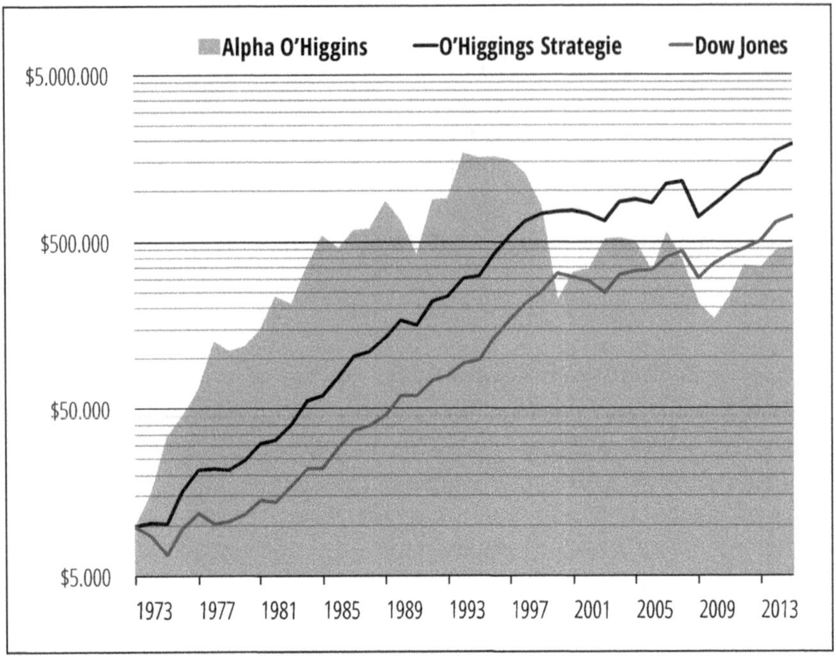

Dow Jones Industrial Average vs. O'Higgins Strategie: Total Return 1973 - 2015

Um die Größenordnungen bestmöglich zu veranschaulichen, haben wir uns bei der Abbildung oben ausnahmsweise für eine *logarithmische Skalierung* entschieden. Durch diese zunächst etwas gewöhnungsbedürftige Darstellung nimmt jede Verzehnfachung unabhängig vom absoluten Niveau gleich viel Raum ein. Der Abstand zwischen 5.000 und 50.000 ist genauso groß wie zwischen 50.000 und 500.000, so dass Sie auch die Wertentwicklung der ersten Jahre nachvollziehen können. In einem klassisch linear eingeteilten Diagramm wäre diese wegen der erdrückenden Dominanz der großen Zahlen nur noch als waagerechter Strich wahrzunehmen: Die Vervierfachung von 500.000 auf 2.000.000 würde dreimal so viel Platz beanspruchen wie die vorangegangene Verfünfzigfachung von 10.000 auf 500.000.

Überdies sind die beiden Linien mit dem sogenannten *Alpha* hinterlegt. Diese Fläche visualisiert – rein relativ, also losgelöst von der Beschriftung der Y-Achse – den Abstand zwischen der Dividendenstrategie und dem Index. So lässt sich auf einen Blick erkennen, inwieweit der Vorsprung sich stetig aufgebaut hat oder lediglich aus ein paar positiven Ausreißern resultiert: Solange die Alpha-Kurve steigt, ist alles in Butter und die Strategie schneidet besser ab als die *Benchmark*, erwirtschaftet mithin in guten Börsenzeiten höhere Gewinne und muss in fiesen Phasen geringere Verluste hinnehmen.

Genau das ist bis Mitte der 1990er-Jahre auch der Fall, abgesehen von ein paar unwesentlichen Zuckungen. Dann jedoch stürzt das Alpha geradezu ab. Während der Dow kräftig zulegen kann, kommt der dividendenstarke Zehnerpack nur noch mühsam voran. Dasselbe passiert zehn Jahre später erneut, nun aber unter umgekehrten Vorzeichen – ausgerechnet in der Finanzkrise muss die Dividendenstrategie noch stärker Federn lassen als der Index. Und obwohl die Trendwende schnell glückt und seit 2010 neben dem Kurswert auch der Vorsprung wieder wächst, steht plötzlich ein Fragezeichen hinter O'Higgins: Die formidable Langzeit-Bilanz seiner eigentlich höchst plausiblen Idee, ein Portfolio nach Maßgabe der Dividendenrendite zu bestücken, lebt vor allem von den ersten zweieinhalb Jahrzehnten; die jüngere Vergangenheit hingegen ist eher so lala.

Die Zweifel verdichten sich sogar noch, wenn man die Frankfurter Interpretation des Konzepts in Augenschein nimmt, die sogar als offizieller Index der Deutschen Börse daherkommt. DivDAX heißt das Performance-Barometer, für das aus dem Kreis der 30 DAX-Titel einmal im Jahr – allerdings nicht im Januar, sondern im September – die 15 Firmen mit der höchsten Dividendenrendite ausgewählt werden. Damit ist das Portfolio, das man über entsprechende Fonds und Zertifikate sogar *en bloc* erwerben kann, nicht ganz so stark fokussiert wie bei O'Higgins. Dem Erfolg tut das jedoch keinen Abbruch: Seit dem Start im September 1999 hat der DivDAX bis Ende 2015 ein Plus von knapp 180 Prozent aufs Parkett gelegt, während der DAX sich mit etwas mehr als einer Verdopplung bescheiden muss.

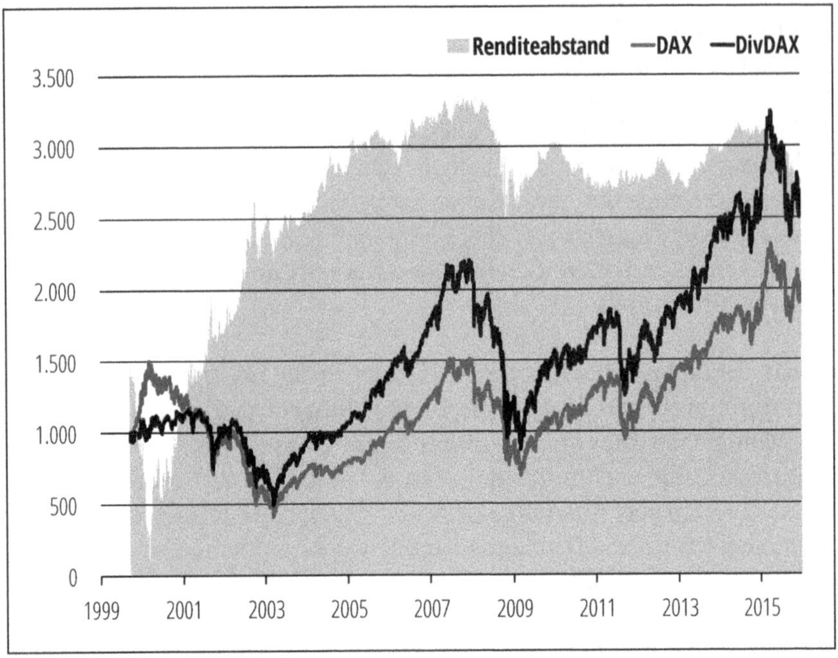

DivDAX vs. DAX: Performance-Indizes 1999 - 2015

Doch anders als im richtigen Leben kommt es beim Geld ja nicht so sehr auf den ersten Eindruck an und deshalb auch hier wieder der Blick aufs Alpha – mit ernüchterndem Ergebnis: In den ersten Jahren arbeitet der Dividenden-Index einen bilderbuchmäßigen Vorsprung heraus, doch irgendwann rumpelt er bloß noch neben dem DAX her. Die Alpha-Linie tendiert mehr oder minder seitwärts, 2013 war eins der besseren Jahre, 2015 eins der schlechteren, aber unter dem Strich ist das alles eher belanglos. Nicht unbedingt ein Argument gegen dividendenstarke Aktien, aber sicher keins dafür.

Auffällig allerdings, dass auch der DivDAX im Seuchenjahr 2008 das gezeigt hat, was Börsianer reichlich euphemistisch *relative Schwäche* nennen: Mit einem Minus von 45 Prozent haben die angeblichen Ausschüttungs-Adepten den ohnehin verheerenden Verlust des DAX nochmal um fünf Prozentpunkte unterboten. Keine Spur also vom *kursstabilisierenden*

Effekt der Dividende, von dem die Banker so gern schwadronieren, wenn es darum geht, Dividendenfonds zu verticken. Doch wo hätte die Stabilisierung, die *relative Stärke* auch herkommen sollen!? Inmitten eines fulminanten Schlamassels, der im Finanzsektor seinen Ursprung hatte und diesen teilweise mit in den Abgrund gerissen hat, war der DivDAX nämlich voll auf die Geldwirtschaft gepolt. Allianz, Commerzbank, Deutsche Bank, Deutsche Börse, Hypo Real Estate Bank und Münchener Rück – alle sechs Finanztitel des DAX hatten es auch in den Club der Dividenden-Dickschiffe geschafft.

Und das war weder Zufall noch Versehen, sondern schlichtweg den Eigenheiten der Dividendenrendite geschuldet. Nach einem glorreichen Geschäftsjahr 2006 hatten Banken, Versicherungen und die Börse ihre Aktionäre im Frühjahr 2007 mit kräftig angehobenen Ausschüttungen beehrt. Deshalb wurden sie dann im Herbst für die DivDAX-Selektion herangezogen. Parallel schwappte bereits die amerikanische Hypothekenkrise nach Deutschland und als bekannt wurde, dass die kreuzbrave Mittelstandsbank IKB auf einem Haufen toxischer Wertpapiere hockte, nahm die Börse den ganzen Sektor in Sippenhaft – zu recht, wie sich später herausstellen sollte.

Als dann im September die Überprüfung des DivDAX anstand, waren die Finanz-Firmen schon kräftig unter die Räder gekommen – angeführt von den drei Banken, deren Börsenpreise gegenüber den Jahreshochs um 25 bis 35 Prozent abgeschmiert waren. Paradoxerweise landeten sie genau deshalb im Rendite-Ranking weit vorne. Denn saftige Ausschüttungen im Zähler und schwindsüchtige Aktienkurse im Nenner haben beide denselben Effekt: Der Quotient, der in diesem Fall Dividendenrendite heißt, erhöht sich.

Wenn man im September mit einer bereits im April oder Mai gezahlten Gewinnbeteiligung rechnet, erscheint eine Aktie aus dem Blickwinkel der Dividendenrendite umso attraktiver, je tiefer der Kurs rutscht. Problem ist halt: Diese Schlussfolgerung kann, muss aber nicht stimmen. Gewiss, sofern die nächste Ausschüttung mindestens genauso hoch ausfällt wie die letzte und für die Zeit danach ebenfalls konstante oder sogar steigende Zahlungen absehbar sind, erweist sich die Dividendenrendite als treffsicherer Indikator für Schnäppchenpreise. Oft genug allerdings ist ein sinkender Aktienkurs eben keine Laune der Börse, sondern Vorbote einer düsteren Zukunft. Gerät die Firma dann tatsächlich ins Trudeln und muss die Dividende gestutzt oder gar gestrichen werden, entpuppt sich das vermeintliche Schnäppchen plötzlich als überteuerter Mist.

Zu dumm, dass man leider erst hinterher weiß, ob eine üppige Dividendenrendite eine Unterbewertung angezeigt oder berechtigtes Misstrauen ausgedrückt hat – eine Ambivalenz, die sogar bei O'Higgins schon durchschimmert. In den USA ist seine Strategie nämlich als *Dogs of the Dow* geläufig, wobei die Begrifflichkeit nichts mit bellenden Vierbeinern zu tun hat. Vielmehr kann mit *dog* in der amerikanischen Umgangssprache einerseits der beste Kumpel eines Mannes gemeint sein, andererseits aber auch ein Fräulein mit ... nun ja, einem vom klassischen Schönheitsideal abweichenden Antlitz.

Auf jeden Fall wurde bei der Deutschen Börse aufmerksam registriert, dass die Dividendenrendite während des Finanzbebens von 2007/2008 ihre hässliche Fratze zeigte. Erste Konsequenz daraus war im Februar 2009 die *Fast-Exit*-Regel. Sobald eine Firma ihren Aktionären eine Nulldiät ankündigt, fliegt die Aktie aus dem DivDAX raus. Das jedoch ist eher Kosmetik, denn spätestens in dem Moment, in dem die Ausschüttung offiziell gestrichen wird, dürfte der Kurs sowieso unter Wasser sein. Deshalb wurde ein paar Monate später obendrein ein gänzlich neues Dividendenbarometer mit vorwärts gerichtetem Konzept und ambitioniertem Namen lanciert: Beim DAXplus Maximum Dividend Index entscheidet nicht mehr die historische, sondern die *erwartete Dividendenrendite*, wer drin ist und wer draußen.

Als Basis dafür dienen die in den gängigen Finanzdatenbanken hinterlegten Schätzungen. Nachdem fast jede halbwegs relevante Aktie fortlaufend von mindestens einem Dutzend Analysten begleitet wird, könnte sich dabei durchaus der viel beschworene Effekt der Schwarmintelligenz bemerkbar machen. Überdies heißt der Index nicht umsonst DAXplus. Zum Auswahluniversum zählen nämlich neben den 30 DAX-Konzernen auch die ebenfalls 30 im TecDAX zusammengefassten Technologiefirmen sowie der komplette MDAX, der die 50 Unternehmen direkt unterhalb der DAX-Liga bündelt. Ganz schlicht formuliert geht es also um die 110 wichtigsten Aktien Deutschlands, aus denen halbjährlich die 20 dividendenstärksten herausgefiltert werden.

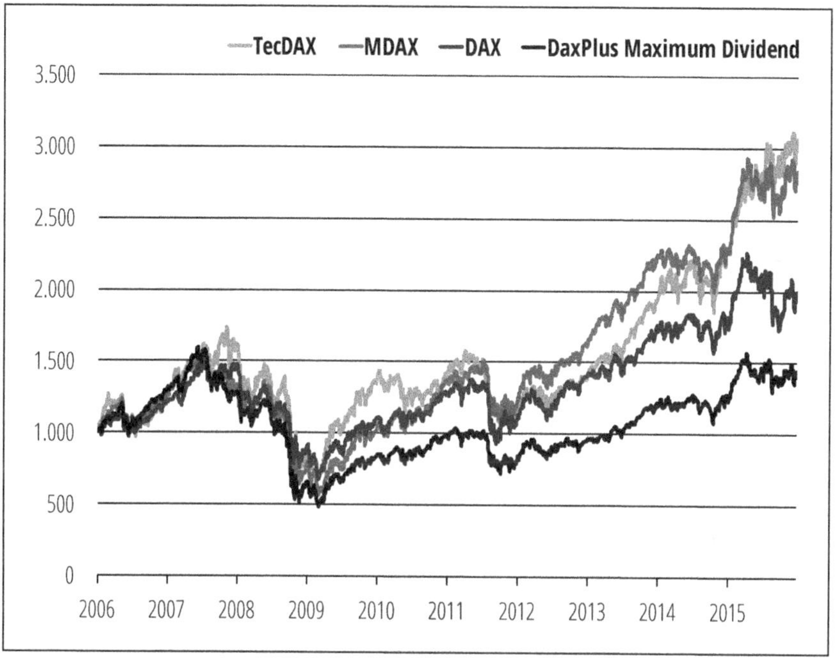

DAXplus Maximum Dividend vs. DAX-Familie: Total Return 2006 - 2015

Das Kursbarometer mit dem viel zu langen Namen ist damit nicht nur etwas aktiver und breiter gestreut, sondern auch wählerischer als der DivDAX: Statt der Hälfte haben im DAXplus Maximum Dividend nur weniger als zwei Fünftel der Grundgesamtheit Platz. Eigentlich optimale Voraussetzungen, doch dreieinhalb Jahre Rückrechnung und sechseinhalb Jahre reale Wertentwicklung lassen den Index als klassischen Fall von Verschlimmbesserung erscheinen. Und das erkennt man sogar mit bloßem Auge, ganz ohne hinterlegtes Alpha: Mit einem Plus von *per saldo* 40 Prozent landet die angebliche Weiterentwicklung des DivDAX weit abgeschlagen hinter den drei Performance-Barometern DAX, TecDAX und MDAX, aus denen sich die Zwanziger-Selektion des DAXplus Maximum Dividend speist.

Keine Frage, mit einem Plus von knapp über bzw. knapp unter 200 Prozent waren MDAX und TecDAX in den zehn Jahren seit 2006 harte Konkurrenten. Aber gerade deshalb müsste man vermuten, dass ein Dividenden-Barometer, das auch im Revier der *Mid Caps* und *High Techs* wildern darf, nicht auch noch zuverlässig schlechter abschneidet als der DAX. Dass exakt das trotzdem passiert, ist nur das vernichtende Verdikt der Wirklichkeit über die Qualität des Konzepts: Es taugt schlichtweg nichts, weil die Verwendung von erwarteten statt historischen Ausschüttungen das Dilemma der Dividendenrendite nämlich nicht löst, sondern sogar noch um neuen Huddel ergänzt.

»Prognosen sind schwierig, besonders wenn sie die Zukunft betreffen«, wusste schon Mark Twain. Und wenn es um Dividenden geht, wäre noch zu ergänzen: Für eine halbwegs korrekte Aussage zur nächsten Aktionärsbescherung müssen die Analysten schließlich nicht nur den Gewinn eines Unternehmens prognostizieren, womit die meisten handelsüblichen Kristallkugeln ohnehin schon heillos überfordert sind. Obendrein gilt es auch noch das taktische Kalkül des Vorstands einzuschätzen. Denn immer wieder kommt es vor, dass eine Firma zwar schwarze Zahlen schreibt oder vielleicht sogar mehr verdient als im Vorjahr, die Dividende aber trotzdem ausfällt oder zusammengestrichen wird. Das passiert etwa, weil die Manager das Geld doch lieber für eine Übernahme verwenden oder einfach für schlechte Zeiten auf die Seite packen. Aber wer so etwas präzise voraussagen kann, der liegt mit seiner Yacht vor den Bahamas und bastelt an der Übernahme der Weltherrschaft, anstatt sich in der ihm zugeteilten Wabe eines Großraumbüros das Neonlicht auf die Birne scheinen zu lassen.

Aus diesem Grund lassen wir die Schätzungen links liegen, genau wie die Dividendenrendite, die – egal ob erwartet oder historisch – nur eine Momentaufnahme liefert. Natürlich, als schnuckelige Prozentzahl, die irgendwie an das gute alte Zins-Zeitalter erinnert, eignet sie sich ganz vortrefflich für jene Top-Listen, ohne die wohl kein Finanzportal und kein Anlegermagazin mehr auskommt. »Die dicksten Dividenden Deutschlands« heißt es dann und darunter die zehn DAX-Konzerne mit der höchsten Dividendenrendite, zuletzt meist angeführt von E.ON.

Der vor eineinhalb Jahrzehnten aus Veba und Viag erschaffene Versorger zahlte 2015 auf jede Aktie einen halben Euro und dürfte, wenn die Analysten richtig liegen, auch 2016 wieder fünfzig Cent unter die Leute bringen. Gemessen an einem Jahresultimokurs von 8,90 Euro lagen damit sowohl die historische als auch die erwartete Dividendenrendite bei etwa 5,6 Prozent. Das ist durchaus eine Hausnummer, doch Aktien sind halt keine Anleihen und Dividenden keine Zinsen, weshalb der flotte Fünfer mit äußerster Vorsicht genossen sein will. Man weiß eben nicht, ob man die E.ON-Anteile in den kommenden zwölf Monaten wieder zu mindestens 8,90 Euro losschlagen kann – nur dann hätte man die 5,5 Prozent fix im Sack. Und falls es stattdessen auf ein Langfrist-Engagement hinausläuft, sollte der Versorger auch in den nächsten Jahren immer wenigstens 0,50 Euro für jeden Anteilsschein übrig haben, damit die Rendite-Kalkulation aufgeht.

So banal, wie die Listen suggerieren, ist die Sache also nicht. Eher so knifflig wie bei einer vermieteten Immobilie. Natürlich ist es verlockend, wenn da eine Wohnung für 250.000 Euro zum Verkauf steht, die jeden Monat 1.200 Euro Nettokaltmiete abwirft und damit auf eine Mietrendite von knapp sechs Prozent kommt. Und wenn darin gar ein mittelaltes Beamtenehepaar ohne Haustiere lebt und die drei Zimmer Teil eines halbwegs frisch sanierten Altbaus im Düsseldorfer Speckgürtel sind: Wir sind dabei!

Doch sobald die Hütte nicht im Düsseldorfer Speckgürtel liegt, sondern im Norden des Ruhrgebiets, wo das Erdreich wie ein Schweizer Käse aussieht, erscheint die Rendite sofort in einem anderen Licht. Die Bergbauschäden könnten das Grundstück zum Absacken bringen, und dann wäre die Bude nicht einmal mehr 100.000 Euro wert. Oder vielleicht ist der Mieter ja ein total netter Kerl. Nur muss seine Schufa-Auskunft leider schon als Päckchen verschickt werden und überall in der Wohnung hängen Kuckucke, bloß ohne Uhren drum herum. Man würde wohl gleich die Finger davon lassen, anstatt das Risiko einzugehen, dass der Hallodri nur sporadisch zahlt und man ihn erst einmal rausklagen darf, bevor sich dann hoffentlich jemand anders findet, der den teuren Mietvertrag nicht nur unterschreibt, sondern auch einhält.

Genauso sollten Sie es mit Ihren Aktien handhaben. Lassen Sie sich nicht von der Rendite blenden und schauen Sie auf das Gesamtbild. Ist die Firma ein solider Zahler oder eher ein Wackelkandidat? Werden die Ausschüttungen wirklich verdient oder muss dafür schon die Substanz angeknabbert werden? Und lohnt es sich überhaupt, für die Dividende das mit einer Aktie prinzipiell verbundene Kursrisiko einzugehen? Bei E.ON jedenfalls ist die Sache schon nach der ersten Frage geklärt: Drei Dividendenkürzungen in den vergangenen vier Jahren sind so ziemlich das Gegenteil dessen, was man unter solide versteht. Damit können wir getrost darauf verzichten, in die Niederungen des nicht nur durch den Atomausstieg ziemlich verwahrlosten Geschäftsmodells hinabzusteigen. Wir brauchen auch den ausgehend vom Allzeithoch im März 2008 mehr als 80-prozentigen Kursverfall nicht mehr zu ergründen – schlechte Investments kennen Sie schließlich schon genügend.

11

Adel verpflichtet

Dowerjai, no prowerjai – vertraue, aber prüfe nach, lautet ein russisches Sprichwort. Es hat nicht nur dem kommunistischen Revolutionär Wladimir Iljitsch Lenin gefallen, sondern ist auch eine der zentralen Maximen des kapitalistischen Wirtschaftslebens. Wer mitspielen will, muss sein Gegenüber irgendwie glauben machen, dass er solvent und kein Lump ist. Nützlich dabei sind unabhängige Dritte: In noblen *Business Clubs* braucht's für den guten Leumund gleich zwei Bürgen, Gewerbetreibende checken die Creditreform-Einträge ihrer Geschäftspartner und Anleihe-Gläubiger orientieren sich an den *Rating-Agenturen* wie Standard & Poor's, Moody's oder Fitch. Dabei werden allerdings letztere seit einiger Zeit eher kritisch beäugt, nachdem sie beispielsweise noch bis zum 12. September 2008 behauptet hatten, der wankende Wall Street-Riese Lehman Brothers sei ausreichend gut bei Kasse, um seinen Verpflichtungen nachzukommen – drei Tage später wurde der Pleiteladen zugesperrt.

Insofern ist es vielleicht gar kein allzu großer Verlust, dass Investoren nicht auf Buchstabensalat von AAA bis D zurückgreifen können, wenn es um die Dividenden-Disziplin von Aktiengesellschaften geht. Weil niemandem das eigene Geld so wichtig ist wie einem selbst, macht es ohnehin Sinn, den Firmen selbst auf den Zahn zu fühlen statt sich auf das zu verlassen, was Analysten, Berater und sonstige Experten absondern. Hinzu kommt, dass es nur wenige Kriterien sind, die es abzuklopfen gilt, um eine valide Vorstellung von der Ausschüttungsmoral eines Unternehmens zu erhalten.

Ganz oben steht dabei der Faktor Größe. *Big is beautiful,* je höher der Börsenwert, desto besser die Aussicht auf stabile oder steigende Dividenden. Natürlich sind kleinere Firmen nicht per se unsichere Kantonisten. Doch wer nicht permanent im gleißenden Licht der Öffentlichkeit steht, vielleicht eine starke Eigentümerfamilie im Hintergrund hat und auch sonst nicht allzu viel Rücksicht auf die Befindlichkeiten des Kapitalmarkts nehmen muss, der tut sich mit einer – oftmals nur temporären – Dividendenkürzung leichter als große Konzerne. Deren Aktien liegen zumeist global verstreut bei institutionellen Adressen und Investmentfonds, Versicherer, Pensionskassen oder Stiftungen drängen aktiv auf kalkulierbare Zahlungsströme.

Im Umkehrschluss heißt das: Wenn ein Großunternehmen die Ausschüttung plötzlich doch ausfallen lässt und die Profi-Anleger trotzdem nicht auf die Barrikaden gehen, muss die Lage wirklich verdammt ernst sein – so wie aktuell bei der Deutschen Bank oder vor einiger Zeit bei ThyssenKrupp. Seit dem Zusammenschluss der beiden namensgebenden Erzrivalen im Jahr 1999 hatte der Stahlriese die Dividende zwar manchmal gekürzt, aber nie ganz gestrichen. Vor allem der Jahrhundertmensch Berthold Beitz, als Oberhaupt der Krupp-Stiftung gleichsam Herr über ein mehr als 25-prozentiges Aktienpaket, war peinlichst darauf bedacht, dass jedes Jahr Kohle floss. Denn ohne die mit den Dividenden-Millionen von ThyssenKrupp finanzierten Wohltaten der Stiftung wäre es um Kunst und Kultur an Rhein und Ruhr reichlich schlecht bestellt.

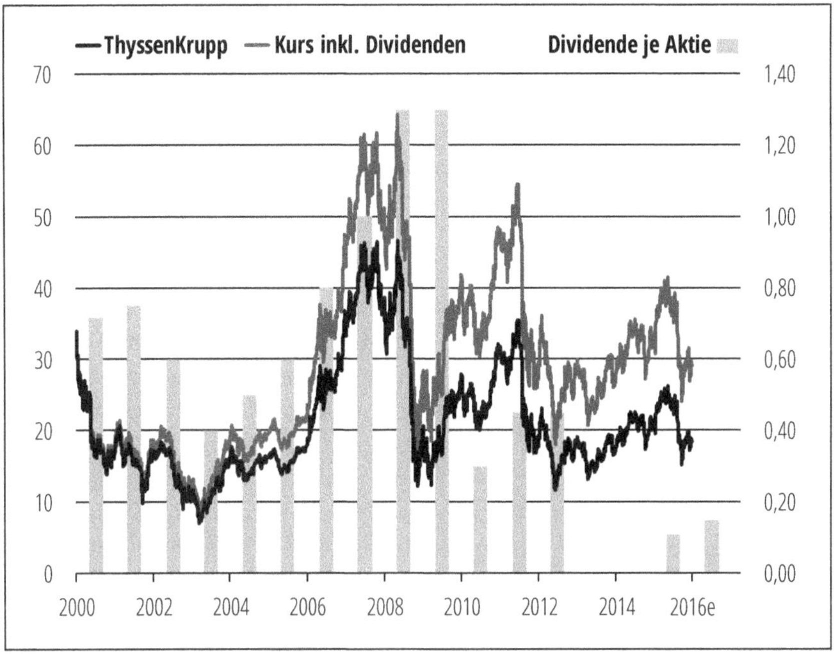

ThyssenKrupp: Dividende je Aktie vs. Kursverlauf 2000 - 2016 (erwartet)

Mit der Macht seiner Legende drückte Beitz sogar 2012 noch eine Ausschüttung durch, obwohl ThyssenKrupp in besagtem Jahr zuvor 1,2 Mrd. Euro Verlust eingefahren hatte. Ein Jahr später musste jedoch auch der Gentleman aus der Villa Hügel hoch über dem Essener Baldeneysee kapitulieren: Nach milliardenschweren Abschreibungen auf einen Stahlwerksneubau in Brasilien, dessen Kosten- und Zeitplan ähnlich aus dem Ruder gelaufen waren wie bei der Berliner Investitionsruine namens Hauptstadtflughafen, ging es plötzlich um die Existenz. Die Ausschüttung wurde für zwei Jahre auf Eis gelegt, wobei das pekuniäre Heilfasten inzwischen erste Erfolge zeitigt. 2015 durfte die nach Beitz' Tod als Stiftungsvorsitzende eingesetzte Uni-Rektorin Ursula Gather ihren ersten Dividendenscheck in Empfang nehmen. Hernach wurde die Gewinnbeteiligung sogar mehr als verdoppelt – wenngleich die Ausschüttungs- und Kursrekorde der Ära Beitz bis auf weiteres außer Reichweite scheinen.

Mit dieser Historie ist ThyssenKrupp jedoch eine Ausnahme. Die meisten Dickschiffe sind eher zuverlässige Zahler. Das behaupten wir natürlich nicht nur, sondern wir können es auch belegen – der Abwechslung halber mal nicht nur für Deutschland, sondern gleich für die 750 größten und liquidesten Aktien der gesamten Eurozone. Diese ziehen wir immer zum Jahresende aus der Bloomberg-Datenbank und sortieren sie, wiederum anhand von Börsenwert und Handelsumsätzen, in drei Schubladen mit je 250 Titeln: große, mittlere und kleinere Firmen.

Anschließend ermitteln wir für jede Aktie die jährliche *Dividend Action* – will heißen, wir stellen fest, ob der Obolus an die Aktionäre im Vergleich zum Vorjahr aufgestockt, konstant gehalten, gekürzt oder komplett gestrichen wurde. Über zehn Jahre kommen auf diese Weise pro Auswahl-Pool 2.500 Datensätze zusammen, die sehr fundierte Rückschlüsse zur Wechselbeziehung zwischen Unternehmensgröße und Ausschüttungspolitik zulassen: Wenn die Schwergewichte über ihre Dividendenvorschläge entscheiden, kommen dabei in mehr als 60 Prozent der Fälle Erhöhungen heraus. Für mittelgroße Firmen sinkt diese Quote auf gut die Hälfte und bei den kleineren stehen sogar nur noch 43 Prozent zu Buche.

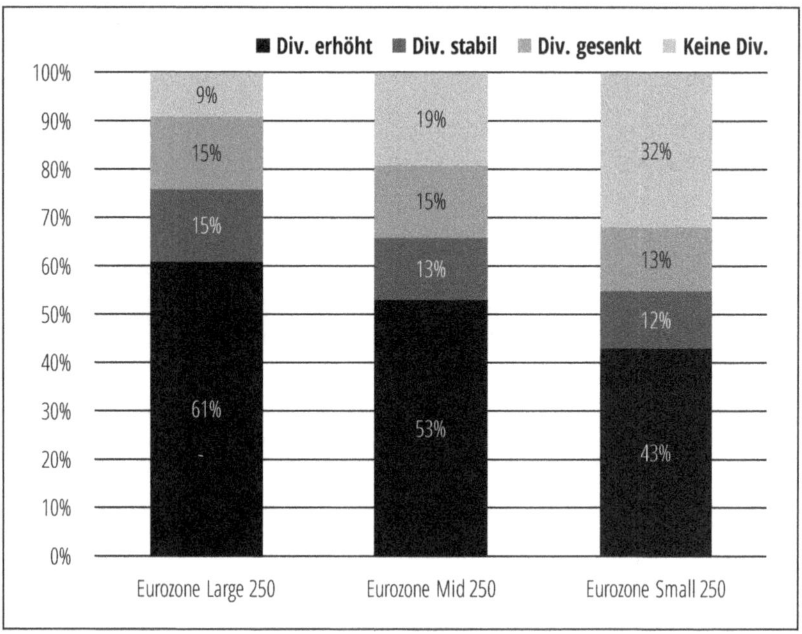

Euroland Top 750: Jährliche Dividend Action 2006 - 2015 (aggregiert)

Umkehrt gestaltet sich das Bild bei den Ausfällen. Die empirische Wahrscheinlichkeit, dass Sie als Dividendenjäger bei einem großen Euroland-Unternehmen komplett daneben schießen, beläuft sich auf weniger als zehn Prozent. Wer sich hingegen bei kleineren Firmen engagiert, wird rein statistisch bei einer von drei Aktien leer ausgehen und nur von Kursgewinnen leben müssen – was jedoch keine generelle Warnung vor Investments abseits der marktbreiten Indizes sein soll. Denn ähnlich wie der langhaarige *Heavy-Metal-Freak* nicht zwangsläufig ein versoffener Radaubruder ist, sondern als Mieter vielleicht sogar viel angenehmer als die ewig nörgelnde Studiendirektorin, finden sich auch unter den *Small Caps* zuverlässige Dividendenzahler.

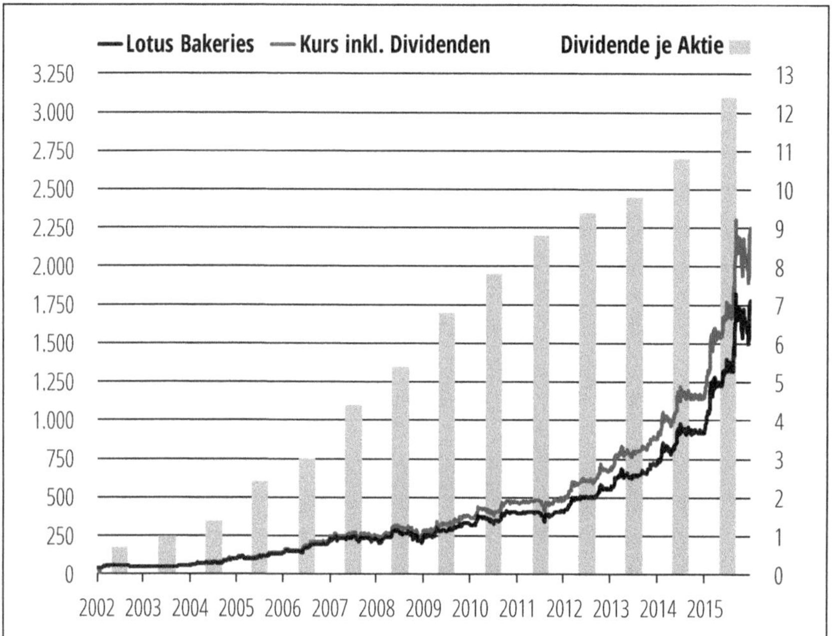

Lotus Bakeries: Dividende je Aktie und Kursverlauf 2002 - 2015

Dazu gehört etwa die belgische Keksbäckerei Lotus Bakeries, wobei Sie jetzt bitte nicht an eine pittoreske Pâtisserie auf der Brüsseler Place Jourdan denken. Eher an das letzte *Meeting*, als Ihnen nach drei Stunden mit den dauerschwafelnden Kollegen der Magen auf den Füßen hing und Sie kurzerhand die Schale mit jenen einzeln in Folie eingeschweißten Gewürzplätzchen leergefuttert haben, die für gewöhnlich zum Kaffee gereicht werden. Genau dieses Karamellgebäck stellt Lotus her, industriell und mit Wachstumsraten, die man sonst eher aus dem Technologie-Sektor kennt: Seit 2002 hat sich der Umsatz fast verdreifacht, der Gewinn ist auf das Zwanzigfache angewachsen und die Dividende wurde von 0,69 auf 12,40 Euro erhöht – und zwar sukzessive Jahr für Jahr, ohne einen einzigen Aussetzer, 13-mal in Folge.

Mit dieser Geschichte im Rücken sind die Lotus-Anteile, die nur an der Euronext Brüssel gehandelt werden, wahrlich kein Schnäppchen mehr. Schon gar nicht in absoluten Zahlen, denn nach einer Klettertour, die von keiner Krise aufzuhalten war, kostete die Keks-Aktie Ende 2015 exakt 1.750 Euro. Und die Dividendenrendite lockt auf diesem Niveau mit 0,7 Prozent auch niemanden hinter dem Ofen hervor. Aber Qualität hat nun einmal ihren Preis, und einer Sache darf man sich als Anleger sicher sein: Eine Erfolgssträhne von 13 aufeinanderfolgenden Dividendenanhebungen beendet man nicht einfach so. Im Gegenteil, Chef-Bäcker Jan Boone wird alles daran setzen, 2016 die 14 zu erreichen, 2017 die 15 voll zu machen und dann ebenso stetig Kurs auf die 20 zu nehmen. Zwar ist auch das Plätzchen-Geschäft kein Selbstläufer und die Bürohengste müssen schon weiter fleißig Kekse mümmeln, doch wenn es irgendwie geht, wird Lotus die Serie fortschreiben.

Denn am Aktienmarkt verkörpert die Dividenden-Historie das, was im richtigen Leben die Schufa-Auskunft ist. Dabei gilt hier wie dort: Auf Kandidaten, die schon früher die eine oder andere Zahlung schuldig geblieben sind, wird auch künftig eher wenig Verlass sein. Wer hingegen bislang eine anständige Zahlungsmoral an den Tag gelegt hat, dürfte sich auch weiterhin nach Kräften bemühen, seine Weste makellos weiß zu halten. Das gelingt natürlich nicht immer. Ähnlich wie ein solider Familienvater durch den Verlust der Arbeitsstelle aus der Bahn geworfen werden kann, können selbst bewährte Geschäftsmodelle von heute auf morgen implodieren. Dann geht's nicht mehr um ein paar Flecken auf der Weste, sondern bloß noch darum, nicht vollends nackt dazustehen – E.ON und RWE lassen grüßen.

Zumeist jedoch liefert die Vergangenheit recht brauchbare Hinweise darauf, was für die Zukunft zu erwarten ist. Nicht umsonst gibt es jenseits des Atlantiks sogar gleich zwei Auszeichnungen für besonders zuverlässige Dividendenzahler. Lotus Bakeries wäre demnach ein *Achiever*: So nennt man in den USA Firmen, die ihre Ausschüttung mindestens zehn Jahre in Folge aufgestockt haben. Übersetzen lässt sich dieses Prädikat wohl am ehesten mit »Macher« oder »Reißer« – also jemand, der richtig was auf die Beine gestellt hat, sich dafür aber auch kräftig abstrampeln muss und obendrein noch lange nicht am Ziel ist.

Solche Emporkömmlinge sind an der Wall Street keine Seltenheit. Allein im S&P 500 qualifiziert sich derzeit eine ganze Hundertschaft von Unternehmen als Achiever. Kein Wunder also, dass es mit den *Aristocrats* noch einen zweiten Zirkel gibt, der ungleich exklusiver ist. In den Adelsstand erhoben wird eine Firma nämlich erst, wenn sie ein Vierteljahrhundert lang kontinuierlich steigende Dividenden gezahlt hat. 25 Anhebungen in Serie – das klingt nach einer immens hohen Hürde. Trotzdem spielen von den 500 Top-Konzernen stattliche 51 in der Liga der Aristokraten, die folgerichtig wie ein *Who is who* der US-Wirtschaft anmutet: Die Telefongesellschaft AT&T, der *Healthcare*-Gigant Johnson & Johnson und der Burgerbrater McDonald's sind genauso mit von der Partie wie die Supermarktkette Wal-Mart, der Getreideproduzent Archer Daniels Midland oder die beiden Öl-Multis Chevron und Exxon Mobil.

Dabei können die meisten Unternehmen sogar noch auf eine weitaus längere Erfolgsgeschichte zurückblicken. Bei Coca-Cola beispielsweise sprudelt die Dividenden-Quelle bereits seit 51 Jahren immer ergiebiger. Das durch seine Post-it-Klebezettel bekannte Industriekonglomerat 3M, Anfang des vorigen Jahrhunderts ursprünglich als *Minnesota Mining and Manufacturing* gegründet, blickt sogar auf 55 Jahre mit steigenden Ausschüttungen. Doch es geht noch ein bisschen besser: Procter & Gamble verdient mit Pampers-Windeln, Gillette-Rasierern, Wick-Hustenbonbons, Swiffer-Bodenwedeln und einem ganzen Haufen anderer Artikel fürs tägliche Leben so nachhaltig Geld, dass die Aktionärsbescherung nun schon 57 Jahre in Folge immer üppiger ausfällt – genauso wie beim Autoteile-Spezialisten Genuine Parts und beim Maschinenbauer Dover Corp. Diese Unternehmen beweisen überdies, dass auch hochgradig zyklische und damit konjunktursensitive Unternehmen treue Dividendenzahler sein können.

	Unternehmen	Branche	Ununterbrochene Dividenden-Anhebung seit ...
DOV	Dover Corp	Maschinenbau	57 Jahren
GPC	Genuine Parts	Autoteile	57 Jahren
PG	Procter & Gamble	Haushaltswaren	57 Jahren
EMR	Emerson Electric	Industrie	56 Jahren
MMM	3M	Industrie	55 Jahren
KO	Coca-Cola	Erfrischungsgetränke	51 Jahren
JNJ	Johnson & Johnson	Pharma	51 Jahren
LOW	Lowe's	Baumärkte	51 Jahren
NUE	Nucor	Stahl	51 Jahren
CL	Colgate-Palmolive	Haushaltswaren	50 Jahren
CB	Chubb Corp	Versicherung	48 Jahren
HRL	Hormel Foods	Fleischprodukte	47 Jahren
TGT	Target Corp	Supermärkte	46 Jahren
SWK	Black & Decker	Werkzeug	45 Jahren
SYY	Sysco	Lebensmittelhandel	43 Jahren
PPG	PPG Industries	Chemie/Verbundstoffe	42 Jahren
PEP	PepsiCo	Erfrischungsgetränke	41 Jahren
VFC	VF Corp	Bekleidung	40 Jahren
ED	Consolidated Edison	Energieversorger	39 Jahren
WMT	Wal-Mart Stores	Supermärkte	39 Jahren

Die zuverlässigsten Dividenden-Aristokraten im S&P 500
(Quelle: Seekingalpha.com)

Kaum vorstellbar, was passieren müsste, damit solche Serien reißen. Konjunktureinbrüche, Rezessionen und Wirtschaftskrisen reichen sicher nicht, denn davon gab es im vergangenen halben Jahrhundert einige. Die Aristokraten haben sich trotzdem keine Blöße gegeben und bei ihren Aktionären jedes Jahr zuverlässig mehr Geld abgeliefert. Und wenn sich doch mal jemand aus dem illustren Kreis verabschieden muss, ist meist eine Übernahme der Grund – so wie zuletzt beim Billig-Filialisten Family Dollar, der vom börsennotierten Konkurrenten Dollar Tree übernommen wurde, einem erklärten Dividendenverweigerer. Der letzte echte Rauswurf liegt dagegen schon eine Weile zurück: 2013 hatte der Frankiermaschinenhersteller Pitney Bowes zum ersten Mal seit 1982 die Ausschüttung nicht mehr erhöht, sondern sogar gesenkt.

Doch spätestens seit Ernst August Prinz von Hannover bei der Expo 2000 an den türkischen Pavillon urinierte, wissen wir ja: Ab und zu benimmt sich halt auch der Adel mal daneben. Wirklich weh tut ein seltener Flop wie Pitney Bowes ohnehin nur dann, wenn man sein Kapital nicht ausreichend breit gestreut hat. Und weil der gemeine Privatanleger kaum geneigt sein dürfte, alle 51 Aktien einzeln zu ordern, ist es mehr als praktisch, dass Standard & Poor's schon vor langer Zeit ein Kursbarometer kreiert hat, das die komplette Dividenden-Aristokratie bündelt und über börsengehandelte Fonds – sogenannte *Exchange Traded Funds* (ETFs) – direkt investierbar ist.

Gleichzeitig beweist die bis 1990 zurückreichende Historie des S&P Dividend Aristocrats Index, in welchem Umfang kontinuierlich steigende Ausschüttungen das schaffen, was Management-Philosophen mal *Shareholder Value* getauft haben: Die amerikanischen Dividenden-Dynastien haben das Kapital der Aktionäre im vergangenen Vierteljahrhundert verachtzehnfacht und damit fast doppelt so gut abgeschnitten wie der S&P 500, dem per saldo eine Verzehnfachung gelungen ist.

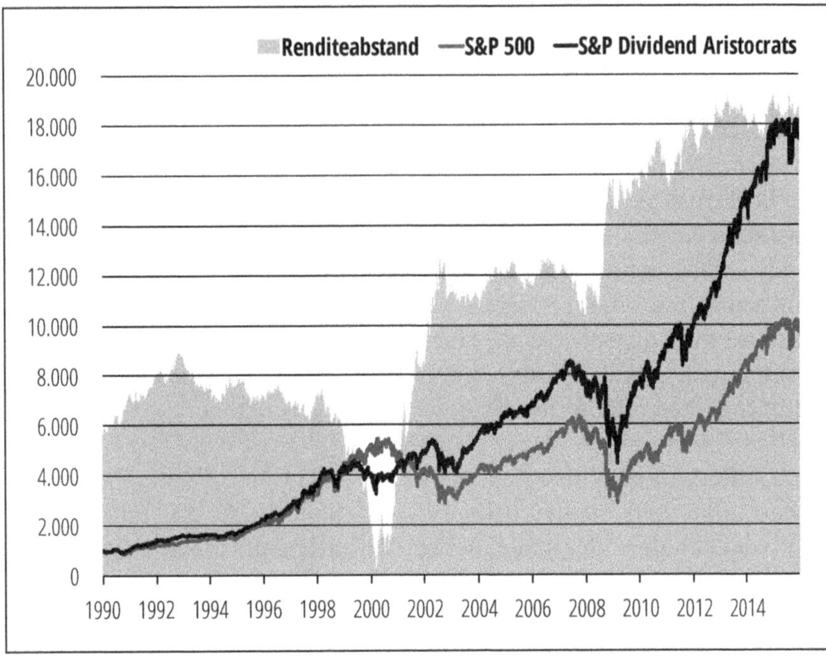

S&P Dividend Aristocrats vs. S&P 500: Total Return in USD 1990 - 2015

Die absoluten Zahlen sind freilich nur die halbe Miete. Mindestens genauso relevant ist die *relative Performance*, schließlich haben wir die Schwächen der O'Higgins-Strategie und des DivDAX erst durch die Alpha-Brille erkennen können. Umso erfreulicher deshalb, dass die Aristokraten auch aus dieser Perspektive überzeugen. Nur zum Ende der Goldenen Neunziger hinkte der Adel dem Pöbel zeitweilig hinterher; im Wachstumsrausch des *Dot.com*-Hypes waren etablierte Adressen mit gewachsenen Geschäftsmodellen und dicken Dividenden schlichtweg *out*. Abgesehen von dieser Phase des kollektiven Wahnsinns zeigt das Alpha über Zeiträume von ein paar Jahren aber stets gen Norden. Dabei fällt neben dem fulminanten *Comeback* 2001/2002 auch die *Outperformance* 2008/2009 ins Auge: Als die Weltwirtschaft wankte, haben die Aristokraten mit ihren über Jahrzehnte bewährten Geschäftsmodellen signifikant besser abgeschnitten als der breite Markt – und seitdem ist der Vorsprung genauso stetig gewachsen wie die Ausschüttungen.

Mit seiner Fokussierung auf Verlässlichkeit ist der Aristokratie-Ansatz aber nicht nur einleuchtend und erfolgreich, sondern auch ziemlich einzigartig. Denn während sich bei Aktien sonst immer alles um die Kurse dreht, spielt das atemlose Auf und Ab für den Adels-Club keine Rolle. Drin ist, wer Dividende raushaut, jedes Jahr mehr und das seit einem Vierteljahrhundert. Dabei ist es ganz egal, wo die Aktie gerade steht und ob das, was ausgeschüttet wird, gemessen am Börsenpreis eher mächtig oder mickrig ist. Eine herrlich unaufgeregte Herangehensweise, die eben keine Schnäppchenjagd versucht. Statt der wolkigen Chance auf Kursgewinne rückt einfach das in den Mittelpunkt, wofür Unternehmen unabhängig von den unberechenbaren Launen der Börsianer selbst sorgen können: Dividenden. Und solange die nur munter sprudeln, so das Kalkül, wird irgendwann auch der Kurs steigen. Ob man einst beim Einstieg vielleicht zu viel bezahlt hat, ist dann völlig einerlei.

Man braucht halt Zeit, manchmal sogar richtig viel Zeit. Falls Sie also noch immer auf heiße Tipps für schnelle Profite warten – die kommen auch auf den nächsten 120 Seiten nicht mehr. Wir wissen selbst nicht, wie das mit dem schnellen Reichtum geht und wenn wir es wüssten, würden wir Ihnen das sicher nicht für 19,99 Euro erzählen. Zu diesem Preis gibt's nur dröge Dividenden-Dönekes, etwa über Johnson & Johnson, den Hersteller von o.b.-Tampons, Penaten-Creme und Listerine-Mundspülung: Das über 120.000 Mitarbeiter starke Unternehmen, dessen Medizin- und Pharma-Sparte noch weitaus mehr Umsatz macht als das Geschäft mit Hygieneartikeln, gehört zu den Aristokraten der ersten Stunde.

Wer Ende 2001, kurz nach den barbarischen Anschlägen vom 11. September, nach einem halbwegs defensiven Aktien-Engagement Ausschau hielt, konnte mithin durchaus bei JNJ landen. Nur durfte man eben nicht auf Schnäppchen aus sein: Der Konzern hatte in den zwölf Monaten zuvor insgesamt 0,70 Dollar ausgeschüttet, und nachdem der Kurs seit März 2000 von 35 auf 60 Dollar gestiegen war, stand bei der Dividendenrendite gerade mal so eben eine Eins davor – also definitiv kein Fall für Michael O'Higgins und seine *Dogs*.

Und tatsächlich, im Rückspiegel entpuppte sich die niedrige Rendite als Warnsignal. Nachdem der Kurs kurzzeitig bis auf 40 Dollar abgerutscht war, ging die Aktie zum Pingpong über, hin und her zwischen 50 und 70 Dollar – und das nicht bloß für ein paar Monate, sondern mehr als ein volles Jahrzehnt lang. Im Sommer 2011 konnte man sogar für 58 Dollar bei JNJ einsteigen, doch adelstreuen Anlegern ist so eine Seitwärtsbewegung schnurz: Wie es sich für einen ordentlichen Aristokraten gehört, überwies die Firma, die eigentlich Johnson & Johnson & Johnson heißen müsste, weil an der Gründung 1886 gleich drei Brüder beteiligt waren, kontinuierlich steigende Dividenden.

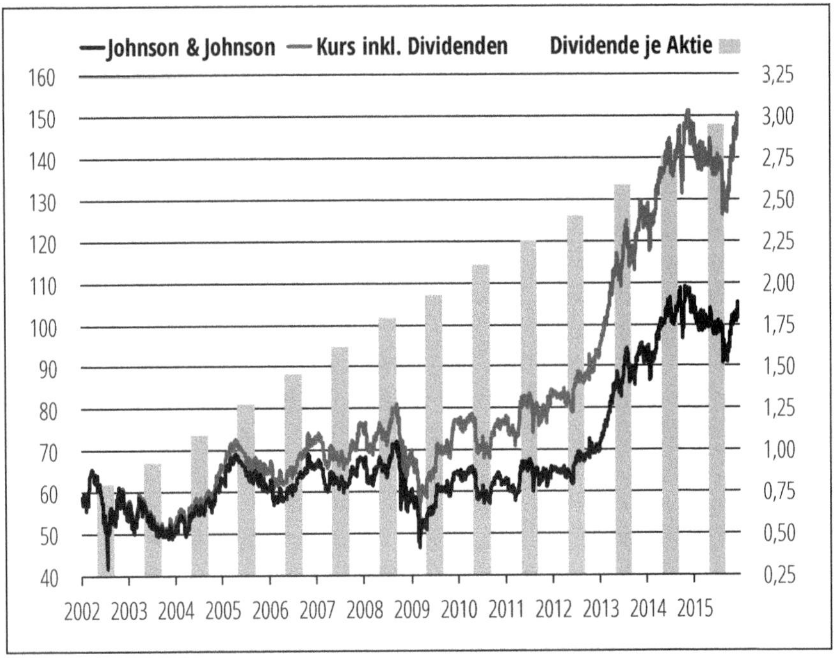

Johnson & Johnson: Dividende je Aktie und Kursentwicklung 2002 - 2015

Anno 2002 waren es zunächst nur 0,80 Dollar gewesen, 2007 dann mit 1,62 Dollar schon das Doppelte und 2011 sogar 2,25 Dollar. Wer dieses Kleingeld immer schön ins Sparschwein gesteckt hatte, besaß Ende 2011 neben einer JNJ-Aktie im Wert von damals 65 Dollar immerhin 15,25 Dollar in bar. Da lässt es sich durchaus verschmerzen, wenn der Kurs nicht aus dem Quark kommt, zumal die Ausschüttungen ja signalisierten, dass das Unternehmen sich in den vergangenen zehn Jahren prächtig entwickelt hatte. Und in der Tat, von 2001 bis 2011 konnte JNJ das jährliche Geschäftsvolumen von 32 auf 65 Mrd. Dollar steigern und den Gewinn von 5,7 auf 13,7 Mrd. Dollar. Ein Plus von fast 150 Prozent: Wieso um alles in der Welt hätte man da unruhig werden und die adelige Geldmaschine aus New Brunswick im US-Bundesstaat New Jersey aus dem Depot kegeln sollen!? Es lief doch alles nach Plan, und irgendwann würden das auch die Börsianer honorieren.

So kam es auch, und plötzlich wurde in kürzester Zeit alles nachgeholt, was man zuvor ein Jahrzehnt lang verschlafen hatte. Allein 2012 und 2013 kletterte die JNJ-Aktie um 40 Prozent und im Frühjahr 2014 übersprang der Preis sogar die 100-Dollar-Marke, wo der Kurs nach mehr als einem Jahr Pingpong auch Ende 2015 wieder angelangt war. Doch ist das wirklich wichtig? Für Investoren, die irgendwann zwischen 2002 und 2011 zu Kursen um 60 Dollar eingestiegen sind, sicher nicht: Die lehnen sich zurück, schauen lieber aus dem Fenster als auf den Börsen-Zirkus und nehmen ihre Dividendenschecks entgegen.

2,95 Dollar gab's im Jahr 2015, was bezogen auf den Einstandskurs veritable fünf Prozent sind. Genau deshalb sind Aristokraten-Aktionäre ja so entspannt: Sie müssen nicht historische oder erwartete Dividendenrenditen abwägen, sondern können einfach die *realisierten* genießen, die sich jedes Jahr im Gleichschritt mit den Ausschüttungen erhöhen. Wenn Sie jetzt loslegen und einsteigen, sind die 2,7 Prozent Dividendenrendite, die Analysten Ende 2015 für den Durchschnitt der im S&P Aristocrats Index versammelten Unternehmen geschätzt haben, deshalb nur der Anfang der Geschichte. Denn solange die adeligen Geldmaschinen nicht alle gleichzeitig ins Stocken geraten (was wir einfach mal ausschließen wollen, weil wir dann allesamt andere Probleme hätten), bekommen Sie von Jahr zu Jahr mehr.

12

Dauerläufer und Sprinter

Einfach Aristokraten-Aktien kaufen und dann bloß cool bleiben, sukzessive mehr Dividende kassieren und darauf vertrauen, dass die Börsenkurse früher oder später dem Trend der Ausschüttungen folgen – das klingt nach einem stimmigen Plan. Dummerweise gibt es jedoch einen Haken: Während allein der S&P 500 mehr als 50 adelige Mitglieder zählt, finden sich im Rest der etablierten Welt gerade einmal ein Dutzend Firmen, die ihre Aktionäre seit mindestens einem Vierteljahrhundert in stetig steigendem Umfang beglücken.

Rein theoretisch würde zwar auch das noch für einen globalen Index *Aristocrats ex USA* reichen, doch sähe der schon sehr nach Kraut und Rüben aus. Länder-Schwergewicht mit einem Anteil von 50 Prozent wäre dabei Großbritannien. Im Reich von Queen Elizabeth II. gibt es neben dem stocksteifen zweibeinigen Adel immerhin sechs reinrassige Dividenden-Aristokraten, von denen hierzulande am ehesten noch Spectris eine gewisse Bekanntheit genießen dürfte. Der früher als Fairey Group firmierende Hersteller von Präzisionsmessgeräten übernahm im Jahr 2000 das Instrumentengeschäft der Darmstädter Spectris AG und sicherte sich im Zuge dessen auch den Namen. Eingefleischten England-Fans könnte überdies Young's geläufig sein: Das 175 Jahre alte Traditionsunternehmen hat als Brauerei angefangen und betreibt inzwischen auf der Insel mehr als 220 Pubs. Ein solches Geschäftsmodell findet sich auf dem Frankfurter Kurszettel nicht, obwohl die im Gegensatz zu manchem Bier ganz und gar nicht trübe Dividenden-Bilanz eindrucksvoll bestätigt, dass der Volksmund durchaus richtig liegt, wenn's heißt »Gesoffen wird immer«.

Hinzu kommen vier Unternehmen vom Kontinent, darunter mit dem Schweizer Pillendreher Roche und dem französischen Kosmetiker L'Oréal zwei echte Dickschiffe. Die anderen beiden Adeligen aus der Euro-Zone bringen zwar ebenfalls ein paar Milliarden Börsenwert auf die Waage, sind dennoch eher etwas für Insider: Die irische Kerry Group ist Weltmarktführer für Lebensmittelzusätze – und was die Labore an Aromen und Geschmacksverstärkern ausspucken, wird nicht nur an alle großen Nahrungsmittelhersteller verkauft, sondern auch selbst verwurstet. Ob *Wall's Sausages* oder *Cheestrings* wirklich genießbar sind oder aus gutem Grund nur in England vermarktet werden, haben wir noch nicht probiert. Lieber verfrühstücken wir die üppigen Dividenden der Iren, deren Aktie sich in den vergangenen zehn Jahren mehr als vervierfacht hat.

Symbol	**Unternehmen**	**Land**	**Branche**	**Dividenden-Wachstum in 25 Jahren**
CPI LN	Capita	Großbritannien	Dienstleistung	23,8% p.a.
ROG VX	Roche Holding	Schweiz	Pharma	16,3% p.a.
OR FP	L'Oréal	Frankreich	Kosmetik	14,9% p.a.
COB LN	Cobham	Großbritannien	Rüstung/Luftfahrt	12,4% p.a.
KYG ID	Kerry Group	Irland	Nahrungsmittel	12,2% p.a.
SXS LN	Spectris	Großbritannien	Messinstrumente	10,7% p.a.
DLN LN	Derwent London	Großbritannien	Immobilien	10,2% p.a.
PZC LN	PZ Cussons	Großbritannien	Hygieneartikel	9,3% p.a.
YNGN LN	Young & Co's	Großbritannien	Pubs/Restaurants	6,8% p.a.
FTS CN	Fortis	Kanada	Versorger	5,6% p.a.
SOF BB	Sofina	Belgien	Beteiligungen	5,3% p.a.
CU CN	Canadian Utilities	Kanada	Versorger	5,1% p.a.

Dividenden-Aristokraten abseits der USA (25+ Anhebungen in Folge)

Bleibt noch Sofina, eine belgische Holding, deren Portfolio ein paar Aktienpakete von französischen Börsenriesen wie Danone, SES oder Suez Environnement enthält und ansonsten noch bunter ist als das der Deutschen Beteiligungs AG. Das war's dann aber auch mit den Non-US-Aristokraten. Mehr sind es nicht, und 2016 kann nur einer hinzukommen: Diesseits des Atlantiks stehen nur beim britischen Modehändler Next genau 24 aufeinanderfolgende Dividendenanhebungen zu Buche. Dabei müsste es schon mit dem Teufel zugehen, wenn die zuletzt vor allem mit ihren Onlineshops global erfolgreiche Firma sich nicht mit einer weiteren Aufstockung in den Adelsstand erheben würde. Für 2017 kündigt sich derweil mehr Nachwuchs an. Derzeit sind sechs Kandidaten mit 23 Erhöhungen im Rennen. Sofern alles nach Plan läuft, kriegt dann auch Deutschland seinen ersten Dividenden-Aristokraten – den Gesundheitskonzern Fresenius.

Begonnen hatte die Erfolgsgeschichte des 1912 vom Frankfurter Apotheker Eduard Fresenius gegründeten Unternehmens einst mit Infusionslösungen. Später kamen Produkte und Dienstleistungen für Dialyse-Patienten hinzu. Dabei verzeichnete das Blutwäsche-Business alsbald so starke Zuwächse, dass es in eine Tochtergesellschaft ausgegliedert und 1996 unter dem Namen Fresenius Medical Care an die Börse gebracht wurde. Daraufhin machte sich die Mutter daran, ein anderes Segment des *Healthcare*-Sektors aufzurollen: Durch gezielte Akquisitionen, darunter 2005 der Kauf der Klinik-Kette Helios sowie 2013 die Übernahme von mehr als 40 Häusern aus dem Bestand der ebenfalls börsennotierten Hospital-Holding Rhön-Klinikum, ist Fresenius inzwischen zum größten privaten Krankenhausbetreiber der Republik avanciert. Darüber hinaus mischt die schon 1933 nach Bad Homburg im Taunus übergesiedelte Firma im Generika-Geschäft mit. 2008 wurde mit dem amerikanischen Pharmahersteller APP mal eben die Weltmarktführerschaft bei intravenös verabreichten Nachahmer-Medikamenten erworben.

Ein grandioser Aufstieg *made in Germany*, der auch deshalb bemerkenswert ist, weil die meisten Fusionen und Übernahmen – siehe Daimler/Chrysler, BMW/Rover oder Adidas/Reebok – furchtbar in die Hose gehen und Unmengen an Geld verbrennen, das man besser beizeiten an die Aktionäre verfüttert hätte. Fresenius hingegen hat mit seinen Unternehmenskäufen Werte geschaffen, was sich nicht nur an der fulminanten Kursentwicklung, sondern eben auch an der Dividenden-Historie ablesen lässt.

Auf dem Sprung zum Aristokraten ist der DAX-Konzern indes nur, wenn man die Jahre 1995 und 2002 ausblendet. Beide Male fiel die Bescherung schmaler aus als im Jahr zuvor, was eigentlich ein krasser Verstoß gegen die Adels-Etikette ist. Dass wir Fresenius dennoch 23 Erhöhungen in Serie zugutehalten, hat mit dem Phänomen der Sonderausschüttung zu tun: Gelegentlich gibt's zusätzlich zur regulären Dividende noch einen Bonus – vor allem, wenn die Anteilseigner an Gewinnen partizipieren sollen, die aus Einmaleffekten resultieren wie dem Verkauf von Geschäftsbereichen oder Immobilien. Durch die Einstufung als Sonderausschüttung wollen die Firmen gleich unmissverständlich klarmachen, dass es sich beim *Special Cash* lediglich um einen erfreulichen Ausreißer handelt, der losgelöst von dem betrachtet werden muss, was mit dem normalen Betrieb erwirtschaftet wurde.

Zur Auszahlung kommt das Zusatz-Zuckerle jedoch meist am selben Tag wie die normale Ausschüttung, und auch auf dem Bankbeleg wird in aller Regel nur die Summe aus beiden Beträgen ausgewiesen. Und weil nach Helmut Kohl ja sowieso entscheidend ist, was hinten rauskommt, könnte man sich in Anlehnung an Gertrude Stein auf den Standpunkt stellen: Eine Dividende ist eine Dividende ist eine Dividende – ganz egal, wie ein Unternehmen seine Überweisungen an die Aktionäre etikettiert. Wenn dieses Jahr weniger ausgeschüttet wird als im vergangenen Jahr, dann ist das eine Kürzung.

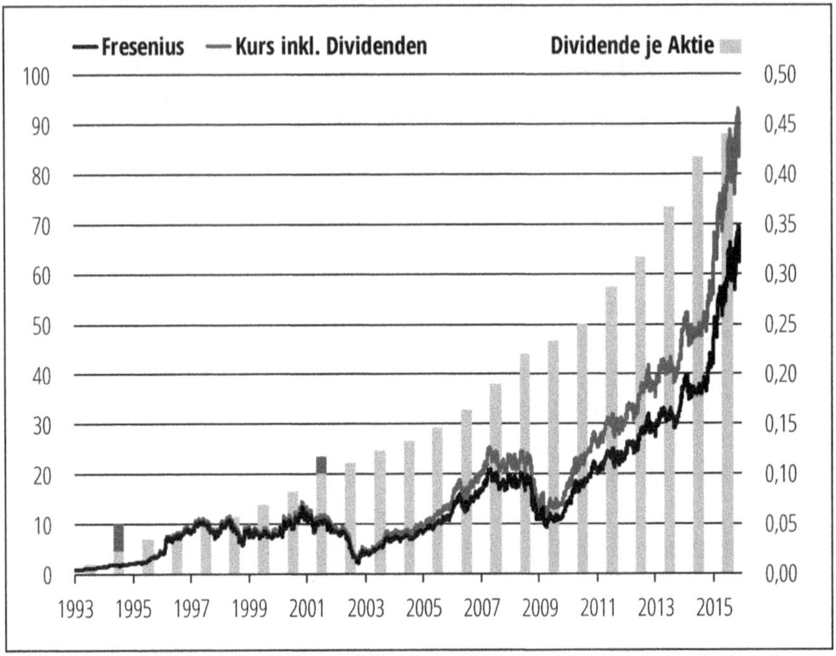

Fresenius: Dividende je Aktie und Kursverlauf 1993 - 2015

Auf diese Weise würde allerdings jede Sonderausschüttung dazu führen, dass ein Unternehmen in den Disziplinen »Dividende nie gesenkt« und »Dividende immer erhöht« auf null zurückfällt und ein Aristokrat obendrein seinen Titel verliert. Das erscheint wenig sinnvoll, gerade weil es aus Sicht der Anteilseigner ja allemal begrüßenswert ist, dass ein außerordentlicher Geldregen nicht nur die Firmenkasse oder das Vorstandssäckel füllt, sondern zumindest teilweise weitergegeben wird – vor allem, wenn die Knete aus dem Verkauf von Vermögenswerten stammt, also Substanz versilbert wurde.

Aus dieser Perspektive spräche einiges dafür, die Sonderdividenden kategorisch außen vor zu lassen, sobald es um die langfristige Ausschüttungshistorie geht. Leidtragende einer solchen Sichtweise wären jedoch die Firmen, bei denen der Nachschlag die Regel ist. Die Deutsche Beteiligungs AG beispielsweise hat von 2009 bis 2015 lediglich eine konstante Basis-Dividende von 0,40 Euro abgeliefert. Diese wurde dann aber Jahr für Jahr durch am kurzfristigen Geschäftserfolg orientierte Extra-Überweisungen aufgestockt.

Dabei waren die vermeintlichen Sahnehäubchen vielfach sogar größer als der Kuchen. Und deshalb lösen wir die Sache salomonisch: Im Prinzip werden reguläre Zahlungen sowie Sonder-, Bonus-, Jubiläums- und sonstige Dividenden einfach zusammengezählt. Nur wenn es um die Frage geht, wie viele Jahre in Folge ein Unternehmen die Ausschüttung erhöht, nicht gesenkt oder überhaupt gezahlt hat, lassen wir den Bonus unter den Tisch fallen, sofern sich dadurch das Bild verbessert.

Ist dies der Fall, erkennen Sie das in unseren Listen am Sternchen vor dem Firmennamen – so wie beim aus der Apotheke des Dr. Fresenius hervorgegangenen Weltkonzern auf diese Weise eben die besagten 23 ununterbrochenen Anhebungen in der Tabelle stehen statt nur 13. Doch auch, falls wir das nicht so handhaben würden, bliebe der inoffizielle Titel des deutschen Dividendenmeisters immerhin in der Familie. Auf Platz zwei folgt nämlich mit 18 Erhöhungen Fresenius Medical Care, die schon 1999 und damit neun Jahre vor der Mutter in die DAX-Liga aufgestiegene Dialyse-Tochter. Dass ausgerechnet die Sippe aus Bad Homburg an der Spitze rangiert, ist dabei kein Zufall: Beide Unternehmen sind durch ihre Akquisitionen sowohl kulturell als auch personell stark amerikanisch geprägt. Deshalb haben sie Dividendenkontinuität schon viel früher als integrales Element der *Equity Story* definiert als andere deutsche Top-Firmen.

WKN	Unternehmen	Branche	Anhebungen seit …	Dividenden-Wachstum
578560	*Fresenius	Gesundheit	23 Jahren	18,6% p.a.
578580	Fresenius Medical Care	Gesundheit/ Dialyse	18 Jahren	9,4% p.a.
656900	*Bayerische Gewerbebau	Immobilien	16 Jahren	5,0% p.a.
579043	Fuchs Petrolub Vz.	Schmierstoffe	13 Jahren	19,9% p.a.
STRA55	Stratec Biomedical	Laborgeräte	12 Jahren	34,6% p.a.
519406	*BayWa	Agrarhandel	11 Jahren	11,6% p.a.
717030	Schaltbau Holding	Verkehrstechnik	10 Jahren	54,4% p.a.
577220	Fielmann	Optiker	10 Jahren	14,9% p.a.
747404	Paul Hartmann	Medizinprodukte	10 Jahren	8,2% p.a.

Deutsche Unternehmen mit mindestens zehn Dividendenanhebungen in Folge

Die sucht man in der *Champions League* der Zuverlässigkeit ohnehin vergeblich. Sogar wenn man nicht nur die 250 wichtigsten, sondern alle Aktien des heimischen Kurszettels durchflöht, bleiben gerade einmal neun Unternehmen übrig, die ihre Dividende 2015 zum zehnten Mal in Folge aufgebessert haben und sich somit in der US-Terminologie zumindest als Achiever oder Emporkömmling qualifizieren – darunter zwei Gesellschaften mit geringem Streubesitz und entsprechend mickrigen Börsenumsätzen, nämlich die auf Logistik-Immobilien spezialisierte Bayerische Gewerbebau und der Mullbinden-Multi Paul Hartmann.

Neben der Familie Fresenius und der Hartmann-Gruppe findet sich im Kreis der Emporkömmlinge sogar noch eine vierte Firma aus dem Gesundheitsbereich. Stratec Biomedical produziert Laborgeräte und ist ein Paradebeispiel dafür, wie Unternehmen mit makelloser Ausschüttungs-Historie ihre Ehre verteidigen: Als die im TecDAX geführten Schwarzwälder, die 2012 einen Gewinnrückgang von 16,8 auf 12,5 Mio. Euro hinnehmen mussten, waren einige Analysten schon von einer Dividendenkürzung ausgegangen, nachdem die Aktionäre zuvor neun Jahre in Folge immer mehr bekommen hatten. Aber Pustekuchen – weil die Firma genügend Reserven besaß, um die kleine Wachstumsdelle auszusitzen, brachte Vorstandschef Marcus Wolfinger pro Aktie sogar einen Cent mehr unter die Leute als im Vorjahr, um die blütenweiße Weste zu retten und die Zehn voll zu machen.

Auf diese Weise liegt Stratec nun mit zwölf Anhebungen in Serie weiterhin ein Jahr hinter Fuchs Petrolub. Den weltgrößten unabhängigen Schmierstoffhersteller müsste man eigentlich sogar doppelt zählen. Schließlich ist er gleich mit zwei Anteilsgattungen auf dem Kurszettel präsent. Zusätzlich zu den ganz gewöhnlichen *Stammaktien* gibt es nämlich noch *Vorzugsaktien,* die ebenfalls alle Miteigentumsrechte verbriefen, jedoch kein Stimmrecht auf der Hauptversammlung. Man darf also mitreden, hat aber nichts zu sagen – das schreit geradezu nach einer Entschädigung und die gibt's in Form einer erhöhten Dividende. Bei Fuchs ist durch die *Satzung* festgelegt, dass auf die *Vorzüge* standardmäßig ein Cent mehr gezahlt wird als auf die *Stämme.* Bei Beträgen von zuletzt 0,76 bzw. 0,77 Euro macht das den Kohl nicht wirklich fett, doch manchmal zählt ja auch der gute Wille und außerdem genießen Vorzugsaktionäre einen Nachzahlungsanspruch: Im unwahrscheinlichen Fall, dass Fuchs die Ausschüttung mal ausfallen lassen muss, sehen die Stammaktionäre erst Geld, wenn die stimmrechtslosen Kollegen für jedes dividendenlose Jahr 0,03 Cent bekommen haben.

Dass die Vorzugsaktien Ende 2015 rund 15 Prozent teurer waren als die Stammaktien, liegt indes nicht an diesen putzigen Vorteilen, sondern am Gefälle bei den Börsenumsätzen. Weil die Stämme zu mehr als 50 Prozent im Besitz der Familie Fuchs liegen, sind diese lange nicht so liquide handelbar wie die breit gestreuten Vorzüge, die folgerichtig auch im MDAX enthalten sind. Wirklich relevant ist dieses Thema jedoch nur für institutionelle Investoren, die oftmals binnen weniger Stunden millionenschwere Aktienpakete kaufen oder verkaufen müssen. Denn während im Durchschnitt des Jahres 2015 täglich Fuchs-Vorzüge für 7,5 Mio. Euro gehandelt wurden, gingen von den Stämmen nur Papiere im Gegenwert von 1,2 Mio. Euro über den Tresen – was für die meisten Privatanleger reichen müsste. Wer darauf setzen will, dass es bei Fuchs weiterhin läuft wie geschmiert, darf also vorher wie im richtigen Leben die Preise vergleichen: Ab einem Abschlag von zehn Prozent kann man darüber nachdenken, statt der teuren Vorzüge die günstigeren Stämme zu kaufen.

Insgesamt haben von den 250 wichtigsten deutschen Börsenfirmen immerhin 13 sowohl Stamm- als auch Vorzugsaktien ausstehen. Erfreulicherweise wurde 2015 über allen Papieren das Füllhorn ausgebreitet. Dabei macht der Dividendenvorteil der Vorzüge selten mehr als zwei Prozent aus, während das Preisgefälle sich oft jenseits der 20-Prozent-Marke bewegt. Mal sind die Stämme teurer, mal die Vorzüge, mal sind die vollwertigen Aktien die liquideren, mal die stimmrechtlich kastrierten Titel. Überhaupt ist diese ganze Abwägung zwar ein unter Umständen sehr lukratives, aber irgendwie ziemlich mühseliges Geschäft für Leute, die gern am Schreibtisch hocken und eng am Markt agieren. Wir dagegen machen uns das Leben gern leicht: Abgesehen von BMW, Fuchs und Sixt, die teilweise mit der billigeren und weniger aktiv gehandelten Stammaktie in unseren Depots vertreten sind, konzentrieren wir uns auf die populäreren Vorzugsaktien, die in der Tabelle fett hervorgehobene Gattung.

Unternehmen	Aktien-gattung	Dividende 2015	Performance 2010 - 2015	Jahresschlusskurs 2015
BMW	**Stämme**	**2,90**	**14,6%**	**97,63**
	Vorzüge	2,92	24,7%	77,41
Biotest	Stämme	0,20	-28,1%	18,70
	Vorzüge	**0,22**	**-39,2%**	**15,40**
Drägerwerk	Stämme	1,33	-21,7%	60,31
	Vorzüge	**1,39**	**-27,7%**	**68,61**
Eurokai	Stämme	1,50	32,5%	29,10
	Vorzüge	**1,50**	**32,9%**	**29,90**
Fuchs Petrolub	Stämme	0,76	22,0%	37,69
	Vorzüge	**0,77**	**22,5%**	**43,50**
Henkel	Stämme	1,29	17,2%	88,62
	Vorzüge	**1,31**	**22,4%**	**103,20**
KSB	Stämme	8,50	-20,6%	382,10
	Vorzüge	**8,76**	**-15,2%**	**370,60**
MAN	**Stämme**	**3,07**	**3,9%**	**92,70**
	Vorzüge	3,07	3,8%	91,90
Metro	**Stämme**	**0,90**	**-16,0%**	**29,56**
	Vorzüge	1,13	-11,8%	23,63
RWE	**Stämme**	**1,00**	**-56,0%**	**11,71**
	Vorzüge	1,00	-61,6%	8,94
Sartorius	Stämme	1,06	268,5%	314,00
	Vorzüge	**1,08**	**177,9%**	**240,45**
Sixt	**Stämme**	**1,20**	**101,5%**	**47,19**
	Vorzüge	1,22	97,8%	38,00
Volkswagen	Stämme	4,80	-27,7%	142,30
	Vorzüge	**4,86**	**-34,5%**	**133,75**

Deutschland Top 250: Stamm- und Vorzugsaktien im Dividenden-Vergleich

Sie merken schon, auf der Suche nach einem hiesigen Pendant zum amerikanischen Erfolgsmodell der Dividenden-Aristokraten kommt man schnell vom Hölzchen aufs Stöckchen. Aber die Ausgangslage ist ja auch wirklich ernüchternd: Echten Adel der Klasse »25 plus x« gibt es nicht. Selbst aus den Emporkömmlingen mit mindestens zehn aufeinanderfolgenden Erhöhungen lässt sich kein anständiges Portfolio basteln. Denn anständig heißt bei uns zehn Aktien – so viele wie nötig, um das Risiko angemessen zu streuen und auch mal einen unvermeidlichen Voll-Flop verkraften zu können, aber gleichzeitig so wenige wie möglich, damit das Ganze für Privatanleger machbar bleibt und obendrein nicht beliebig wird.

Wer die Aristocrats/Achiever-Idee unter dieser Prämisse auf deutsche Verhältnisse übertragen will, kommt deshalb nicht um behutsame Abwandlungen des ursprünglichen Konzepts herum – und zwar dergestalt, dass man die harte Hürde von 25 bzw. 10 aufeinanderfolgenden Dividendenerhöhungen durch eine dynamische Definition ersetzt. Die neue Regel könnte dann beispielsweise lauten: Gekauft werden immer zum Jahreswechsel die zehn Aktien, die – unabhängig von der absoluten Zahl – die längste Reihe von Anhebungen vorweisen können.

WKN	**Unternehmen**	**Branche**	**Anhebungen seit ...**	**Dividenden-Wachstum**
578560	*Fresenius	Gesundheit	23 Jahren	18,6% p.a.
578580	Fresenius Medical Care	Gesundheit/ Dialyse	18 Jahren	9,4% p.a.
579043	Fuchs Petrolub Vz.	Schmierstoffe	13 Jahren	17,6% p.a.
STRA55	Stratec Biomedical	Laborgeräte	12 Jahren	34,6% p.a.
519406	*BayWa	Agrarhandel	11 Jahren	7,4% p.a.
717030	Schaltbau Holding	Verkehrstechnik	11 Jahren	54,4% p.a.
577220	Fielmann	Optiker	10 Jahren	14,8% p.a.
747404	Paul Hartmann	Medizinprodukte	10 Jahren	6,7% p.a.
A0JK2A	Aurelius	Beteiligungen	8 Jahren	69,4% p.a.
547030	CTS Eventim	Ticketing/Events	7 Jahren	18,8% p.a.

Deutschland Dividenden 250/10 Dauerläufer: Aktien-Auswahl für 2016

Legt man dafür wieder die 250 wichtigsten deutschen Aktiengesellschaften zugrunde, reichen per Ende 2015 schon sieben Aufstockungen in Serie, um in der Liga derer mitzuspielen, die wir in Anlehnung an die bildhaften Bezeichnungen in den USA einfach mal *Dauerläufer* nennen. Dabei ist die Auswahl sogar eindeutig: Sieben Jahre wie der Ticketvermarkter CTS auf Rang zehn erreicht ansonsten niemand. 2013 war das noch anders. Da kabbelten sich vier Firmen mit je sechs Anstiegen um die letzten beiden Plätze. Auch in so einer Situation lassen wir natürlich nicht das Bauchgefühl entscheiden, sondern halten uns an objektive Kriterien. Hier schauen wir im Zweifelsfall, also wenn Unternehmen in puncto Verlässlichkeit gleichauf sind, auf das durchschnittliche jährliche Dividendenwachstum im jeweiligen Zeitraum. Denn Anhebungen sind gut, aber starke Anhebungen sind besser.

So entsteht eine Strategie, die inhaltlich auf demselben Fundament steht wie der Aristokraten-Ansatz, die genauso mechanisch und berechenbar ist – und obendrein ähnlich erfolgreich. In den zehn Jahren seit Anfang 2006 haben unsere Dauerläufer inklusive reinvestierter Dividenden eine Verdreifachung aufs Parkett gelegt, die schon für sich genommen Spaß macht. Wie gut dieses Ergebnis tatsächlich ist, zeigt jedoch erst der Vergleich, für den wir eigentlich den DAXplus Maximum Dividend Index hervorkramen könnten. Doch BMW schickt seine Autos auch nicht gegen einen Trabant ins Rennen und deshalb lassen wir solchen Unfug und ziehen als Messlatte einfach den CDAX heran. Der umfasst sämtliche in den regulierten Segmenten der Frankfurter Börse gelisteten Aktien, ist damit das am breitesten aufgestellte deutsche Kursbarometer – und hat sich seit 2006 ungefähr verdoppelt.

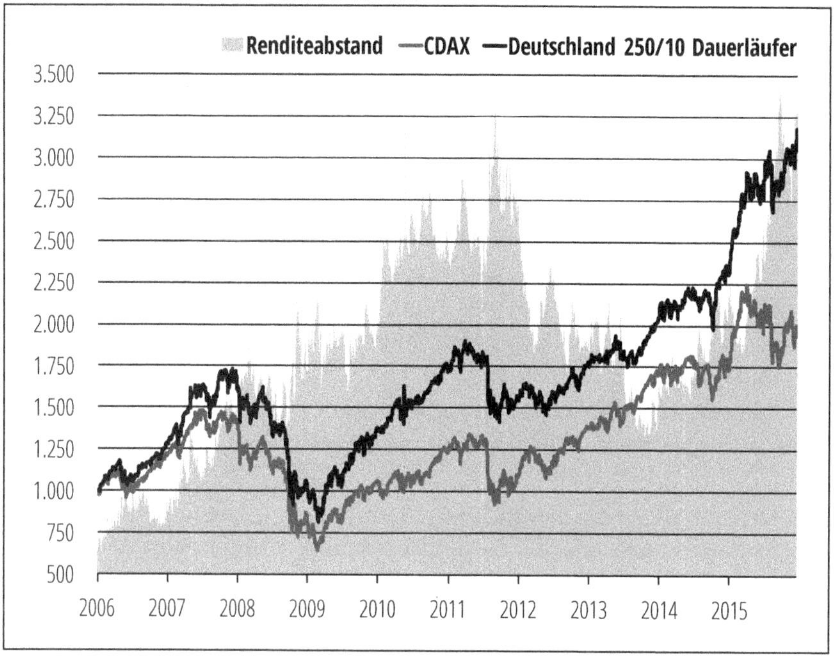

Deutschland Dividenden 250/10 Dauerläufer vs. CDAX: Total Return 2006 - 2015

Es ist mithin ein stattlicher Vorsprung, der die Dividenden-Dauerläufer vom Hauptfeld trennt. Dieser Vorsprung wurde recht kontinuierlich herausgearbeitet, wie der hinterlegte Renditeabstand veranschaulicht. Lediglich 2012/2013 lässt unsere Zehnerriege es etwas langsamer angehen. Das Alpha schmilzt zeitweilig arg zusammen, setzt 2014 aber erneut zum Spurt an und erreicht pünktlich zum Jahresultimo 2015 ein neues vorläufiges Hoch – genau wie die Strategie selbst. Was sich in den USA bewährt hat, funktioniert also leicht abgewandelt auch in Deutschland: Die verlässlichsten Dividendenzahler werfen langfristig überdurchschnittliche Gesamtrenditen ab.

Bei aller Begeisterung für das Gesetz der Serie ist es jedoch vielleicht etwas engstirnig, nur diejenigen Unternehmen als verlässlich einzustufen, die ihre Dividende möglichst oft hintereinander aufgestockt haben. Denn anders als in den USA, wo Aristokraten und Emporkömmlinge mehr als ein Fünftel des S&P 500 besetzen, führt diese Perspektive in Deutschland dazu, dass viele grandiose Unternehmen mit sehr nachhaltiger Ausschüttungspolitik unter den Tisch fallen. Davon betroffen ist etwa die Münchener Rück, die ihre Dividende 2015 zwar erst zum dritten Mal in Folge aufgestockt, gleichzeitig aber seit mehr als einem Vierteljahrhundert nie gekürzt hat. Darüber hinaus haben nicht allzu viele deutsche Firmen eine jahrzehntelange Börsen-Historie wie Johnson & Johnson, Procter & Gamble oder Coca-Cola, wodurch ebenfalls der eine oder andere Dividendenstar durchs Raster fällt, wenn man nur auf lange Reihen schaut.

Insofern könnte man die Sache etwas liberaler angehen und sämtliche Unternehmen auf die *Watchlist* setzen, die ihre Dividende in den vergangenen fünf Jahren mindestens viermal erhöht haben. Ein Ausrutscher wäre mithin erlaubt. Gleichzeitig sorgt unsere neue Lockerheit dafür, dass per Ende 2015 gleich 76 Unternehmen die Hürde überspringen. Während wir anfangs also zu wenig Masse für eine robuste Strategie hatten, bleibt nun ein Vielfaches unseres Ziels von zehn Titeln übrig. Es braucht also dringend eine ordnende Hand, ein sekundäres Kriterium. Dabei greifen wir erneut auf das Dividendenwachstum zurück, nun natürlich für alle Aktien einheitlich über fünf Jahre gemessen. Denn nach allem, was wir für sowohl bei den US-Aristokraten als auch für die deutschen Dauerläufer im Hinblick auf die Prognosequalität der Ausschüttungshistorie festgestellt haben, darf man mit Fug und Recht unterstellen: Wer in der Vergangenheit kräftig erhöht hat, dürfte zumindest in der näheren Zukunft – und wir schauen ja immer nur ein Jahr voraus – seine Dividenden-Dynamik beibehalten.

WKN	Unternehmen	Branche	Anhebungen 5 Jahre	Div.-Wachstum 5 Jahre
PSM777	ProSiebenSat.1	Medien/TV	4	140,2% p.a.
A0SMSH	Mutares	Beteiligungen	4	110,4% p.a.
556520	Dürr	Maschinenbau	5	82,1% p.a.
750750	Washtec	Autowaschanlagen	4	68,9% p.a.
605283	B. Hermle Vz.	Fräsmaschinen	4	66,4% p.a.
723132	Sixt	Autovermietung	4	64,4% p.a.
519000	BMW	Autohersteller	5	57,4% p.a.
621993	Jungheinrich	Flurförderfahrzeuge	4	54,0% p.a.
938914	Airbus	Flugzeuge	5	52,8% p.a.
A0Z2ZZ	Freenet	Mobilfunk	5	49,6% p.a.

Deutschland Dividenden 250/10 Sprinter: Aktien-Auswahl für das Jahr 2016

Die zehn Aktien, die nach dieser Vorgabe ins Rennen für 2016 gehen, sind natürlich andere als unsere Dauerläufer. Diese stocken ihre Ausschüttung zwar auch nach sieben, acht oder mehr als zehn Jahren bisweilen noch immer mit zweistelligen Jahresraten auf, erreichen damit aber keinen Spitzenplatz mehr. Fuchs Petrolub etwa hat seinen Aktionären im Durchschnitt der vergangenen fünf Jahre jedes Jahr 22 Prozent mehr überwiesen – ein fulminantes Plus und dennoch nicht einmal die Hälfte des Wachstums, mit dem der in unserer Selektion nur zehntplatzierte Mobilfunker Freenet die Anteilseigner währenddessen erfreut hat.

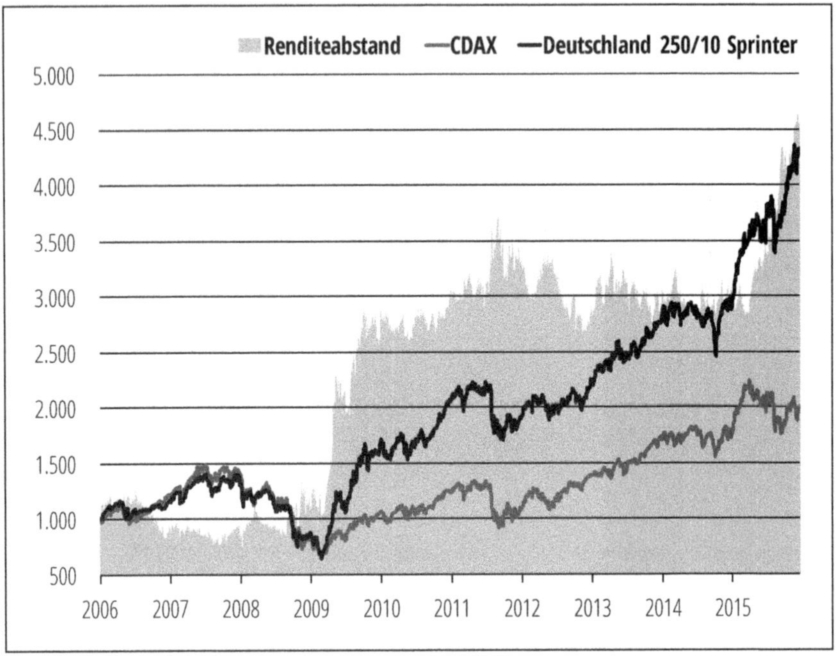

Deutschland Dividenden 250/10 Sprinter vs. CDAX: Total Return 2006 - 2015

Unabhängig davon präsentiert sich auch diese Top-10-Liste, die wir zur Abrundung *Sprinter* taufen, als bunte Mischung aus verschiedenen Größen und Geschäften – vom Weltkonzern BMW bis zum Mittelständler Washtec, vom Maschinenbauer Hermle bis zum Medien-Multi ProSiebenSat.1. Und diese Streuung, die ja nicht aktiv herbeigeführt wurde, sondern schlichtweg aus dem Dividendenverhalten resultiert, zahlt sich aus. Mit 330 Prozent fällt das Zehn-Jahres-Plus sogar um einiges praller aus als bei den Dauerläufern.

Nachdem Sie jetzt endlich das längste Kapitel dieses Buches bewältigt haben, dürfen wir damit feststellen: Obwohl es in Deutschland keine klassischen Ausschüttungs-Aristokraten gibt, lassen sich mit wenig Aufwand handliche Aktien-Päckchen schnüren, die durch die Fokussierung auf Firmen mit einer mehr oder weniger makellosen Dividenden-Historie jeden Index alt aussehen lassen. Zufrieden zurücklehnen wollen wir uns trotzdem nicht. Denn das hinterlegte Alpha zeigt an, dass die fulminante Überrendite fast ausschließlich 2009 und 2015 erwirtschaftet wurde. Abgesehen von diesen beiden Sprüngen marschiert unser Zehnerpack dagegen nur im Gleichschritt mit dem Markt – es gibt also durchaus noch einiges zu optimieren.

13

Allein die Dosis macht's

Wer eine Wohnung zu vermieten hat, verlangt in der Regel nicht nur eine Schufa-Auskunft, sondern lässt sich auch Einkommensnachweise zeigen. Ist ja schön, dass der Kandidat in der Vergangenheit immer treu und brav seinen Verpflichtungen nachgekommen ist und auch sonst einen sauberen Eindruck hinterlässt. Doch wenn er netto gerade mal 1.500 Euro nach Hause bringt und nicht bloß von Wasser und trocken Brot lebt, zehren 1.200 Euro Monatsmiete an der Substanz – und das geht zumeist nicht lange gut.

Ähnliche Gedanken machen sich auch Aktionäre. Tolle Sache, wenn eine Firma auf eine lange Serie steigender Ausschüttungen zurückblicken kann. Aber die müssen eben immer wieder aufs Neue erwirtschaftet werden, damit die Dividenden-Aristokraten nicht genauso enden wie manches blaue Blut im echten Leben: Während man draußen noch auf edle Hose macht, tropft es daheim im Schloss durchs Dach, und die Bilder an den Wänden sind auch schon längst an irgendwelche Neureichen verpfändet.

Genau dieses Schicksal könnte den großen Öl-Konzernen drohen, sofern das schwarze Gold nicht bald mal wieder teurer wird. Mit gut 35 Dollar kostete ein Barrel der Nordseesorte Brent Ende 2015 fast 70 Prozent weniger als eineinhalb Jahre zuvor. Was Autofahrer freut, ist für die Tankstellen-Multis ein Debakel. Beispiel Chevron: 2014 hatte das Anfang des 19. Jahrhunderts aus John D. Rockefellers *Standard Oil Company* hervorgegangene Unternehmen noch sagenhafte 19,2 Mrd. Dollar Gewinn nach Steuern erwirtschaftet. Für 2015 lagen bei Drucklegung dieses Buches zwar noch keine endgültigen Ergebnisse vor, wenn man indes den Prognosen des Managements glauben darf, stehen unter dem Strich nicht einmal mehr 6,5 Mrd. Dollar.

Selbstredend deutet auch dieser Betrag, für den man etwa die komplette Lufthansa kaufen könnte, nicht unbedingt auf baldige Verarmung hin. Doch Adel verpflichtet nun mal, und 28 Dividendenanhebungen in Folge schüren die Erwartung, dass die Ausschüttungs-Pipeline 2016 erneut ein bisschen voller ist. Das wird wohl auch passieren, wenngleich Chevron damit über seine Verhältnisse lebt: Teilt man die 6,5 Mrd. Dollar Netto-Profit durch die Zahl von 1,883 Mrd. ausstehenden Anteilsscheinen, beläuft sich der *Gewinn je Aktie* auf 3,45 Dollar. Um jedoch seinen Dividenden-Trend fortzusetzen, muss der hierzulande nicht mehr mit eigenen Tankstellen präsente Konzern wenigstens ein bisschen mehr als die 2015 gezahlten 4,28 Dollar je Aktie unter die Leute bringen – so dass rund ein Fünftel der Ausschüttung nicht durch den Vorjahresgewinn gedeckt sind, sondern den Reserven entnommen werden.

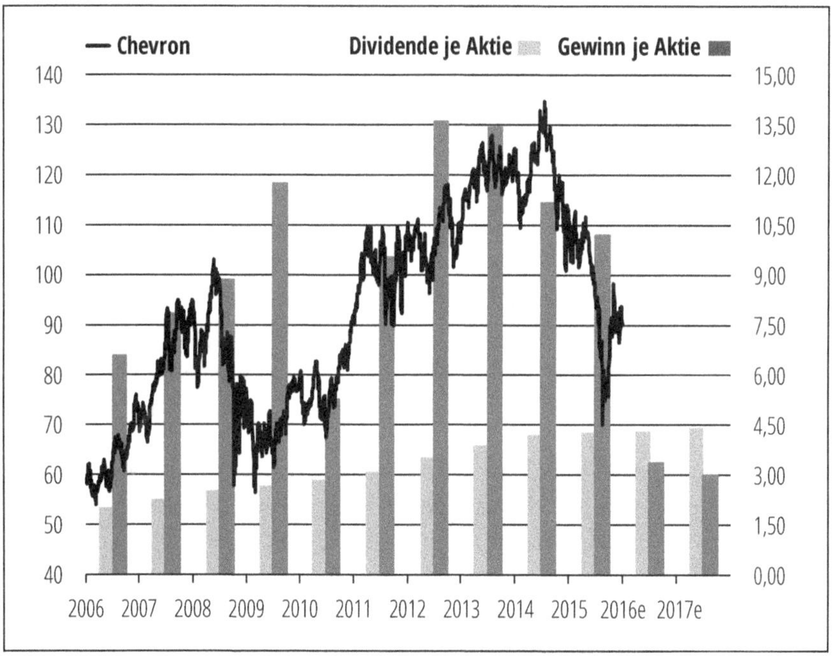

Chevron: Kursverlauf, Dividende und Gewinn je Aktie 2006 - 2017 (erwartet)

Nachdem Chevron im Durchschnitt der vergangenen zehn Jahre nur rund ein Drittel seiner Gewinne an die Aktionäre verteilt hat, ist die Bilanz natürlich dick genug gepolstert, um eine Ertragsdelle ausbügeln zu können, ohne dass es weh tut. Mehr als drei bis vier Jahre kann aber auch der nach ExxonMobil zweitgrößte Ölkonzern der USA nicht zubuttern – schon gar nicht, wenn einige Propheten recht haben und der Ölpreis bis auf 15 Dollar abschmiert. Dadurch würde Chevron wohl erst mal in die Verlustzone rutschen und die Ausschüttung nicht halten können. Ob es so weit kommt, weiß natürlich niemand. Aber die Börsianer haben vorsichtshalber schon mal eine gewisse Portion Misstrauen eingepreist: Nachdem die Aktie gegenüber den Höchstständen um mehr als ein Drittel abgesackt war, lag die Dividendenrendite Ende 2015 bei rund fünf Prozent.

Da sind sie wieder, die zwei Gesichter der Dividendenrendite. Fünf Prozent, der dritthöchste Wert im Kreis der US-Aristokraten, können der »Kauf mich«-Schrei eines Super-Schnäppchens sein – oder eine eindringliche Warnung, dass hier richtig was im Busch ist. Abseits davon zeigt das Beispiel Chevron: Eine solide Historie ist die notwendige Bedingung, doch erst die Gegenüberstellung von Dividende und Gewinn – die *Ausschüttungsquote* – gibt hinreichend Aufschluss darüber, inwieweit man die Vergangenheit als Versprechen für die Zukunft werten darf. Nur eine Firma, die in guten Zeiten nicht bloß die Aktionäre erfreut, sondern gleichzeitig die Rücklagen stärkt, kann auch in schwierigen Jahren Verlässlichkeit beweisen – selbstredend nur solange, wie das Geschäft nicht komplett in die Binsen geht. Wer dagegen immer gleich jeden Cent raushaut, wird selbst eine kurze Durststrecke nicht bewältigen können, ohne seine Anteilseigner zu enttäuschen.

Als Zwei-Komponenten-Zahl wirft die Ausschüttungsquote allerdings wieder neue Fragen auf. Dividende ist klar, darunter verstehen wir alle Zahlungen, die ein Unternehmen auf sein Eigenkapital leistet – doch was ist Gewinn? Gewiss, das *Handelsgesetzbuch* (HGB) schreibt sehr präzise vor, wie Kaufleute auszurechnen haben, was unter dem Strich steht. Dasselbe gilt für den amerikanischen Rechnungslegungsstandard US-GAAP (*Generally Accepted Accounting Principles*), nach dem die meisten

Börsenfirmen ihre Bilanz aufstellen. Aber gerade weil dieses Zahlenwerk ja schon im Kleingedruckten des Geschäftsberichts stehen muss, wird es für die dicken Überschriften gern so hingedeichselt, wie es dem Vorstand am besten in den Kram passt.

Das in der letzten Bilanz noch mit einem fetten Millionenbetrag angesetzte *Joint Venture* in Rumänien ist nun bankrott? Da lenkt man die Aufmerksamkeit der Aktionäre lieber mal auf das »Ergebnis vor außerplanmäßigen Abschreibungen«. Ein seit Jahren notleidender Geschäftsbereich ist endlich beerdigt worden, aber die Abfindungen für die Mitarbeiter und die Ablöse des noch acht Jahre laufenden Mietvertrags hauen richtig rein? Zum Glück hat der »Überschuss vor Restrukturierungskosten« sich verdoppelt. Das letzte Jahr ist so bombastisch gelaufen, dass es jetzt eigentlich nur schlechter werden kann? Einfach flugs diesen Großauftrag herausrechnen, das Ganze als »Gewinn vor Sonderfaktoren« etikettieren und schon ist das Enttäuschungspotential beseitigt.

Damit wir uns nicht missverstehen: Das Einordnen von Jahresabschlüssen ist ein integraler Bestandteil seriöser Investorenkommunikation. Wenn im Zuge dessen spezielle Umstände vom gewöhnlichen Geschäft abgegrenzt werden, kann das durchaus hilfreich sein, um einen Eindruck von der dauerhaften Ertragskraft eines Unternehmens zu erhalten. Doch wo die zielführende Bereinigung des Zahlenwerks aufhört und die Augenwischerei anfängt, lässt sich oft nicht so genau sagen, schließlich ist nicht jede Firma so dreist wie der Börsenaspirant HelloFresh. Dessen Wohl und Wehe hängt daran, ein paar Hunderttausend Leute zu finden, die jede Woche 39,99 Euro für ein aus kleinen Fleischportionen und viel Sättigungsbeilage bestehendes Lebensmittel-Abonnement zahlen. Folgerichtig werden jedes Quartal Millionenbeträge in Werbung gesteckt, aber statt tomatenroter Zahlen meldete man im Herbst 2015 allen Ernstes einen »Gewinn vor Marketingkosten« – da fehlt eigentlich nur noch der »Überschuss vor Aufwendungen«.

Abgesehen von dieser Kindergarten-Attitüde gehört allerdings auch das, was erwachsene Firmenlenker als Sondereffekte anführen, irgendwie zum Geschäft. Man muss kein Vorstand sein, um zu wissen:

Wirklich außergewöhnlich ist, wenn alles normal läuft. Am *isf Institute for Strategic Finance*, der vor einigen Jahren von uns aus der Taufe gehobenen finanzwirtschaftlichen Forschungseinrichtung der FOM Hochschule, haben wir deshalb zusammen mit dem wissenschaftlichen Direktor Prof. Dr. Eric Frère entschieden, bei der Berechnung von Ausschüttungsquoten immer den – unbereinigten – Jahresüberschuss zugrunde zu legen.

Die einzige Bereinigung, die wir vornehmen, betrifft die Zeitachse. Einfach die letzte Dividende durch den Gewinn des Vorjahres zu dividieren, wäre reichlich kurzsichtig. Unser Augenmerk liegt schließlich auf möglichst stetigen Ausschüttungen und die resultieren zwangsläufig aus einer gewissen Glättung: Wenn der Gewinn um 30 Prozent zulegt, macht es nichts, wenn die Dividende nur um 15 Prozent angehoben wird und die Ausschüttungsquote dementsprechend sinkt – sofern das Unternehmen diesen Puffer nutzt, um die *Payout Ratio* in schlechteren Zeiten hochzufahren und auf diese Weise ohne Dividendenkürzung auszukommen. *Atmende Ausschüttung* nennen das die Anlegerschützer von der Deutschen Schutzvereinigung für Wertpapierbesitz e.V. (DSW) und dementsprechend ziehen wir für die Berechnung der Ausschüttungsquote sowohl bei den Dividenden als auch bei den Gewinnen immer die Summe der letzten drei Jahre heran.

Bleibt bloß zu klären, wie hoch die Ausschüttungsquote idealerweise bemessen sein sollte. Unstrittig dürfte dabei sein, dass ein Unternehmen mittel- bis langfristig nur die Bären verteilen kann, die es erlegt hat – und zwar nicht irgendwann in grauer Vorzeit, sondern in der jüngeren Vergangenheit. Zwar gibt es durchaus Firmen, die so fette Gewinnvorträge in der Bilanz stehen haben, dass sie auf Jahre hinaus keinen Cent verdienen müssten und trotzdem Dividende zahlen könnten. Allerdings ist die Ausschüttung dann kein Qualitätsmerkmal mehr, sondern ein Nullsummenspiel: Was die Aktionäre überwiesen bekommen, geht beim Kurs verloren und weil die Dividende nicht durch künftige Erträge gedeckt ist, wird dieser Abschlag auch nicht mehr aufgeholt.

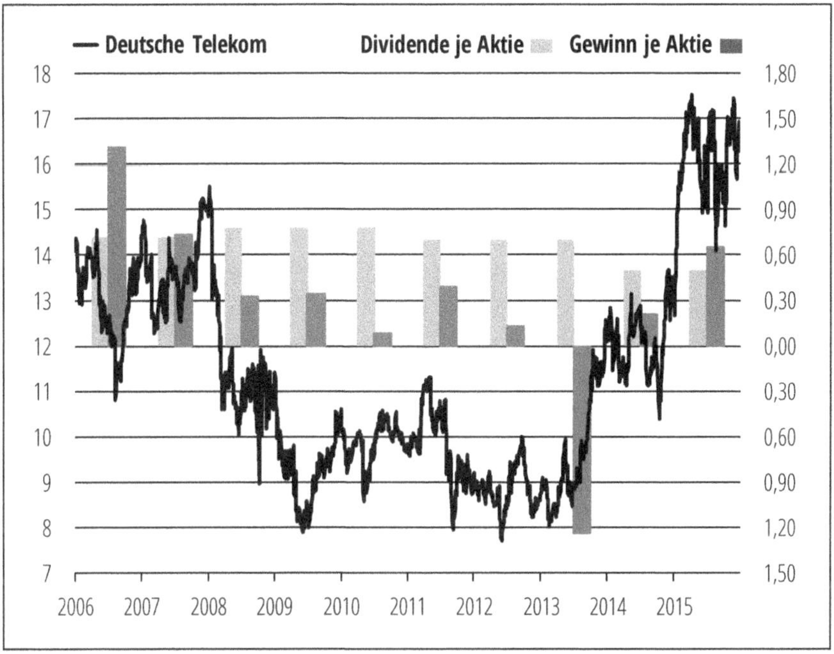

Deutsche Telekom: Kursverlauf, Dividende und Gewinn je Aktie 2006 - 2015

Paradebeispiel dafür war lange Zeit die Deutsche Telekom: Weil Vater Staat, bis heute 30-Prozent-Eigner des Ex-Monopolisten, den Hals bekanntlich nicht voll kriegen kann, musste der Konzern mit dem Pünktchen-T schon seit dem ersten Börsengang 1997 immer brav Dividende abdrücken. Nur 2003 und 2004 durfte der Dukatenesel aus Bonn seine durch das Platzen der Telemedien-Blase hervorgerufene Verstopfung kurz kurieren – doch nach dieser Karenz wurde erst richtig drauflos gepresst. Während die Politik den milliardenteuren Ausbau der Glasfasernetze forderte und die Bundesnetzagentur den Wettbewerb dermaßen anheizte, dass der Gewinn je Aktie zeitweise an der Nulllinie klebte, musste Cheftelefonist René Obermann nicht nur Dividende zahlen, sondern sogar mehrjährige Dividendengarantien abgeben.

Nur logisch, dass die Börse dem Konzern jahrelang nicht über den Weg getraut hat. Obwohl es zwischen 2009 und 2013 in keinem Jahr weniger als 0,70 Euro Dividende gab, sah die T-Aktie nicht gerade häufig zweistellige Kurse. Die Rendite lag eher bei sieben als bei fünf Prozent, eben weil die Ausschüttungen meist nicht durch den Gewinn gedeckt waren und der Telekom obendrein den finanziellen Spielraum nahmen. Das Geld für die neuen Netze musste man sich pumpen, so dass der magentafarbene Riese inzwischen einen respektablen Schuldenberg angehäuft hat. Immerhin, für 2013 wurde der Firma endlich eine überfällige Dividendenkürzung auf 0,50 Euro zugestanden. Seit es Grund zur Hoffnung gibt, dass der Gewinn je Aktie 2016 und 2017 sogar darüber liegen könnte, ist auch beim Börsenkurs wieder ein Freizeichen zu vernehmen.

Aufgrund der politischen Verquickungen sind (teil-)privatisierte Staatsbetriebe überall in der Welt anfällig für Substanzausschüttungen, wobei andere Regierungen bei ihren Ex-Monopolisten noch weit schamloser in die Kasse greifen als der Bund bei der Telekom. Eine Ausplünderung durch die Aktionäre kann jedoch genauso im Privatsektor vorkommen. Wann immer die Dividende im Drei-Jahres-Durchschnitt allzu nah an den Gewinn heranreicht, sollten die Warnlämpchen leuchten: Wer von dem, was an Geld hereinkommt, nichts oder kaum etwas zurücklegt, wird im Notfall nicht einmal ein kleines Ertragsloch stopfen können, sondern die Dividende notgedrungen kürzen müssen. Außerdem bleibt nichts mehr übrig, um aus eigener Kraft in neue Produkte und Märkte zu investieren – und irgendwann ist eine finanziell ausgezehrte Firma halt schlichtweg nicht mehr wettbewerbsfähig.

Doch keine Regel ohne Ausnahme. Nicht jedes Geschäftsmodell muss mit immer neuem Geld gedüngt werden, manchmal können die Aktionäre tatsächlich ohne Reue den ganzen Gewinn verschnützen. Etwa bei Amadeus FiRe: Der Personaldienstleister braucht weder Werkshallen noch Forschungslabore, sondern nur einen Haufen Computer, ein paar gemietete Büros und vor allem gute Leute zum *Managen* und Vermitteln – und die tragen sich selbst. Wozu also im Unternehmen mehr Geld horten als nötig!? Folgerichtig kehren die auf kaufmännische Fach- und

Führungskräfte fokussierten Experten für *Human Resources* traditionell mehr als drei Viertel ihres Gewinns an die Anteilseigner aus, wobei es zuletzt sogar Vollausschüttungen gab.

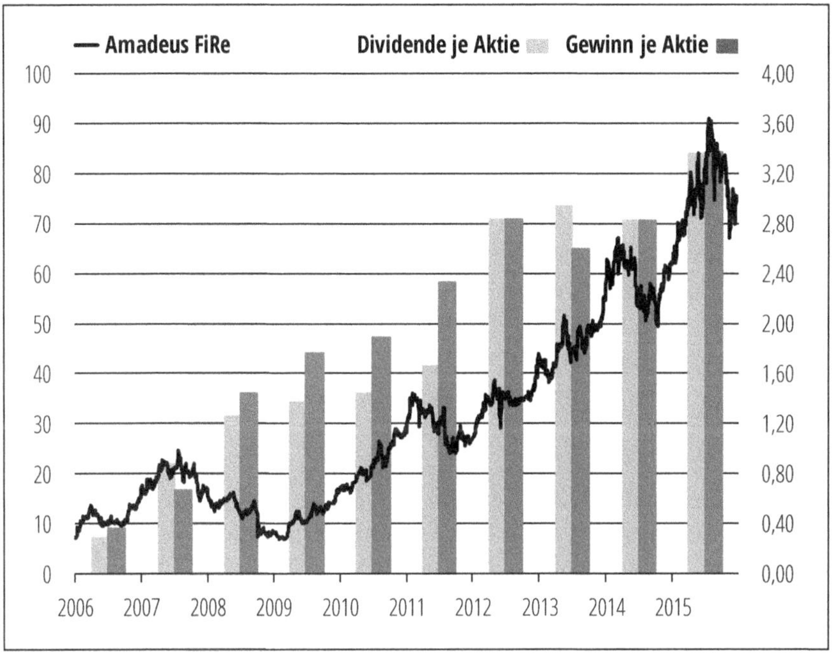

Amadeus FiRe: Kursverlauf, Dividende und Gewinn je Aktie 2006 - 2015

Andere Gesellschaften sind sogar gesetzlich gehalten, nichts zurückzulegen. Die Rede ist von sogenannten *Real Estate Investment Trusts* (REITs) – börsennotierte Immobilienfirmen, die selbst nicht besteuert werden, dafür aber mindestens 90 Prozent ihres Gewinns an die Anteilseigner durchrouten müssen, so dass der Fiskus sich dann dort schadlos halten kann. Ersonnen wurde diese Idee natürlich in den USA, wo REITs schon seit den 1960er-Jahren als Schnittstelle zwischen Kapital- und Immobilienmarkt fungieren. Dabei hält das auf mittlerweile über 250 Firmen angewachsene Segment neben typischem Wohn- und Gewerbe-Betongold zahlreiche Spezialitäten bereit, in die Anleger hierzulande allenfalls über geschlossene Fonds investieren können: *Healthcare REITs* investieren nur in Krankenhäuser, Reha-Einrichtungen und Seniorenheime; *Self Storage REITs* vermieten Lagerräume für all den Krempel, den man weder daheim haben noch final wegwerfen will; *Timber REITs* lassen auf ihrem Grund und Boden statt Häusern nur Bäume wachsen und betreiben dann klassische Forstwirtschaft.

Auch in Deutschland hat der Gesetzgeber 2007 einen regulatorischen Rahmen für REITs zusammengezimmert. Weil die Große Koalition argwöhnte, dass kapitalstarke Finanzinvestoren die neue Struktur nutzen könnten, um den verkrusteten Immobilienmarkt zum Nachteil der Mieter gehörig aufzumischen, reichte es jedoch nur zu einem faulen Kompromiss. Wohnungsbestände wurden weitgehend ausgeklammert und während jeder Privatmann den Kaufpreis für ein ordentliches Zinshaus zu 90 Prozent finanziert bekommt, müssen deutsche REITs ihr Portfolio mit mindestens 45 Prozent Eigenkapital unterlegen. Eine dergestalt kastrierte Konstruktion war von Anfang an zum Scheitern verurteilt. Dass sich auf dem deutschen Kurszettel mit Alstria, Colonia, Fair Value und Hamborner gerade einmal vier REIT-Aktien finden, sagt dann auch alles.

Das Wohnungsmonopoly findet trotzdem statt, nun halt in der ungleich flexibleren Hülle der ganz normalen Aktiengesellschaft. Der DAX-Neuzugang Vonovia etwa hat in nur eineinhalb Jahrzehnten über 350.000 Wohneinheiten zusammengerafft und ist damit nun der größte private Vermieter Deutschlands. Beste Voraussetzungen also, um sich künftig als verlässlicher Dividendenzahler zu etablieren und damit etwa der Deutschen Euroshop nachzueifern. Mit Beteiligungen an derzeit 19 Einkaufszentren erwirtschaftet die einst aus Fonds der Deutschen Bank hervorgegangene Firma so stetige Erträge, dass die Dividende seit 2002 stufenweise angehoben werden konnte. Dabei wird im Drei-Jahres-Durchschnitt ungefähr die Hälfte des Gewinns an die Anteilseigner verteilt. Das ist eine vernünftige Zielgröße, denn während zu hohe Dividenden auf die meisten Geschäftsmodelle wachstumshemmend wirken, bergen zu niedrige Ausschüttungen das Risiko eines etwas zu sorglosen Umgangs mit dem Kapital der Eigentümer.

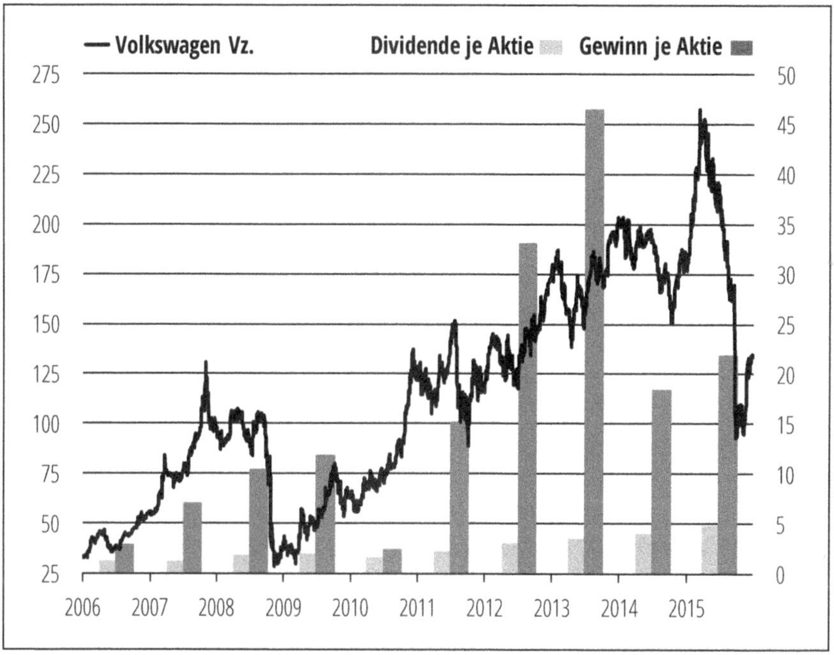

Volkswagen Vz.: Kursverlauf, Dividende und Gewinn je Aktie 2006 - 2015

Was damit gemeint ist, wissen Volkswagen-Aktionäre nur zu gut. Schließlich schüttet der Autokonzern schon seit der Jahrtausendwende selten mehr als ein Fünftel seiner Gewinne aus. Manager und Ingenieure durften sich austoben wie ein verwöhntes Blag im Spielzeugladen. Wenn das Geld keine Rolle spielt, kann man ganz lässig alles ausprobieren, was man immer schon mal machen wollte: einen Supersportwagen mit 1.200 Pferdchen unter der Haube entwickeln (Bugatti Veyron), ein paar Lastwagenhersteller zusammenkaufen (MAN/Scania), sich den Jugendtraum vom eigenen Motorrad erfüllen (Ducati) und am Ende aller Welt beweisen, dass man nicht nur den Größten hat, sondern auch der Größte ist.

Tatsächlich konnten die Wolfsburger im ersten Halbjahr 2015 ein paar Wägelchen mehr absetzen als der Erzrivale Toyota. Dass man sich den Titel des weltgrößten Autoherstellers mit einer aberwitzig niedrigen Umsatzrendite erkauft hatte, interessierte außer notorischen Nörglern noch niemanden. Erst der Skandal um manipulierte Dieselmotoren offenbarte, welchen Moloch das vermeintliche Erfolgsduo Piëch/Winterkorn erschaffen hat: Ein Riesenreich mit elf Marken und tausend Baustellen, an einigen Schalthebeln moralisch verwahrlost und insgesamt ähnlich unregierbar wie im 16. Jahrhundert das Imperium des Habsburgers Karl V., in dem die Sonne ebenfalls nie unterging und das am Ende aufgeteilt wurde.

Natürlich wäre es Quatsch zu behaupten, anständige Ausschüttungen hätten *Dieselgate* verhindern können. Unstrittig ist dagegen, dass Dividenden disziplinierend wirken. Ein Vorstand, der mit dem Eigenkapital haushalten muss, wird Wachstumsoptionen sehr gezielt wahrnehmen – so wie Wolfgang Reitzle. Als der Manager mit dem Menjou-Bärtchen 2002 das Ruder bei Linde übernahm, war der DAX-Konzern ein Gemischtwarenladen für Industrieanlagen aller Art. Deshalb wäre es eigentlich gar nicht so abwegig gewesen, das Akquisitions-Maschinengewehr durchzuladen und einfach mal auf alles zu ballern, was irgendwie nach Umsatzwachstum aussieht.

Gentleman Reitzle betätigte sich hingegen lieber als Scharfschütze: Mit dem Verkauf der Kältetechnik und des heute unter dem Namen Kion separat börsennotierten Gabelstapler-Geschäfts besorgte er sich die Mittel für die Übernahme der britischen BOC-Gruppe und führte Linde damit in die globale Spitzengruppe der Industriegashersteller. Dabei wurde die Dividende nie gesenkt, und abgesehen von der kritischen Phase 2008/09 lag die Ausschüttungsquote im Drei-Jahres-Durchschnitt stets bei rund 50 Prozent.

Die eine Hälfte des Gewinns an die Eigentümer auszahlen, die andere Hälfte ins Geschäft reinvestieren – diese Dosierung dürfen halbwegs arrivierte Aktiengesellschaften gleichsam als generelle Richtschnur ansehen. Das zeigt auch unsere empirische Analyse für die 250 wichtigsten deutschen Aktien. Ein Portfolio, das immer zum Jahreswechsel mit den Firmen bestückt wurde, die über drei Jahre geglättet nur maximal ein Drittel ihrer Überschüsse an die Anteilseigner weiterreichen, kommt für die Zeit zwischen 2006 und 2015 auf eine Gesamtrendite von 110 Prozent. Dagegen steht ein Plus von 170 Prozent bei den Unternehmen, die mehr als zwei Drittel und damit überproportional viel ausschütten.

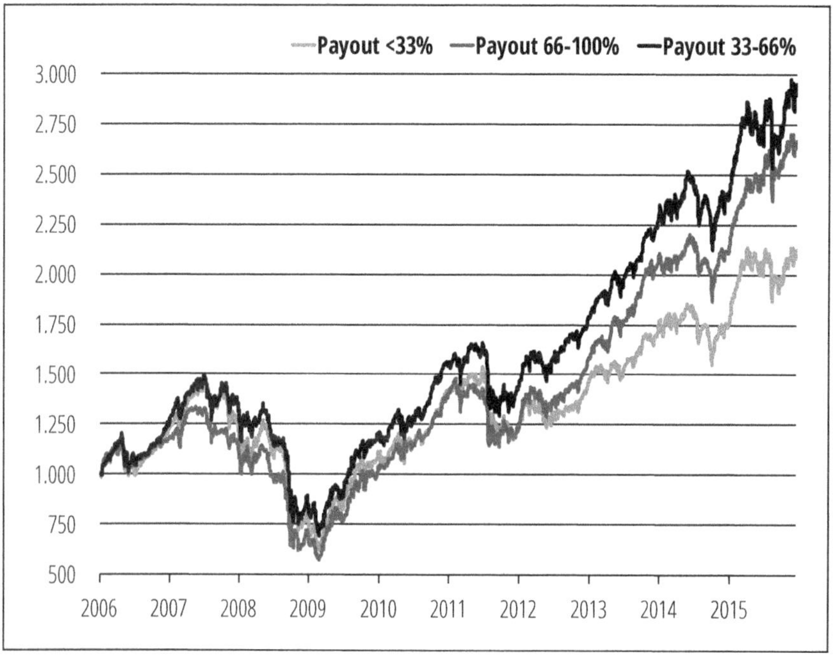

Deutschland Top 250: Total Return als Funktion der Ausschüttungsquote 2006 - 2015

Großzügigkeit lohnt sich mithin mehr als Geiz, im Zweifelsfall ist das Geld beim Aktionär besser aufgehoben als in der Firmenkasse. Für die Manager ein reichlich ernüchterndes Ergebnis, wäre da nicht der kluge Kompromiss: Am besten schneiden mit einem Wertzuwachs von 195 Prozent diejenigen Gesellschaften ab, die bei der Ausschüttungsquote – wie Linde – die Goldene Mitte anvisieren und im Schnitt ein bis zwei Drittel des Gewinns verteilen.

14

Malen nach Zahlen im magischen Viereck

Möglichst häufige Anhebungen, keine Kürzungen und eine Ausschüttungsquote, die geglättet über drei Jahre nicht allzu weit von 50 Prozent entfernt ist: Das sind die Merkmale, an denen man einen ordentlichen Dividendenzahler auf Anhieb erkennt – und wenn zu viele übrig bleiben, um daraus ein griffiges Depot zu machen, sorgt das mittelfristige Dividendenwachstum schnell für Ordnung. Soweit unsere bisherigen Erkenntnisse, die damit allerdings gerade einmal ein Zehntel des Kriterien-Katalogs abdecken, den die Genossen von *parsimonyresearch.com* durchackern, bevor sie auch nur daran denken, eine Aktie zum Kauf zu empfehlen.

Zu den insgesamt 30 Kennzahlen, an denen die wohl emsigsten amerikanischen Dividendenjäger ihre Einschätzung orientieren, gehört beispielsweise der *Verschuldungsgrad*. Der sollte selbstredend möglichst gering sein. Denn sonst geht zu viel Kohle für Zinsen drauf und für die Aktionäre bleibt nichts mehr übrig. Daneben schauen die US-Kollegen auch auf die Gewinnentwicklung: Wenn die Überschüsse zuletzt schneller gestiegen sind als die Ausschüttungen, wäre doch eigentlich Luft für eine hübsche Dividendenerhöhung. Umgekehrt schrillen die Alarmglocken, sobald das Ertragswachstum sich verlangsamt. Hinzu kommt eine ganze Palette von Formeln, die auf den Börsenpreis Bezug nehmen, vom Kurs-Buchwert-Verhältnis bis zur aus den gleitenden Durchschnitten über 50 und 200 Tage berechneten Trendstärke.

So wird das Dividenden-Halali zur mathematischen Fleißaufgabe, und das wäre so ziemlich das Gegenteil dessen, was wir unter entspannter Geldanlage verstehen. Überdies kann zwar jede einzelne Zahl nützliche Informationen liefern, doch irgendwann sieht man vor lauter Bäumen den Wald nicht mehr, zumal die ganzen Details ja eingeordnet und bewertet werden wollen: Was ist jetzt wichtiger, wenig Schulden oder ein schnurstracks aufwärts strebender Kurs? Spätestens an dieser Stelle fühlt man sich wie in der Küche, wo ein voller Gewürzschrank ebenfalls nur dem nutzt, der Spaß am Kochen hat und sich aufs Abschmecken versteht.

Wenn es nicht um lukullische Selbstverwirklichung geht, reichen indes auch Salz und Pfeffer, um ein delikates Mahl auf den Teller zu bringen. Und weil private Geldanlage weder Kunst noch Hobby sein sollte, lassen wir uns nicht ablenken und bleiben für unsere Dividendenstrategien bei den bewährten Zutaten Historie, Ausschüttungsquote und Wachstum. Hinzu kommt lediglich noch eine Prise Dividendenrendite – wohinter sich selbstredend nicht die ambivalente bis untaugliche Definition versteckt, die etwa dem DivDAX zugrunde liegt und an der wir uns jetzt hinlänglich abgearbeitet haben. Denn statt bloß die zuletzt gezahlte oder für den nächsten Stichtag erwartete Ausschüttung durch den aktuellen Börsenpreis zu teilen, nehmen wir eine ungleich breitere Perspektive ein. Im Zähler steht die Dividendensumme der vergangenen fünf Jahre, im Nenner der Durchschnitt aller Tageskurse desselben Zeitraums und heraus kommt eine Kennzahl, die wir *kumulierte Dividendenrendite* nennen und die eben nicht auf die kurzfristige Bewertung einer Aktie abzielt.

Vielmehr signalisiert dieser Indikator, in welchem Umfang die Ausschüttungen überhaupt relevant sind, wenn es um die nachhaltige Wahrnehmung eines Unternehmens am Kapitalmarkt geht. Dabei ist zunächst nicht interessant, wie hoch der Wert ist; er darf eben nur nicht zu mickrig sein. Beispiel HeidelbergCement: Der Baustoff-Hersteller hat seine Dividende zuletzt fünfmal in Folge erhöht, von 0,12 Euro im Jahr 2010 auf 0,75 Euro im Jahr 2015. Ein Plus von 44 Prozent p.a., das im Kreis der DAX-Konzerne für einen Spitzenplatz reicht. Trotzdem käme niemand bei klarem Verstand auf die Idee, das von der Finanzkrise fast dahingeraffte Unternehmen als fette Beute für Dividendenjäger anzusehen – und die kumulierte Rendite liefert fernab von der Tagesaktualität die empirische Rechtfertigung: Von 2011 bis 2015 wurden je Aktie 2,42 Euro in den Geldbeutel der Eigentümer geschaufelt. Damit summiert sich die über fünf Jahre gezahlte Ausschüttung auf 4,6 Prozent des durchschnittlichen Kurswerts von 52,45 Euro, was pro Jahr weniger als ein Prozent ausmacht.

Und genau bei einem Prozent liegt für uns die Grenze des Erträglichen. Niedriger sollte die kumulierte Rendite nicht ausfallen, denn sonst riecht es nach einer *Alibi-Ausschüttung*, die den Kleinvieh-Charakter der Dividende etwas zu stark betont. Deshalb ist HeidelbergCement nicht zwangsläufig Mist – nur hat die bereits 1874 gegründete Firma in einem auf Ausschüttungsqualität fokussierten Depot nichts verloren, ganz egal, wie gut die anderen Kennzahlen auch sein mögen.

Anders die Lage bei der Allianz, deren Aktionäre binnen fünf Jahren in Summe 25,65 Euro je Aktie überwiesen bekamen: Bei einem durchschnittlichen Börsenpreis von 113,25 Euro kommt man da schon auf 4,5 Prozent kumulierte Rendite pro Jahr, womit es der Münchener Versicherer auf jeden Fall in die engere Auswahl für eine Dividendenstrategie schafft.

Genau die gilt es nun herzuleiten. Dabei kann jede Selektion immer nur ein Kompromiss sein. Wer den Super-Aristokraten mit blütenweißer Historie, vorbildhafter Ausschüttungsquote von 50 Prozent, einer Rendite auf Allianz-Niveau und einem fett zweistelligen Dividendenwachstum sucht, begibt sich am besten gleich auf die Reise nach Lummerland. In der realen Welt sind unsere Qualitätsfaktoren nämlich eher eine Art magisches Viereck. Wenn eine Firma in allen vier Disziplinen Spitzenwerte erreicht, ist das fast schon verdächtig – siehe Chevron. Für gewöhnlich gehen kontinuierliche Dividendenanhebungen mit einem eher überschaubaren Wachstum einher, und fette Renditen basieren nicht selten auf überhöhten Ausschüttungsquoten.

Trotzdem lassen sich aus dem, was wir an Zusammenhängen zwischen Dividendenpolitik und Anlageergebnis identifiziert haben, ein paar durchaus probate Strategien ableiten. Grundgesamtheit dafür sind wieder unsere 250 deutschen Top-Aktien, wobei wir dieses Universum gleich mal eindampfen: In einem ersten Schritt werden alle Firmen gestrichen, deren kumulierte Dividendenrendite sich auf weniger als ein Prozent pro Jahr beläuft. Und weil auf diese Weise nicht nur Titel wie HeidelbergCement, sondern auch alle Nicht- und die meisten Gelegenheitszahler durch den Rost fallen, bleiben zum Ende 2015 nur noch 176 potenzielle Portfolio-Positionen übrig.

Nun kommt die Zahlungsmoral auf den Prüfstand, was im Depot einfacher ist als im Mietshaus. Wer nicht zahlt, fliegt raus, lautet die Parole. Folgerichtig eliminieren wir im zweiten Schritt diejenigen Firmen, die irgendwann in den vergangenen fünf Jahren mal keine Aktionärsbescherung abgehalten haben. Lufthansa und Metro müssen daher genauso weichen wie der von seinem japanischen Großaktionär in DMG Mori Seiki umgetaufte Maschinenbauer Gildemeister und 33 weitere Unternehmen. Doch auch wer seine Anteilseigner nicht auf Nulldiät setzt, sondern nur den Gürtel enger schnallt, ist nicht so verlässlich, wie wir uns das vorstellen. Die 60 Gesellschaften, bei denen es im vergangenen halben Jahrzehnt mindestens eine Dividendenkürzung gegeben hat, scheiden deshalb ebenfalls aus.

Kriterium	**Anzahl Unternehmen 2016**
Grundgesamtheit: Deutschland Top 250	250
Letzte 5 Jahre: Kumulierte Dividendenrendite > 1% p.a.	176
Letzte 5 Jahre: Kein Dividendenausfall	140
Letzte 5 Jahre: Keine Dividendenkürzung	80
Letzte 5 Jahre: Dividende mindestens zweimal angehoben	75
Letztes Jahr: Dividende gegenüber Vorjahr angehoben	60
Letzte 3 Jahre: Ausschüttungsquote <75%	54
Letzte 3 Jahre: Ausschüttungsquote >33%	40
Letzte 5 Jahre: Durchschnittliches Div.-Wachstum % p.a.	Top 10

Deutschland Dividenden 250/10 Wachstum: Selektionskriterien

Gleichwohl stehen auf der Kandidatenliste für das Jahr 2016 auch nach Runde drei noch immer 80 Aktien, denen wir nun mit ein paar Positivkriterien zu Leibe rücken. Zunächst einmal sollten unsere Ausschüttungs-Asse ihre Dividende in den zurückliegenden fünf Jahren mindestens zweimal aufgestockt haben. Das ist ein Anspruch, den im Angesicht der guten Zeiten nur fünf Firmen nicht erfüllen, etwa der im DAX geführte Nivea- und Tesa-Hersteller Beiersdorf. Überdies ist uns wichtig, dass die Auserkorenen auch kurzfristig gut in Form sind: Der letzte Dividendenscheck muss auf jeden Fall üppiger ausgefallen sein als im Jahr zuvor. Die 15 Gesellschaften, die 2015 wie Axel Springer oder Adidas nichts draufgelegt haben, sind also nicht mehr mit von der Partie.

In fünf Jahren weder Ausfälle noch Kürzungen, dafür mindestens zwei Anhebungen, eine davon am jüngsten Stichtag – wer diese Hürden packt, darf sich hierzulande schon fast als Aristokrat fühlen. Gleichwohl bleiben nach insgesamt fünf Selektionsschritten immerhin 60 Firmen übrig, bei denen es nun auf die Ausschüttungsquote ankommt. Als Optimum hatten wir die goldene Mitte ausgemacht. Die Empirie legt allerdings den Schluss nahe, dass Aktiengesellschaften im Zweifelsfall lieber etwas mehr als zu wenig zahlen sollten. In konkrete Kriterien übersetzt heißt das: Drin ist, wer im Durchschnitt der vergangenen drei Jahre zwischen einem Drittel und drei Vierteln seines Gewinns als Dividende verteilt hat.

Oberhalb der 50-Prozent-Marke lassen wir also etwas mehr Spielraum als nach unten. Deshalb verabschieden sich nur sechs Unternehmen wegen übertriebener Großzügigkeit – darunter mit Drillisch und Freenet zwei Titel, die in den vergangenen Jahren zur Gewohnheitsbeute vieler Dividendenjäger geworden sind. Doch Regel ist Regel und die gilt genauso für die Geizhälse: Weitere 14 Aktien werden ausgesiebt, weil die Ausschüttungsquote unter unserem Limit von 33 Prozent liegt. Davon betroffen ist neben BMW und Volkswagen auch die Familie Fresenius, denn in den vergangenen drei Jahren haben Mutter und Tochter nur wenig mehr als ein Fünftel ihrer Erträge an die Anteilseigner weitergereicht.

WKN	Unternehmen	Branche	Zahl der Anhebungen in 5 Jahren	Dividenden-Wachstum in 5 Jahren
556520	Dürr	Maschinenbau	5	82,1% p.a.
723132	Sixt	Autovermietung	4	64,4% p.a.
938914	Airbus	Flugzeuge	5	52,8% p.a.
A1A6V4	KPS	IT-Consulting	5	41,4% p.a.
A1PHFF	Hugo Boss	Mode	5	30,4% p.a.
645290	Nemetschek	CAD-Software	4	26,2% p.a.
579043	Fuchs Petrolub Vz.	Schmierstoffe	5	22,1% p.a.
716563	Sartorius	Laborinstrumente	5	20,8% p.a.
620010	Indus Holding	Beteiligungen	4	19,1% p.a.
523280	Bertrandt	Ingenieurservice	5	19,1% p.a.

Deutschland Dividenden 250/10 Wachstum: Aktienauswahl für 2016

So bleiben nach sechsmaligem Filtern genau 40 Aktien übrig. Damit ließe sich sogar ein Fonds bestücken, doch unser Ziel ist ja ein schnuckeliges Privat-Portfolio. Deshalb schlägt nun die Stunde des Dividendenwachstums: Schlussendlich ausgewählt werden die zehn Firmen, die ihre Ausschüttung im Durchschnitt der vergangenen fünf Jahre am stärksten gesteigert haben – und fertig ist eine Selektion, die in der *Bild* wohl unter der Überschrift »Die besten Dividenden-Aktien« stehen würde. Natürlich muss man es nicht unbedingt so reißerisch ausdrücken, doch die Tendenz stimmt schon: Wer eine siebenstufige Auslese übersteht, die aus einem Universum von 250 Unternehmen zehn konkrete Kauf-Kandidaten destilliert, gehört ohne Zweifel zur Elite.

Dabei ist nachhaltige Ausschüttungsqualität keine Frage der Branche. Software- und IT-Firmen sind ebenso mit von der Partie wie typisch deutsche Industrie-Unternehmen. Auf diese Weise lässt sich auch mit zehn

Werten eine ausreichende Streuung darstellen; gleichzeitig ist das Portfolio konzentriert genug, um ein eigenständiges Profil zu entwickeln statt wie der DivDAX bestenfalls mit der allgemeinen Börsenstimmung mitzuschwimmen. Das beweist die Historie dieser Strategie, die mit ihren sieben Stufen zwar konzeptionell differenzierter, aber genauso mechanisch zu Werke geht wie die *Dow-Dogs* von O'Higgins: Immer zum Jahresanfang wird gleichgewichtet in die Aktien investiert, die in einem nur auf Zahlen basierenden und deshalb zu 100 Prozent objektiven Ranking die vorderen Plätze belegen.

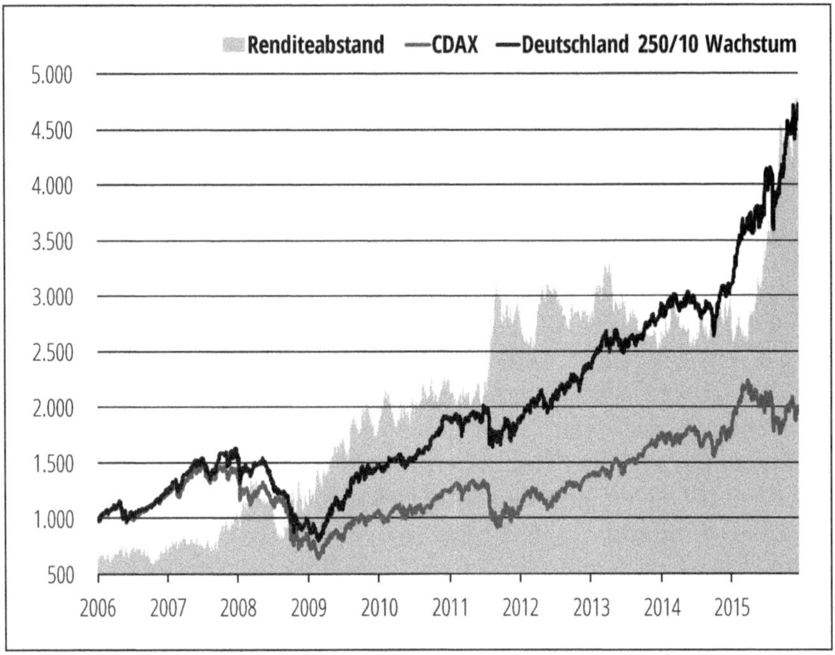

Deutschland Dividenden 250/10 Wachstum vs. CDAX: Total Return 2006 - 2015

Das lohnt sich, denn für die Zeit von Anfang 2006 bis Ende 2015 weist unser in letzter Instanz auf Dividendenwachstum ausgerichtetes Portfolio einen Total Return von rund 375 Prozent aus. Fast eine Verfünffachung also, während dem Durchschnitt des Frankfurter Börsenparketts gemessen am CDAX nur eine Verdopplung gelungen ist. Veredelt wird dieses Bild noch durch das Alpha, das in zehn Jahren nie wirklich einknickt. Die Lücke zwischen Strategie und Index wächst ziemlich stetig, nur 2013/2014 wird der Vorsprung mal nicht ausgeweitet. Diese Phase sieht im Rückblick fast danach aus, als hätte unser Zehnerpack bloß Kraft geschöpft für den 50-prozentigen Vorwärtssprung im für den Gesamtmarkt eher mittelprächtigen Jahr 2015.

Und jetzt vergegenwärtigen Sie sich bitte noch einmal, wie dieses bemerkenswerte Ergebnis zustande gekommen ist. Witzigerweise machen wir nämlich genau das Gegenteil von dem, was die Geld-Profis für gewöhnlich propagieren: Statt ständig auf die Kurse zu glotzen und an der Börse herumzudaddeln, schichten wir bloß einmal im Jahr um – übrigens immer erst am zweiten Montag im Januar, damit genügend Zeit für eine ausgiebige Silvesterreise bleibt. Statt beflissen über Bilanzen zu brüten und Kolonnen von Kennzahlen zu kalkulieren, begnügen wir uns mit Dividenden und Gewinnen – mit Ist-Daten wohlgemerkt, denn für Kristallkugel-Kokolores ist uns unser Geld zu schade. Und statt geheimnisvoll von einem proprietären Bewertungsmodell zu faseln und so zu tun, als hätte man den Heiligen Gral des Investierens entdeckt, legen wir die sture Systematik unserer Strategie komplett offen.

»Das ist ja wie Malen nach Zahlen«, entfuhr es kürzlich einem befreundeten Investor, der ungleich mehr Aufwand treibt als wir. Doch was seinerseits durchaus abschätzig gemeint war, bringt tatsächlich auf den Punkt, wie wir Geldanlage sehen: Eben nicht als hohe Kunst, die von Genie und Emotion lebt, sondern als routiniertes Abarbeiten eines Plans – der zweifelsohne gründlich überlegt und stimmig definiert sein muss. Aber sobald das erledigt ist und die Strategie steht, wird nur noch gemacht und nicht mehr gedacht.

Deshalb leisten wir uns zwar manchen Luxus, jedoch nicht den der persönlichen Meinung – auch wenn es manchmal ziemlich schwerfällt, das Bauchgefühl zu ignorieren. So wären wir aus eigenem Antrieb kaum auf die Idee gekommen, Anfang 2016 ausgerechnet Hugo Boss ins Portfolio aufzunehmen. Abgesehen davon, dass wir uns in Karl Lagerfeld deutlich wohler fühlen, hatten auch die jüngsten Zahlen des Metzinger Edelkonfektionärs nicht die richtige Passform: Quartalsergebnis rückläufig, Umsatzprognose nach unten revidiert und dazu noch ein bitterböser Artikel im *Manager Magazin*, das unter der originellen Überschrift »Gefahr im Anzug« darüber spekuliert, ob die Kosten für die in den vergangenen Jahren rund um den Globus eröffneten Ladengeschäfte nicht völlig aus dem Ruder gelaufen sind.

Aber genau darin, dass man sich über derlei Fragen gar nicht erst das Hirn zermartern muss, liegt ja der Charme einer regelbasierten Strategie – solange man sich unbeirrt an die Vorgaben hält, worin natürlich gerade für erfahrene Anleger und passionierte *News-Junkies* eine nicht zu unterschätzende Herausforderung liegt. Ständig lockt die Versuchung, wenigstens bei einer von zehn Aktien mal dem eigenen Instinkt zu folgen. Vielleicht nicht doch Gerry Weber statt Hugo Boss? Nein, vergessen Sie's! Sie tunken Ihren Pinsel ja auch nicht ins rote Töpfchen, wenn die Mal-Anleitung grüne Klekse fordert, denn damit wäre das Bild vielleicht verhunzt …

Nur in ganz klar definierten Fällen investieren wir nicht nach *Schema F* – nämlich um Klumpenrisiken zu vermeiden. Bei nur zehn Aktien braucht man keine Zwillinge im Depot. Wenn zwei Gesellschaften annähernd dasselbe Geschäft betreiben oder sogar direkte Konkurrenten sind, wird nur die besserplatzierte Aktie gekauft, während für den Branchenbruder die auf dem elften Rang liegende Firma nachrückt. Klassische Beispiele für ein doppelt gemoppeltes Aufgebot sind die Energieversorger E.ON und RWE, die Premium-Autobauer BMW und Daimler, die Mietskasernenbetreiber Vonovia und Deutsche Wohnen oder die Familie Fresenius, wo das Überschneidungspotenzial primär daraus resultiert, dass die Mutter nach wie vor 30 Prozent an der Medical Care-Tochter hält. Auch bei der Aktienauswahl für 2016 gab es einen solchen Fall: Gemessen am Dividendenwachstum wäre der IT-Dienstleister Cancom mit von der Partie gewesen, aber weil die ähnlich positionierte KPS weiter oben rangiert, kommt stattdessen der Ingenieurdienstleister Bertrandt zum Zuge.

Kriterium	**Anzahl Unternehmen 2016**
Grundgesamtheit: Deutschland Top 250	250
Letzte 5 Jahre: Durchschnittliches Div.-Wachstum > 2,5% p.a.	124
Letzte 5 Jahre: Kein Dividendenausfall	118
Letzte 5 Jahre: Keine Dividendenkürzung	82
Letzte 5 Jahre: Dividende mindestens zweimal angehoben	80
Letztes Jahr: Dividende gegenüber Vorjahr angehoben	65
Letzte 3 Jahre: Ausschüttungsquote <75%	59
Letzte 3 Jahre: Ausschüttungsquote >33%	40
Letzte 5 Jahre: Kumulierte Dividendenrendite	Top 10

Deutschland Dividenden 250/10 Rendite: Selektionskriterien

Mehr Entscheidungsspielraum gestatten wir uns nicht – abgesehen davon, dass es neben der auf Dividenden-Wachstum abzielenden Strategie noch eine zweite Variante gibt, bei der wir die Rendite ins Visier nehmen. Denn die Sache mit der alleinseligmachenden Wahrheit funktioniert vielleicht in der Kirche. An der Börse hingegen wäre es geradezu borniert, die Dinge nicht auch mal aus einem anderen Blickwinkel zu betrachten – und sei es nur, um sich und der Welt zu beweisen, dass man einer wirklich robusten Methode folgt und nicht bloß einen Zufallstreffer gelandet hat. Nur logisch deshalb, dass unsere beiden Strategien auf demselben Fundament stehen: Auch beim zweiten Zehnerpack tolerieren wir keinerlei Ausfälle oder Kürzungen, sondern bestehen auf mindestens zwei Dividendenerhöhungen in den vergangenen fünf Jahren, von denen eine zwingend auf der letzten Hauptversammlung beschlossen worden sein muss. Überdies halten wir an der bewährten Regel zur Ausschüttungsquote fest: Im Drei-Jahres-Durchschnitt sollen die Aktionäre zwischen 33 und 75 Prozent der Gewinne überwiesen bekommen haben.

WKN	Unternehmen	Branche	Zahl der Anhebungen in 5 Jahren	Kumulierte Rendite in 5 Jahren
843002	Münchener Rück	Rückversicherung	4	5,0% p.a.
840400	Allianz	Erstversicherung	3	4,5% p.a.
A1A6V4	KPS	IT-Consulting	5	4,3% p.a.
765723	Villeroy & Boch Vz.	Keramikwaren	4	4,2% p.a.
723132	Sixt	Autovermietung	4	3,9% p.a.
710000	Daimler	Autohersteller	4	3,9% p.a.
555200	Deutsche Post	Logistik	4	3,7% p.a.
BASF11	BASF	Chemie	5	3,7% p.a.
748020	Deutsche Euroshop	Shoppingcenter	4	3,6% p.a.
723610	Siemens	Industrie	3	3,5% p.a.

Deutschland Dividenden 250/10 Rendite: Aktienauswahl für 2016

Nur Wachstum und Rendite tauschen bei diesem Ansatz sozusagen die Rollen. Ganz am Anfang, wo wir bei der Wachstumsstrategie eine kumulierte Dividendenrendite von jährlich mehr als einem Prozent fordern, wollen wir nun bei der Rendite-Variante über die vergangenen fünf Jahre ein Dividendenwachstum von mindestens 2,5 Prozent p.a. sehen. Und während wir zuvor für die finale Auslese das Wachstum verwendet haben, kommt es jetzt auf die Rendite an. Entsprechend anders ist das Bild: Mit Sixt und KPS sind in der zweiten Selektion nur zwei Firmen enthalten, die wir schon aus dem Wachstumsportfolio kennen. Ohne Frage ist es ein Zeugnis besonderer Ausschüttungsqualität, dass der Autovermieter und das IT-Haus es gleich in zwei Disziplinen in die Riege der besten zehn Aktien Deutschlands schaffen.

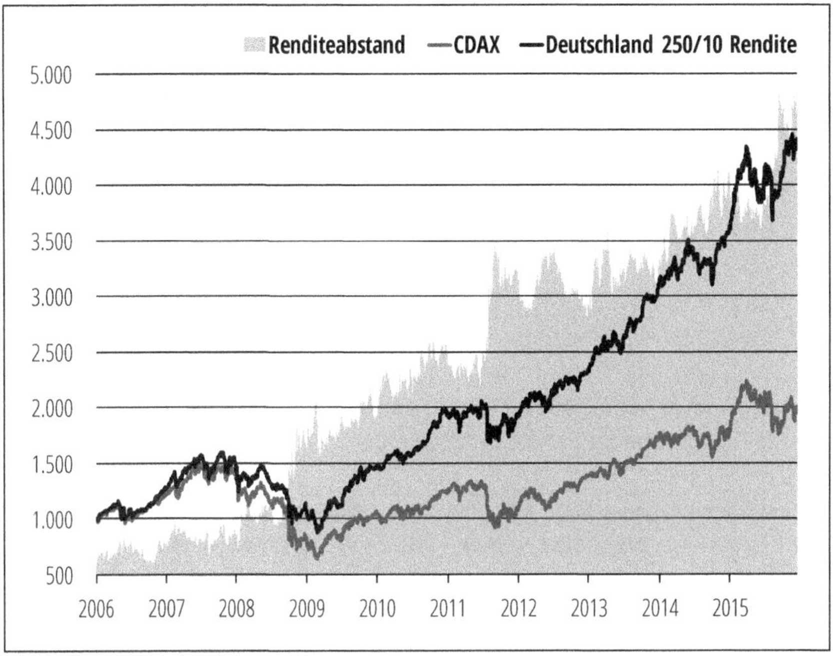

Deutschland Dividenden 250/10 Rendite vs. CDAX: Total Return 2006 - 2015

Solche Doppelungen hat es auch in der Vergangenheit immer wieder gegeben. Dennoch beweist unsere Rendite-Riege ein eigenständiges Profil. Der Vorsprung zum CDAX entwickelt sich noch etwas stetiger als bei der Wachstums-Variante. Im Gegenzug fällt allerdings der Total Return mit 340 Prozent nicht ganz so hoch aus. Aber wirklich entscheidend ist: Obwohl wir zwei wesentliche Stellschrauben verändert und damit eine andere Perspektive eingenommen haben, steht unter dem Strich ein Ergebnis, das erneut alles bekräftigt, was wir seit fast 150 Seiten wie ein Mantra herunterbeten – Dividenden sind das ultimative Qualitätsmerkmal und schaffen immensen Mehrwert für Aktionäre.

Insofern ist es müßig, an dieser Stelle darüber zu räsonieren, welche Strategie nun die bessere ist. Wir kennen Investoren, die beide parallel verfolgen, um eine möglichst breite Streuung zu erreichen. Andere setzen bewusst auf Wachstum, gerade weil dieser etwas offensivere Ansatz sich konzeptionell am weitesten von klassischen Dividendenstrategien entfernt. Am Ende läuft es eben auf das hinaus, womit man sich am wohlsten fühlt – und solange man sich innerhalb des magischen Vierecks bewegt, sind noch einige reizvolle Ableitungen denk- und machbar.

So finden Sie auf unserer Website *dividendenadel.de* etwa ein vom mathematischen Hintergrund her reichlich komplexes, in seiner Aussage jedoch sehr transparentes Scoring, das alle vier Eckpfeiler – Historie, Payout, Wachstum und Rendite – in einen praktischen Punktwert zwischen 0 und 100 übersetzt. Diese Listen mit diesen Kennzahlen aktualisieren wir sogar einmal im Quartal, und zwar basierend auf den offiziellen Dividendenankündigungen der 250 wichtigsten deutschen Börsenfirmen.

Ob es überhaupt so viele sein müssen, steht natürlich auf einem anderen Blatt. Denn Spezialwerte wie KPS, Maschinenfabrik Berthold Hermle, Uzin Utz oder Syzygy sind zweifelsohne eine Bereicherung für jedes Depot. Allerdings erreichen die kleineren Titel unseres Deutschland-Universums bisweilen nicht einmal sechsstellige Börsenumsätze. Einfach aufs Knöpfchen drücken, ist da keine Option: Wer zu fairen Preisen ein- und aussteigen will, muss konsequent mit Limit ordern und notfalls auch mal ein paar Tage Geduld mitbringen – übrigens ein Grund mehr, nicht ständig am Depot herumzuschrauben.

Gleichwohl können wir nur zu gut nachvollziehen, dass enge Märkte nicht jedermanns Sache sind. Deshalb zum Schluss eine gute Nachricht für alle, die wenig Neigung verspüren, in der Börsentiefsee nach Perlen zu tauchen: Unsere Dividendenstrategien rechnen sich auch dann noch, wenn nicht alle 250 Firmen, sondern nur die 100 wichtigsten durchgesiebt werden. Logisch zwar, dass man gegenüber den Vollversionen gewisse Abstriche bei der Wertentwicklung machen muss. Doch wenn nach zehn Jahren sowohl für die Rendite-Auslese als auch für den Wachstums-Mix mehr als eine Verdreifachung zu Buche steht, ist das ein weiteres Indiz für die Robustheit unserer Methodik – denn der HDAX als Summe aus den drei Frankfurter Auswahl-Barometern DAX, MDAX und TecDAX hat sich im selben Zeitraum lediglich verdoppelt.

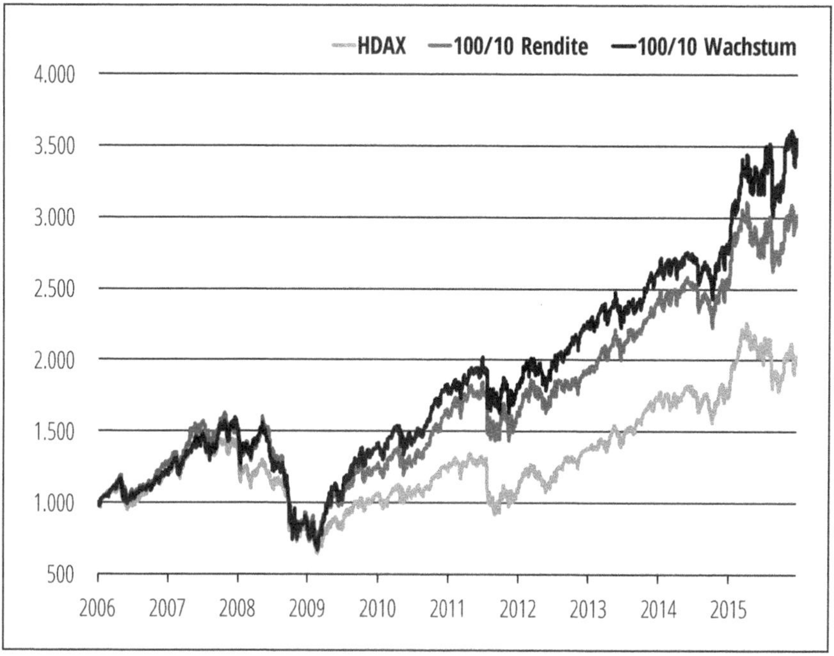

Deutschland Dividenden 100/10 Wachstum vs. Rendite vs. HDAX:
Total Return 2006 - 2015

15

Die Hitze in der Küche

Saftige Ausschüttungen, coole Firmen, fette Prozente und allenthalben himmelwärts kraxelnde Alpha-Linien: Ist sie nicht wunderbar, die wonnige Welt der Dividenden!? Stellt sich bloß die Frage, warum Sie nicht schon vor Jahren das Sparbuch geplündert und Ihre Kröten in Aktien gesteckt haben. Dann würden Sie jetzt nicht in Castrop-Rauxel sitzen und diese Zeilen lesen, sondern vielleicht auf einem schicken Kreuzfahrtdampfer mit einem Cocktail in der Hand den Sonnenuntergang genießen ... Ach so, Sie sind damals mit der Telekom-Aktie furchtbar auf die Nase gefallen und haben sich geschworen, nie wieder solche Risiken einzugehen? Stimmt, die Risiken, die hätten wir ja im Überschwang der Gefühle fast vergessen. Aber keine Sorge, die Zeiten haben sich geändert und überhaupt, mit einer *Volatilität* von 17,9 Prozent p.a. ist unsere Rendite-Strategie aus dem letzten Kapitel ohnehin viel defensiver aufgestellt als der CDAX. Insofern: Verschenken Sie nicht noch mehr Geld, zögern Sie nicht länger und investieren Sie noch heute unter der *ISIN* DE000DVDEPP1 in unseren Super Dividend Return Plus Fonds!

So oder ähnlich läuft es, wenn ein fieser Finanzfuzzi – von denen trotz drastisch verschlimmbesserter Anlegerschutzgesetze noch immer viel zu viele unterwegs sind – den Nullzins-Hype zum Anlass nimmt, Ihnen irgendetwas aufzuschwatzen und dafür am besten noch fünf Prozent Ausgabeaufschlag kassiert. Wir hingegen müssen Ihnen nichts mehr verkaufen. Sie haben das Buch ja schon bezahlt und damit neben einem Foto von zwei feschen Burschen und einem fein gebundenen Stapel Papier auch einen Anspruch auf klare Ansagen erworben. Und deshalb: Ja, mit sorgfältig ausgewählten Dividenden-Aktien sollten Sie auch in Zukunft durchschnittliche Jahresrenditen von fünf bis sieben Prozent einfahren können, vielleicht auch ein bisschen mehr. Doch nein, diese Chance gibt's nicht zum Nulltarif. Der Preis dafür heißt Risiko – und wenn Sie nur eine einzige Idee aus diesem Buch umsetzen, werden Sie unweigerlich die Erfahrung machen, dass die Zahl, die in Ihrer Vermögensaufstellung unter dem Strich steht, auch mal monate- oder womöglich jahrelang schrumpfen kann.

Der Investment-Industrie kommen solche Sätze naturgemäß sehr schwer über die Lippen. Abseits der vom Gesetzgeber verordneten Risikoaufklärung – Bandwurmsätze in Schriftgröße Fliegendreck – versteckt die Branche sich nur zu gerne hinter der Wissenschaft, wenn's ums Risiko geht. Sehr beliebt ist etwa der *Value at Risk* (VaR). Er gibt – auf Basis eines wenig vertrauenerweckend als *Monte-Carlo-Simulation* bekannten mathematischen Modells – den maximalen Verlust an, den man über einen bestimmten Zeitraum mit einer Geldanlage erleiden kann. Zu dumm jedoch, dass auch die schlauen Statistiker in den Bankentürmen nicht in die Zukunft sehen können, weshalb der VaR immer mit einer Einschränkung daherkommt. Standard ist ein *Konfidenzniveau* von 95 Prozent. Wenn der Ein-Jahres-VaR des DAX Ende 2015 mit 3.130 angegeben war, dann hieß das: Wer 10.000 Euro in den Frankfurter Aktienindex steckt, wird in den kommenden zwölf Monaten mit 95-prozentiger Wahrscheinlichkeit nicht mehr als 3.130 Euro verlieren.

Doch mit den Wahrscheinlichkeiten ist das so eine Sache. »Nach der Statistik ist jeder vierte Mensch ein Chinese, aber hier spielt gar kein Chinese mit«, philosophierte einst der unnachahmliche Bundesliga-Reporter Werner Hansch. So ist auch der VaR mit Vorsicht zu genießen. Denn die 31,3 Prozent Verlust, auf die man sich schlimmstenfalls gefasst machen soll, hat der deutsche Aktienmarkt in diesem Jahrtausend bereits zweimal überboten – 2008 ist der DAX um 40 Prozent abgeschmiert, 2002 sogar um 44 Prozent. Angesichts von zwei Reinfällen in 15 Jahren beläuft sich das Risiko, in einem Jahr mehr als ein Drittel seines Vermögens zu verlieren, historisch betrachtet also nicht auf fünf Prozent, sondern auf längst nicht mehr so beruhigende 13 Prozent (zwei geteilt durch 15). Aus Sicht des Privatanlegers riecht der VaR damit ein bisschen nach akademischem Taschenspielertrick.

Parallel ist auch das andere populäre Risikomaß nicht sonderlich erhellend. Die eingangs zitierte Volatilität misst nämlich bloß die Intensität von Kursschwankungen. Sie trifft aber keine Aussage zur Tendenz. Die Information, dass unsere Rendite-Strategie für die zehn Jahre zwischen Anfang 2006 bis Ende 2015 tatsächlich eine *Vola* von 17,9 Prozent p.a. aufweist, hat daher für sich betrachtet kaum einen Wert. Es bedarf schon eines Vergleichs, um diese Zahl auch nur annähernd einordnen zu können: Der CDAX als am breitesten aufgestelltes deutsches Aktienbarometer kommt im selben Zeitraum auf 22,6 Prozent p.a., schwankt also stärker und ist damit nach gängiger Lesart ein bisschen riskanter als unser Zehnerpack. Bei zehnjährigen Bundesanleihen hingegen beträgt die historische Volatilität nur 4,5 Prozent p.a. – was vermuten ließe, dass ausschüttungsstarke Aktien viermal gefährlicher sind als Schäubles Schuldtitel.

Auch diese lineare und deshalb mathematisch nicht saubere Schlussfolgerung hilft allerdings nicht wirklich weiter. Wenn Sie einen wirklich realistischen Eindruck vom Risiko eines Investments gewinnen wollen, sollten Sie sich deshalb nicht mit Mathe-Mätzchen abspeisen lassen. Verlangen Sie stattdessen einen sogenannten *Unterwasser-Chart* – der eben nicht wie gewohnt die Wertentwicklung abbildet, sondern die prozentuale Differenz zwischen dem aktuellen und dem höchsten zuvor erreichten Stand. Im besten Fall klebt der Graph also an der Nulllinie, nämlich wenn das Vermögen stetig steigt und sukzessive neue Hochs markiert. Wird das Geld hingegen weniger, taucht die Kurs-Kurve so lange ab, bis die Verluste aufgeholt sind.

Genau aus dieser Perspektive betrachten wir nun unsere Rendite-Selektion. Und anders als beim klassischen Performance-Diagramm auf Seite 171, wo die grandiose Gesamtbilanz alles überstrahlt, hat man jetzt einen unverstellten Blick auf die Risiken – und die sind gewaltig. Anfang 2009 lag das Portfolio satte 45 Prozent unter Wasser. Wer erst Ende 2007 eingestiegen ist, musste bis Anfang 2010 warten, bis die Nulllinie wieder erreicht war und der Depotwert sich von den Verheerungen der Finanzkrise erholt hatte. *Maximum Drawdown* heißt dieser stärkste Rücksetzer, zu dem sich noch ein paar andere Situationen gesellen, in denen es nicht ganz so einfach gewesen ist, einen klaren Kopf zu behalten: 2006, 2011 und 2015 ist die Strategie immerhin um 15 bis 20 Prozent eingeknickt.

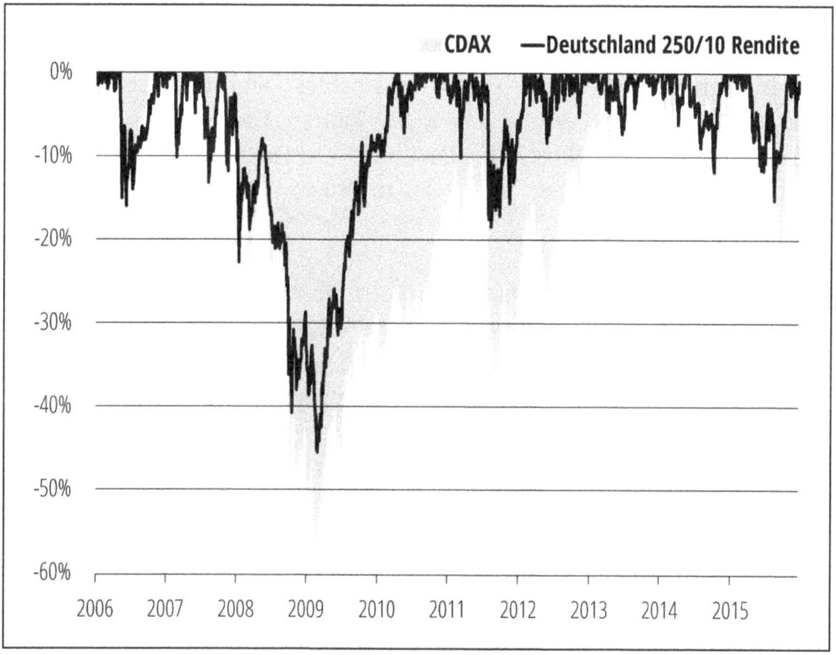

Deutschland Dividenden 250/10 Rendite vs. CDAX: Unterwasser-Chart 2006-15

Natürlich lässt sich die Unterwasser-Graphik auch ganz anders deuten. Ein geübter Verkäufer würde einfach argumentieren, dass sich unsere Ausschüttungs-Auslese im Vergleich zum gesamten Frankfurter Aktienmarkt auch unter Risikogesichtspunkten ganz hervorragend geschlagen hat. Der CDAX ist nämlich 2009 sogar um 55 Prozent abgestürzt und hat dann bis 2014 gebraucht, um diese Scharte wieder auszuwetzen. Zusammen mit dem steilen Abstieg war ein durchschnittliches Deutschland-Depot also fünf quälend lange Jahre weniger wert als 2007 – während unsere Dividendenstars die Krise in der Hälfte der Zeit verdaut hatten.

Das ist durchaus ein Pluspunkt, aber mal Hand aufs Herz: Wenn sich binnen eineinhalb Jahren 45 Prozent Ihrer Vermögenswerte in Luft auflösen, ist der Hinweis darauf, dass der Gesamtmarkt noch zehn Prozentpunkte tiefer in den Miesen liegt, doch kein Trost, sondern blanker Hohn! Ob 45 oder 55 Prozent weg sind, macht rein gefühlsmäßig kaum noch einen Unterschied. Und das Alpha, das wir in den letzten Kapiteln immer wieder bemüht haben, leistet zwar gute Dienste bei der Analyse und Ableitung von Investment-Strategien. Aber sobald echtes Geld im Feuer ist, kann man sich für relative Performance nichts kaufen. Dann zählt nichts mehr außer dem absoluten Wert Ihres Portfolios – besser 10 Prozent plus, während der CDAX 30 Prozent zulegt, als 10 Prozent minus, wenn der Index 30 Prozent nachgibt.

Lassen Sie sich also bitte keinen Sand in die Augen streuen. Auch dividendenstarke Aktien sind in erster Linie Aktien. Wann immer es an der Börse richtig rappelt, geht der Ausschüttungs-Adel ebenfalls in die Knie – vielleicht nicht ganz so tief und nicht ganz so lange, aber tief und lange genug, dass es weh tut. Für Formulierungen wie »Die hohe Dividende sichert den Börsenpreis nach unten ab« müssten Finanzjournalisten deshalb gleich mal zehn Euro ins Phrasenschwein schmeißen. Denn Dividenden sind eben kein Mittel gegen Kurseinbußen, sondern eröffnen lediglich die Chance, Risiken anders zu handhaben.

Der Klassiker des *Risk Managements* sind *Stoppkurse*. Getreu der Devise »Lieber ein Ende mit Schrecken als ein Schrecken ohne Ende« wird bereits beim Kauf festgelegt, wie tief eine Aktie fallen darf, bevor man die Reißleine zieht und ohne Rücksicht auf Verluste aussteigt. Auf diese Weise ist das maximale Risiko schon mal begrenzt und wenn's gut läuft, hilft diese Taktik obendrein, die Ernte einzufahren: Erklimmt die Aktie ein neues Hoch, wird der Stopp entsprechend nachgezogen – und so Gott will, liegt das Limit irgendwann sogar über dem Einstiegskurs und sichert den Gewinn.

Ein fast schon idiotensicheres System, das in keinem Börsenbüchlein fehlen darf. Fragt sich nur, wo der Stopp idealerweise platziert sein muss.

Klar, zu nah am Einstandskurs darf er nicht verlaufen, sonst reichen schon ein paar zufällige Zuckungen der Börse und man wird *ausgestoppt* – womöglich kurz bevor die Aktie durchstartet. Allzu groß sollte der Abstand indes auch nicht sein, denn wer abwartet, bis die Hälfte vom Geld futsch ist, bevor er die Notbremse betätigt, kann sich die Sache eigentlich auch sparen.

Gerne orientiert man sich deshalb am Sprachgebrauch der Börsianer, die einen zehnprozentigen Rückschlag als *Korrektur* bezeichnen und bei einem Minus von 20 Prozent die *Baisse* ausrufen. Das Beispiel Freenet zeigt, wie's funktioniert: Die einstige Internet-Tochter des gefallenen Neuer Markt-Engels Mobilcom hat sich zur größten netzunabhängigen Telekom-Firma der Republik gemausert und seit 2010 fröhlich steigende Dividenden ausgeschüttet. Ein solider Laden also, doch wenn die nächste Finanz-, Banken-, Euro- oder Sonstwas-Krise heraufzieht, hilft das auch nichts mehr – also einfach mal sicherheitshalber einen Stopp einziehen.

Wer Anfang 2015 zugeschlagen hat, kam bei 23,60 Euro zum Zuge, so dass ein Zehn-Prozent-Stopp anfänglich bei 21,20 Euro lag. Analog zu den munteren Kursanstiegen wurde die Reißleine dann fleißig nachgezogen. Im Mai gab's 1,50 Euro Dividende (die wir der Einfachheit halber in den Börsenpreis hineingerechnet haben), im Juli wurde der Stopp nur um Haaresbreite verfehlt – bevor Mitte August Schluss war: Kurz bevor Freenet unter die 30,00 Euro-Marke abtauchte, wurde das Limit erreicht. Wer gleich verkaufte, konnte noch über 30 Prozent in Sicherheit bringen.

Mit dem Zwanzig-Prozent-Stopp hätte man weniger Glück gehabt. Nachdem es lange entspannt ausgesehen hatte, reichte Ende August ein einziger Tag und das Freenet-Engagement war bei 27,65 Euro beendet – auf dem Tiefstkurs des zweiten Halbjahres, immerhin mit einem Plus von 17 Prozent. Doch zum Jahresende notierte Freenet eben wieder bei knapp 33,00 Euro. Inklusive der Ausschüttung wären also fast 40 Prozent Gewinn drin gewesen, wenn man einfach nur Aktien gekauft und das Leben genossen hätte statt ständig die Börsenkurse im Blick zu haben.

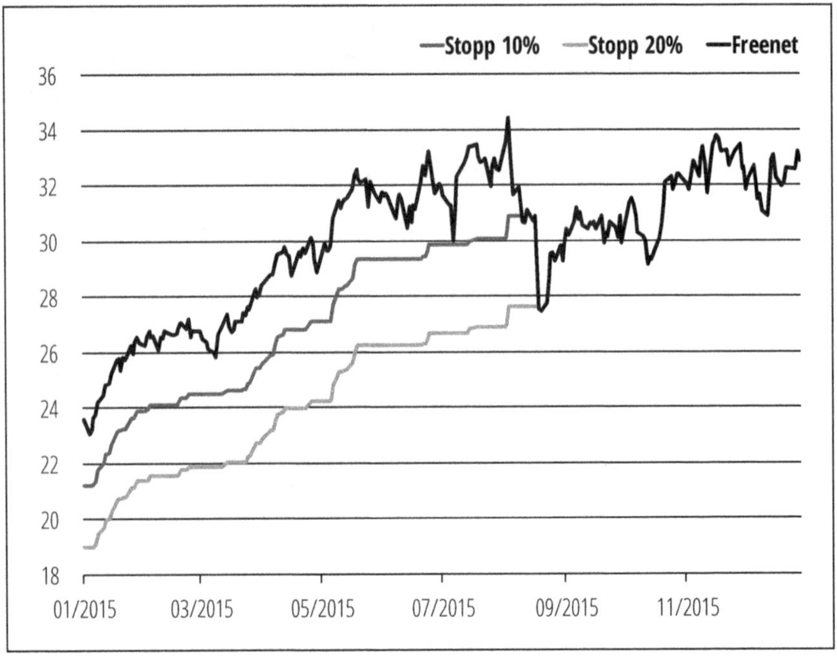

Freenet: Kursverlauf und Stopp-Limits 2015

Keine Frage, wenn man ein bisschen in der Börsengeschichte kramt, finden sich schnell genügend Situationen, wo Stoppkurse – egal, ob diese anfänglich 10, 15, 20 oder 25 Prozent unter dem Einstandspreis fixiert waren – Anleger vor bösen Bauchklatschern bewahrt haben. Doch auch diese Referenzen ändern nichts an den drei Knackpunkten, die das Beispiel Freenet offenbart: Erstens ist die Fixierung der Stoppkurse pure Raterei. Ob ein Kursrutsch nur die üblichen Launen der Börsianer widerspiegelt oder tatsächlich der Prolog zu einer veritablen Finanztragödie ist, ob ein Verkauf 20 Prozent unter dem Hoch noch so gerade eben rechtzeitig kommt oder man sich auf dem Tiefpunkt verabschiedet, das weiß man blöderweise erst hinterher.

Zweitens kann sich selbst ein vermeintlich geglückter Ausstieg schnell als Blindgänger entpuppen, wenn man den Wiedereinstieg verschläft. Nachdem der Zehn-Prozent-Stopp bei Freenet Alarm geschlagen hatte, wäre eigentlich schon ein paar Tage später der ideale Zeitpunkt für den nächsten Kauf gewesen. Wer hingegen erst bei Kursen über 30,00 Euro wieder investiert hat, wäre ohne Stoppkurs besser gefahren.

Und drittens zwingt einen die Überwachung und Anpassung der Stoppkurse, sich ständig irgendwie mit der Börse zu beschäftigen. Bei den paar Dutzend Aktien, die wir so im Portfolio haben, würde das echt in Arbeit ausarten. Okay, dieser letzte Punkt ist vielleicht nicht ganz fair. Inzwischen kann man über viele Banken sogenannte *Trailing-Stopp-Orders* aufgeben, bei denen das Limit vollautomatisch an steigende Kurse nachgezogen wird.

Doch bei den anderen beiden Themen gibt's keine Alternative zum Bauchgefühl und das ist fast immer der schlechteste Ratgeber. Nicht umsonst gibt es mit der verhaltensorientierten Finanzmarktforschung (*Behavioral Finance*) inzwischen eine Disziplin der Wirtschaftswissenschaften, die nur darum kreist, was sich im Innersten so abspielt, wenn der *Homo Oeconomicus* nicht rational agiert, sondern zum Spielball seiner Emotionen wird – die sich letztendlich alle auf Gier oder Angst zurückführen lassen.

Gespräche mit den wenigen echten Behavioral-Finance-Experten gehören zum Spannendsten, was man als Investor so erleben kann. Da erfährt man dann zum Beispiel, dass die meisten Menschen sich im Fall Freenet wohl für den engeren Stoppkurs entschieden hätten, weil die Furcht vor Verlusten ungleich stärker ausgeprägt ist als die Lust auf Gewinne. Umso größer ist dann natürlich die Freude, dass man ausgerechnet mit diesem Angsthasen-Stopp 30 Prozent Gewinn einfährt. Noch mehr Glückshormone werden indes freigesetzt, wenn die Aktie, die Ende August 2015 zu Preisen von über 30,00 Euro aus dem Depot geflogen ist, anschließend in die Tiefe plumpst wie ein Stein. Freenet unter 28,00 Euro? Ha, alles richtig gemacht, denn das ist erst der Anfang vom ganz großen Crash – jetzt also schön abwarten und das Pulver trocken halten, um in ein paar Monaten zu Kursen um 20,00 Euro wieder einzusteigen und dann den richtig fetten Reibach machen.

Dass Freenet nur zwei Wochen später wieder den Preis erreicht hat, zu dem man ausgestiegen war – logisch, das nennen die selten um einen zynischen Spruch verlegenen Börsianer *Dead Cat Bounce*. Ähnlich wie sogar eine tote Katze vom Boden hochprallt, wenn man sie nur von weit genug oben fallen gelassen hat, wird auch die von über 34,00 Euro gekommene Freenet-Aktie noch einen letzten Hüpfer machen, bevor sie endlich abschmiert. Und tatsächlich, nach ein paar Zuckungen rutscht der Kurs Ende Oktober tatsächlich wieder unter 30,00 Euro. Olé, olé!

Doch dieses Mal ist der Spaß noch schneller vorbei. Erneut dreht die Aktie nach oben, und mit jedem Tag, an dem der Kurs über dem Niveau notiert, auf dem man drei Monate zuvor verkauft hatte, wachsen die Zweifel. Dann kommt auch noch irgendein buntes Börsenblättchen, erklärt ziemlich überzeugend die intakte Wachstumsstory von Freenet, vergisst auch die hohe Dividende nicht – und plötzlich sieht man wieder klar: Natürlich, die Aktie hat einfach ein paar Monate Anlauf genommen und nimmt jetzt Kurs auf das Allzeithoch von Anfang August. Und wenn das erst einmal überschritten ist, ha, dann ist der Himmel nach oben offen. Also schnell zu 33,85 Euro noch ein paar Stücke kaufen, selbstredend wieder mit einem Stopp, dieses Mal vielleicht noch enger, so bei 31,70 Euro vielleicht, wo der Preis im Herbst 2015 gleich dreimal in Folge Unterstützung gefunden hat!?

Allzu lange wäre man nicht Freenet-Aktionär gewesen. Schon kurz vor dem Jahreswechsel war der Kurs zeitweilig unter das Stopp-Limit gerutscht. Ob damit Schlimmeres verhindert wurde oder ob es erneut besser gewesen wäre, von vornherein ohne Stopp zu agieren und die Aktie zu halten, können Sie jetzt ja mal im Internet oder im Kursteil Ihrer Tageszeitung recherchieren. Doch eigentlich spielt es keine Rolle, wo Freenet gerade notiert – solange wir Sie ein bisschen dafür sensibilisieren konnten, dass aktives Risikomanagement selbst zum Risiko werden kann: Überall lauern Psychofallen, die sich nur umgehen lassen, wenn man sein Bauchgefühl komplett ausschaltet.

Deswegen verzichten wir auf Stoppkurse und blenden auch alles andere aus, was uns vom »Malen nach Zahlen« ablenken könnte – einschließlich der Einlassungen so genannter Börsen-Experten, Anlage-Profis und

Investment-Spezialisten, von denen man sich auf einschlägigen Internet-Seiten von *handelsblatt.com* bis *onvista.de* fast schon verfolgt fühlt. Dabei wollen wir gleich klarstellen: Jedem, der öffentlich kundtut, ob der DAX in den nächsten vier Wochen steigt oder fällt, ob Freenet bis zum Jahresende auf 40,00 Euro klettert oder auf 20,00 Euro abstürzt, ob ein Dollar bald ein Euro ist oder ein Euro eher ein Pfund – kurzum jedem, der eine dezidierte Meinung zur künftigen Entwicklung von Indizes, Aktienkursen oder Währungspaaren in die Welt posaunt, gebührt unser allergrößter Respekt.

Früher waren wir selbst mittendrin in dieser Szenerie, doch irgendwann hat uns der Mut verlassen, im Brustton der Überzeugung von etwas zu reden, wovon wir keine Ahnung haben – keine Ahnung haben können! Keine Frage, es gibt viele gute Gründe dafür, dass die Aktienmärkte jetzt endlich mal absacken müssen, dass Freenet besonders unter die Räder kommen sollte und dass der Euro reif ist für den nächsten Absturz. Genauso lassen sich valide Argumente finden, warum der DAX noch mindestens 3.000 Punkte Luft nach oben hat, der Freenet-Kurs sich nochmals verdoppelt und die europäische Gemeinschaftswährung besser ist als ihr Ruf. Doch egal, ob Professor oder Parketthändler, Fondsmanager oder Flitzpiepe, Profi oder Privatanleger: Am Ende weiß eben niemand, was die Zukunft bringt und wohin die Kurse laufen werden.

Deshalb sind die ganzen Einschätzungen, Ausblicke und Tipps zur Börse im besten Fall gute Unterhaltung oder geistreiche Inspiration. Manchmal sogar beides, wie die sonntägliche *Doppelpass*-Runde bei Sport1 oder eine SPIEGEL-Kolumne von Jan Fleischhauer. Aber nur, weil ein übergewichtiger Mittvierziger im schlecht sitzenden Dreiteiler in Frankfurt auf dem Parkett steht und vor laufender Kamera schwadroniert, dass er und seine Kollegen vom *Asset Management* »den DAX zum Jahresende bei 7.000 Punkten sehen«, werden Sie doch nicht ernsthaft darüber nachdenken, Ihre Aktien zu verkaufen. Außerdem sind Prognosen heute noch schwieriger als früher: Da kann sich ruhig ein volkswirtschaftliches Armageddon zusammenbrauen, doch sobald die Zentralbanken noch ein bisschen mehr Geld drucken, ist alles wieder in Butter und die Untergangs-Propheten schauen ziemlich dumm aus der Wäsche.

Insofern, verschwenden wir Ihre Zeit und das schöne Papier nicht mit Spekulationen. Geld braucht Gewissheit, und die kann Ihnen kein Börsen-Bengel geben, sondern nur der gesunde Menschenverstand. Denn wenn wir mal voraussetzen, dass unsere marktwirtschaftlich-kapitalistische Wirtschaftsordnung (nicht zwingend unser Geldsystem) fortbesteht und dass es weiterhin Unternehmen gibt, die menschliche Bedürfnisse wie Gesundheit, Nahrung, Energie oder Unterhaltung befriedigen – dann werden diese Firmen genau damit auch in Zukunft noch Gewinne machen und zumindest einen Teil davon an ihre Eigentümer ausschütten.

Solange das der Fall ist, werden Beteiligungen an solchen Betrieben immer einen Wert haben – an den die Börse quasi jeden Tag aufs Neue ein Preisschild hängt. Dieser Preis kann zwar aufs Heftigste schwanken, wobei die kleinen Ausschläge in der Regel den Launen der Investoren geschuldet sind, während die großen Kursbewegungen durchaus ein Spiegelbild der Realwirtschaft liefern. Doch dieses Auf und Ab gehört nun mal zum Geschäft, ähnlich wie sich jeder Unternehmer mit Konjunkturzyklen arrangieren muss und nicht einfach den Laden zusperren und alle Leute entlassen kann, bloß weil ein paar Experten die nächste Rezession wittern oder die Auftragseingänge seit zwei Quartalen rückläufig sind.

Genau so absurd ist es, sich als Investor auf kontinuierliche Ausschüttungen und nachhaltige Wertsteigerung zu fokussieren – und parallel mit Stopp-Limits und Kaffeesatzleserei an kurz- und mittelfristigen Preisschwankungen herumzudoktern: Wer sich für das Geschäftsmodell Dividendenjäger entscheidet, muss mit Kurskapriolen leben. »If you can't stand the heat, get out of the kitchen«, stellte der nie um einen guten Spruch verlegene Harry S. Truman einst fest. Mit der Hitze in der Küche hatte der 33. US-Präsident natürlich die Härte des Politikbetriebs im Sinn. Doch das Zitat gilt ebenso für die Börse, nicht umsonst sagt Warren Buffett: »Unless you can watch your stock holding decline by 50 percent without becoming panic-stricken, you should not be in the stock market.«

Zwischenzeitliche Rückschläge um 50 Prozent sollte man also schon wegstecken können, sonst lässt man von Aktien besser die Finger, meint unser Investment-Idol. Das deckt sich zwar mit dem Unterwasser-Profil unserer Dividendenstrategie, macht die Botschaft aber auch nicht leichter verdaulich. 50 Prozent Verlust, das ist eine brutal hohe Hausnummer, vor allem weil sich das Vermögen nach einem solchen Crash ja erst mal verdoppeln muss, bloß damit man wieder so reich ist wie vorher. Und außerdem hat Warren Buffett sowieso leicht reden: Seine 308.400 Berkshire Hathaway-Aktien hatten Ende 2015 einen Kurswert von rund 61,063 Mrd. Dollar. Falls davon die Hälfte verdampft, bleiben noch immer 30,532 Mrd. Dollar übrig, womit ein fast 90-Jähriger, der überdies sparsam lebt, durchaus über die Runden kommen kann. Otto Normalanleger hingegen kann seine Kinder gleich zur Baumschule schicken, denn für die Uni reicht's nicht mehr, wenn Papi das halbe Sparschwein verzockt hat.

Eine einzige Möglichkeit, das Kursrisiko systematisch (!) zu reduzieren, gibt es dennoch. Man muss ja nicht unbedingt Vollgas geben. Wer jetzt schon weiß, dass er kein Auge zutun wird, wenn das Depot in der nächsten Krise 50 Prozent unter Wasser liegt, sollte eben nur einen Teil seines Geldes in Aktien stecken und den Rest so wegpacken, dass er sich damit sicher fühlt: Termingeld, Staatsanleihen, Kopfkissen. Da gibt's zwar keine Zinsen und aus Kapitel 05 sind Ihnen sicher noch einige andere Gründe in Erinnerung, warum der Sachwert Aktie uns lieber ist als irgendwelche Geldwerte – doch all das zählt an dieser Stelle nicht, denn sinnvoll sind Aktien nur in der Dosierung, mit der Sie von Ihrem eigenen Risikoempfinden her klarkommen.

Sie könnten definitiv keine 50 Prozent Minus verkraften, bei einem zwischenzeitlichen Verlust von 25 Prozent würden Sie aber weder von Dr. Jekyll zu Mr. Hyde mutieren noch in Depressionen versinken? Dann machen Sie eben halbe-halbe zwischen Aktien und Liquidität. Und wenn Sie unserer Empfehlung folgen und immer zum Jahresanfang Ihr Aktienportfolio aktualisieren, können Sie bei dieser Gelegenheit gleich die 50/50-Gewichtung wiederherstellen. Denn die verschiebt sich natürlich im Laufe der Zeit aufgrund der Kursveränderungen der einzelnen Depotpositionen.

Durch das Zurücksetzen auf Ihr ursprüngliches Ziel nehmen Sie *en passant* das vor, was in der Theorie *antizyklisches Rebalancing* heißt: In guten Jahren lassen Dividendenerträge und Kursavancen die Aktienquote auf mehr als die Hälfte steigen, so dass Sie bei der Adjustierung auf gleiche

Teile automatisch ein paar Gewinne realisieren. In schlechten Börsenjahren sind die Kursverluste hingegen höher als die Ausschüttungen, weshalb der Aktienanteil unter 50 Prozent sinken wird. Wenn Sie Aktien und Cash dann wieder gleich gewichten, kaufen Sie also zu ermäßigten Kursen ein bisschen nach, was im Falle einer Erholung Ihre Gesamtrendite nach oben zieht.

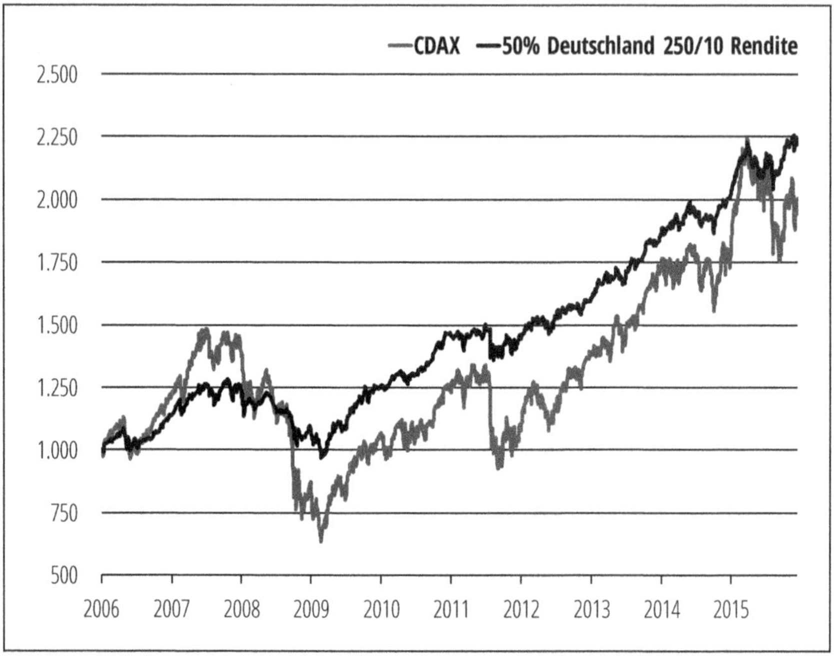

50% Deutschland Dividenden 250/10 Rendite vs. CDAX: Total Return 2006 - 2015

Klar muss sein, dass eine solche Mix-Strategie, die nur teilweise in Aktien investiert, zwangsläufig mit Abstrichen bei den Erträgen verbunden ist – vor allem, wenn für den sicheren Teil nicht einmal mickrige Zinsen einkalkuliert werden. Doch wir wollen Sie ja nicht reichrechnen. Obendrein kann sich das Ergebnis trotzdem sehen lassen: Mit einer jährlich wiederhergestellten 50/50-Kombination aus unserer Deutschland 250/10 Rendite-Strategie und zinslosem Tagesgeld war in den zehn Jahren zwischen

Anfang 2006 und Ende 2015 immerhin ein Plus von 125 Prozent drin – während der CDAX sich lediglich verdoppelt hat.

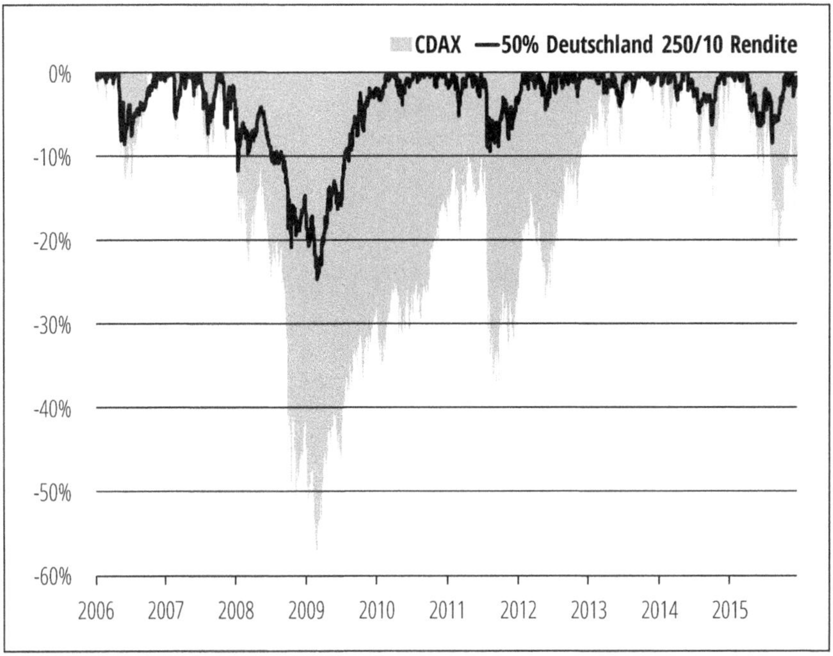

50% Deutschland Dividenden 250/10 Rendite vs. CDAX: Unterwasser-Chart 2006 - 2015

Und dabei darf man nicht vergessen: Der CDAX war stets voll in Aktien investiert, zeigt also dementsprechend deutlich stärkere Schwankungen und Rückschläge. Den Unterschied erkennen Sie schon mit bloßem Auge im Performance-Diagramm. Doch selbstredend haben wir auch für unseren Mix einen Unterwasser-Chart produziert, mit dem wir nun einen Haken hinter all unsere Ziele machen können: Selbst während der Baisse 2008/2009 liegt die Kombi niemals mehr als 25 Prozent unter Wasser. Abgesehen von dieser epochalen Krise hat die Zwei-Komponenten-Strategie nie zweistellig verloren. Spätestens jetzt dürften Sie einen Eindruck davon haben, was wir mit *cool bleiben* meinen ...

16

Scheine statt Steine

Keine Stoppkurse, keine Marktprognosen und schon gar keine geradezu mystischen »Algorithmen zur kontinuierlichen Steuerung der Portfoliovolatilität«, mit denen manche Fondsmanager in schönstem *Börsen-Bullshit-Bingo* werben: Wenn wir mit anderen Investoren über unsere Herangehensweise plaudern, ernten wir zumeist Verwunderung, häufig Skepsis und manchmal sogar Spott. Wie, ihr habt kein Risiko-Management? Nö, haben wir nicht, zumindest nicht, sofern man Risiko mit Kursschwankungen gleichsetzt.

Dass wir überhaupt regelmäßig in den iPhone-Apps von Bloomberg und *finanzen.net* herumwischen, Kurse checken und Charts anschauen, ist in erster Linie einem gewissen sozialen Druck geschuldet: Irgendwie wäre es peinlich, mit den Top-Kunden einer schwäbischen Volksbank beim Kamingespräch zu sitzen und nicht zu wissen, ob Daimler nun bei 60,00 oder 90,00 Euro steht. Doch wie die Börse unser Vermögen gerade bewertet, ist uns schlichtweg egal. Denn wir müssen ja nicht unsere Aktien zu Geld machen, um unsere Brötchen zu bezahlen. Wir haben es nur auf die Dividenden abgesehen. Solange die fließen, ist alles im grünen Bereich.

Verkauft wird erst, wenn die Ausschüttungsqualität sich verschlechtert – wenn die Dividende nicht mehr erhöht wird, wenn die Ausschüttungsquote unseren Zielkorridor verlässt, wenn das Dividendenwachstum oder die kumulierte Dividendenrendite in unseren jährlichen Rankings nicht mehr für Top-Platzierungen reichen. Bei unserer Rendite-Strategie werden auf diese Weise alle zwölf Monate im Schnitt sechs von zehn Aktien ausgetauscht. Auch das ist in letzter Konsequenz eine Art Risiko-Management, nur eben nicht auf der Basis von kurzfristigen Börsentrends, sondern anhand der realwirtschaftlichen Leistung der Unternehmen.

Damit unterscheiden wir uns ganz fundamental von den Jüngern des Börsenphilosophen André Kostolany. »Kaufen Sie Aktien, nehmen Sie Schlaftabletten, und schauen Sie die Papiere nicht mehr an. Nach vielen Jahren werden Sie sehen, Sie sind reich.«, lautete das Credo des 1999 verstorbenen Jahrhundertspekulanten, der im Laufe seiner über 75-jährigen Karriere wohl noch mehr Bonmots über das Treiben an den Finanzmärkten geprägt hat als Warren Buffett. Kostolanys Schlaftabletten-Doktrin, im Fachjargon *Buy and Hold* genannt, ist jedoch gefährlich. Denn selbst vermeintliche Top-Konzerne können schneller abstürzen als man gemeinhin denken würde: Von den Firmen, die Anfang 2006 zu den 500 größten der Welt gehörten, haben immerhin 44 so schlecht gewirtschaftet, dass ihr Börsenwert bis Ende 2015 um mindestens 50 Prozent abgesoffen war. Und über eine Dekade hinweg darf die Aktienkursentwicklung zumindest der groben Tendenz nach durchaus als Indikator für unternehmerischen (Miss-)Erfolg gelten.

Wer seinerzeit im Depot vermeintliche Titanen wie die Elektroriesen Sharp und Toshiba, den Stahlkocher ArcelorMittal, die Kaufhauskette Sears oder auch die heimischen Lieblinge RWE und Deutsche Bank versammelt und sich dann schlafen gelegt hat, wäre zehn Jahre später allenfalls reich an Erfahrung gewesen und hätte die Schlaftabletten erst recht nötig gehabt: Die Verluste belaufen sich auf 59 bis 92 Prozent. Gänzlich passiv darf man die Geldanlage also auch nicht angehen, ein bisschen was ist schon zu tun – genau wie bei einer Immobilie, die ebenfalls komplett verlottert, wenn man nicht gelegentlich nach dem Rechten sieht.

Ohnehin betrachten wir unser Portfolio wie ein Mehrfamilienhaus. Das Startkapital war sozusagen der Kaufpreis, die Aktien sind quasi die Bewohner und was im Depot die Dividende ist, heißt beim Haus halt Miete – bedeutet aber im Kern dasselbe: Laufende Erträge, die regelmäßig aufs

Konto tickern und die der Grund dafür sind, dass man überhaupt investiert hat. Wertsteigerung? Klar, solange alle Mieter brav zahlen, das Haus gut in Schuss ist und die Lage attraktiv bleibt, wird man irgendwann wohl mehr dafür kriegen, als man bezahlt hat.

Aber wer kein gewerbsmäßiger Häusle-Spekulant ist, denkt sowieso eher übers Vererben nach als übers Verkaufen. Denn für Grund und Boden gibt es nun einmal keine fortlaufend aktualisierten Preise und was man nicht weiß, kann einen auch nicht heiß machen. Und selbst wenn der jährliche *Capital*-Immobilienkompass mal wieder warnt, dass Berlin-Mitte oder Hamburg-Harvestehude inzwischen völlig überteuert sind, tangiert das diejenigen, die schon längst gekauft haben, nur äußerst peripher: Hauptsache, die Miete trudelt jeden Monat pünktlich ein.

Solange er nicht ernsthaft vorhat, sich von seinem Eigentum zu trennen, wird ein Immobilien-Investor kaum auf die Idee kommen, über den aktuellen Wert seines Hauses nachzugrübeln. Wieso auch, die ganze Zahlenschieberei bringt schließlich keinen Cent extra in die Kasse. Stattdessen zählt man einfach die jährlichen Mieteinnahmen zusammen, zieht davon die Aufwendungen für Verwaltung und Instandhaltung ab und setzt den Überschuss in Relation zum Kaufpreis. Und wenn dort dann drei, vier Prozent oder gar fünf Prozent vor Steuern stehen, lehnt man sich entspannt zurück: Alles richtig gemacht. Das Geld steckt nicht nur in einem soliden Sachwert, sondern wirft auch ordentlich was ab.

Genau aus diesem Blickwinkel bewerten wir unsere Aktienbestände und genießen dabei gegenüber dem Betongold-Besitzer schon mal einen großen Vorteil: Die Kostenseite ist deutlich übersichtlicher. Bei einer Filialbank sollten Selbstentscheider *all-in*, also Depotgebühren plus Orderspesen, nicht mehr als 0,5 Prozent p.a. vom Volumen abdrücken. Bei Online-Brokern bewegt sich der als *Flatrate* kalkulierte Obolus sogar oft nur im Promillebereich, wofür man sich allerdings kryptische Passwörter merken und mit schwerhörigen Computern sprechen muss. Zu diesen Konditionen eine ordentliche Hausverwaltung zu finden, ist nicht ganz so einfach und hintendran hängt ja noch ein ganzer Rattenschwanz an nicht umlagefähigen Kosten. Fassade malern, Rohre flicken, Dach neu decken: Was bei Immobilien richtig ins Geld geht, ist im Depot ausgeschlossen – abgesehen von Kapitalerhöhungen, die bei dividendenstarken Firmen aber kaum zu befürchten sind, muss bei Aktien nichts nachgeschossen werden.

Wenn man das Geld nicht den Banken in den Rachen schmeißt, geht also kaum etwas weg von den Dividenden. Entsprechend üppig sind die Erträge, wie die Historie unserer letztlich anhand der kumulierten Dividendenrendite zusammengesetzten Deutschland-Strategie beweist: Wer 2006 mit 10.000 Euro angefangen und je einen Tausender in die zehn Aktien investiert hat, konnte gleich im ersten Jahr 333 Euro Dividende kassieren – mehr als drei Prozent, für den Anfang schon mal nicht schlecht.

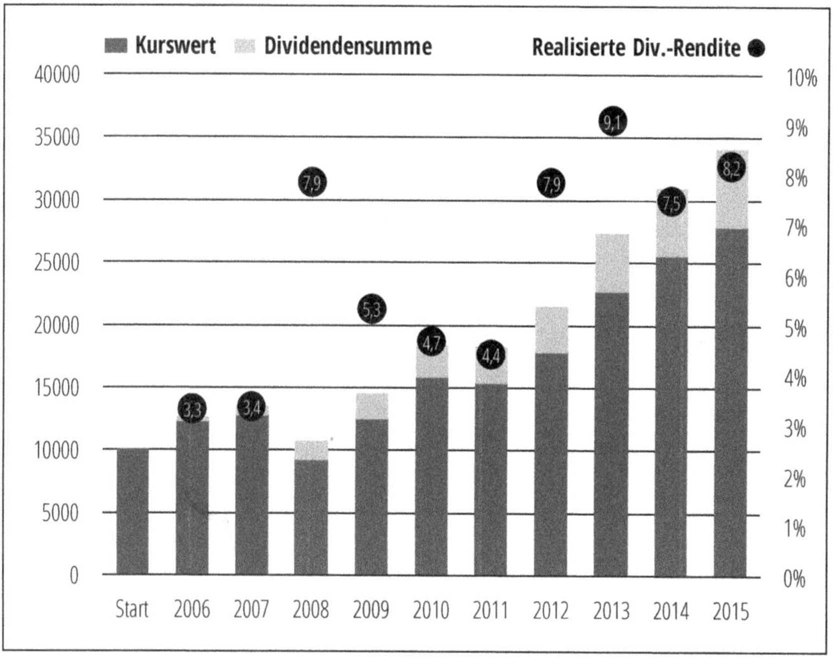

Deutschland Dividenden 250/10 Rendite: Jährliche Dividendenerträge 2006 - 2015

In den zwölf Monaten danach gab's fast denselben Betrag aufs Konto, bevor ausgerechnet im Seuchenjahr 2008 Partystimmung angesagt war. Obwohl die Krise sich schon abzeichnete, drückte der Großaktionär von Hugo Boss, die damals ziemlich unter Erfolgsdruck stehende Beteiligungsgesellschaft Permira, eine fette Sonderausschüttung durch. Davon profitierte auch unser Zehnerpack – rund ein Drittel der Einnahmen von insgesamt 786 Euro kam aus Metzingen. Ohne diesen Einmaleffekt mussten die nächsten Jahre zwangsläufig bescheidener ausfallen, wenngleich das Portfolio auch 2009 bis 2011 stets höhere Dividenden ablieferte als vor der Krise. Doch erst 2012 war es dann soweit: Nur mit regulären Ausschüttungen, ohne irgendwelche Boni, wurde der vier Jahre alte Rekord geknackt, und man durfte erneut über Erträge in Höhe von fast acht Prozent des Startkapitals jubeln.

In den drei Jahren danach konnten die Einnahmen sich auf diesem Niveau stabilisieren. In Summe hat das Depot damit seit 2006 Erträge von 6.168 Euro erwirtschaftet – im jährlichen Durchschnitt mehr als 600 Euro oder sechs Prozent. Nein, Dividenden sind nicht die neuen Zinsen, aber eine Gegenüberstellung ist durchaus erlaubt: Hätten Sie die 10.000 Euro seinerzeit in eine zehnjährige Bundesanleihe gesteckt, wären gerade einmal 3,5 Prozent herausgekommen. Was in den vergangenen zehn Jahren mit Immobilien zu verdienen war, lässt sich hingegen so pauschal nicht sagen. Doch sollten Sie aus einem 2006 angeschafften Mehrfamilienhaus nach Verwaltungs- und Instandhaltungskosten wirklich sechs Prozent p.a. herausgeholt haben: *Chapeau*!

Wichtiger als jeder Vergleich sind jedoch die absoluten Zahlen, gerade weil es sich eben nicht um wolkige Kursgewinne handelt, die in der nächsten Krise gleich wieder verdampfen. Stattdessen sind die 6.168 Euro sukzessive auf ihrem Konto eingegangen. Genau wie bei Mieteinnahmen ist es Ihre Entscheidung, was Sie mit diesem Geld machen – ausgeben, auf dem Konto lassen oder ins Portfolio reinvestieren, wie wir das bei unseren nach dem Total Return-Prinzip kalkulierten Beispielen unterstellt haben.

Entsprechend entspannt können Sie in die Zukunft blicken, sobald Ihr Dividenden-Depot mal ein paar Jahre auf dem Buckel hat. Sie wissen, wir halten nicht viel von Schätzungen. Aber wenn wir mal ein bisschen in dem Kaffeesatz rühren, der sich beim Buchschreiben so ansammelt, und überdies die von Bloomberg befragten Analysten zu Rate ziehen, dann könnte unser 2006 mit 10.000 Euro gestartetes Depot im Jahr 2016 erstmals einen vierstelligen Betrag abwerfen – Ausschüttungen von insgesamt 1.000 Euro, zehn Prozent realisierte Rendite. Ganz sicher weiß man das natürlich erst hinterher. Ähnlich wie in einem Haus mit zehn Wohnungen immer mal ein Mieter ausfällt, kann auch bei zuverlässigen Dividendenzahlern – zu denen die Unternehmen aus unserer Auswahlliste auf Seite 170 zweifelsohne gehören – etwas dazwischenkommen. Doch selbst wenn's am Ende nur 900 Euro werden sollten, ist dieser Zahlungsfluss Grund genug, bei einem Kursrutsch wie Anfang 2016 genauso gelassen zu bleiben wie ein Immobilien-Investor.

Apropos Kursrutsch – fast hätten wir vergessen, dass Aktien ja nicht nur Dividenden zahlen, sondern auch Kursgewinne verzeichnen können. Das lässt sich anhand unserer Rendite-Strategie natürlich ebenfalls nachvollziehen. Denn wenn Sie die Ausschüttungen immer schön verkonsumiert statt reinvestiert haben, war das Anfang 2006 mit 10.000 Euro gestartete Portfolio Ende 2015 satte 27.900 Euro schwer. Da ist sie also, die Wertsteigerung, die noch gewaltiger ist als bei Wohnungen in Berlin-Mitte und rein rechnerisch natürlich den größten Anteil an der Gesamtperformance ausmacht. Bei unserem Blick durch die *Cashflow*-Brille verkommt die Fast-Verdreifachung trotzdem zur Nebensache, genau wie die zwischenzeitlichen Rücksetzer 2008 und 2011. Und darin liegt eine weitere Parallele zwischen Immobilien- und Aktien-Investment: Wer nicht ständig ans große Geld denkt, sondern sein Vermögen einfach ordentlich verwaltet, schafft oft die höchsten Werte. Genau deshalb konzentrieren wir uns ja darauf, für unser Haus solvente Mieter ... pardon, für unser Depot zuverlässige Dividendenzahler ausfindig zu machen, statt an der Börse auf kurzfristige Kursentwicklungen zu zocken.

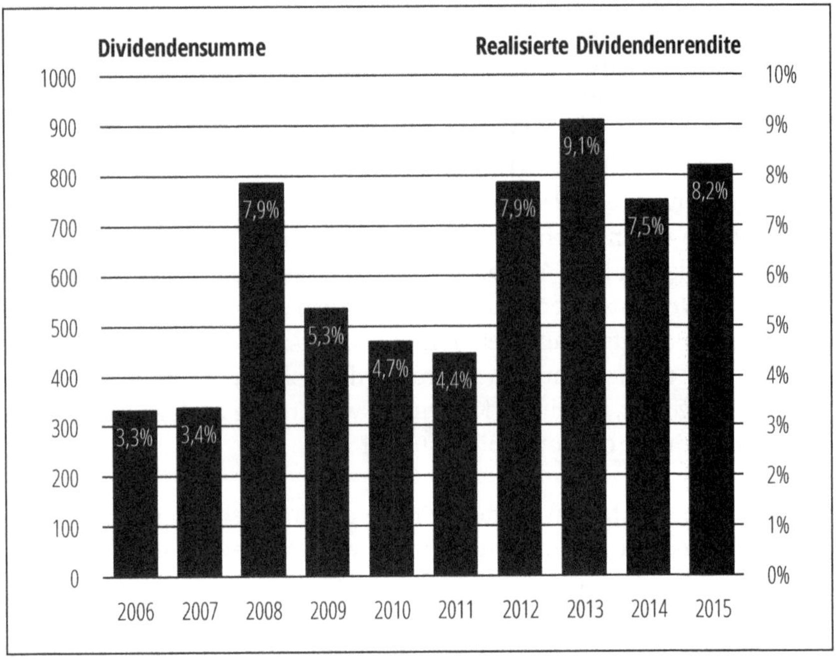

Deutschland Dividenden 250/10 Rendite: Gesamtbilanz zum Jahresende 2006 - 2015

Das funktioniert natürlich nur mit einer gehörigen Portion Geduld. Fünf, sieben oder zehn Prozent Dividendenertrag wirft ein Aktienportfolio nicht in den ersten Jahren ab. Solche Einnahmen kommen erst im Laufe der Zeit zustande, wenn die Ausschüttungen sukzessive steigen. Für das Anfangsjahr sind derzeit je nach Strategie 2,5 bis 3,5 Prozent realistisch, also ungefähr dasselbe wie vor zehn Jahren. Und wenn Sie bald loslegen, wozu dieses Buch hoffentlich ein paar Impulse liefert, dürften Sie irgendwann zwischen 2025 und 2030 ebenfalls zweistellige Renditen erreichen – auf jeden Fall schneller als mit Immobilien. Denn die Dividenden unseres Portfolios haben sich von 333 Euro in 2006 binnen zehn Jahren auf voraussichtlich 1.000 Euro erhöht. Das entspricht einem durchschnittlichen Zuwachs um 11,6 Prozent pro Jahr. Eine solche Steigerung könnten Sie zumindest auf dem Wohnungsmarkt der meisten Städte nicht durchsetzen können.

Und so drängt sich allmählich die Frage auf, ob dividendenstarke Aktien nicht generell eine Alternative zu vermieteten Immobilien sein können. Immerhin haben beide *Asset-Klassen* Sachwert-Charakter, beide werfen zwar keine sicheren, aber immerhin halbwegs kalkulierbare Erträge ab und beide fordern vom Investor dieselbe nachhaltige Perspektive. Scheine statt Steine, der Gedanke hat schon fast ketzerische Züge. Allein der Spaß an der Provokation ist es wert, die Idee noch ein bisschen weiterzuspinnen. Zum Schluss dieses Kapitels deshalb vier Argumente, warum man sich statt der dritten Eigentumswohnung oder des zweiten Mehrfamilienhauses auch mal das erste Dividenden-Depot zulegen darf:

Zuallererst sind Aktien ein Investment in die (halbwegs) freie Wirtschaft, während der Wohnungsmarkt sukzessive kaputtreguliert wird. Welche Dividendentitel Sie in Ihrem Portfolio halten und nach welchen Kriterien Sie diesen Bestand managen, ist Ihre souveräne Entscheidung. Ihr Eigentumsrecht wird nicht durch teilweise vielleicht sogar sinnvolle, aber auch furchtbar lästige Milieuschutzverordnungen, Denkmalgesetze, Wärmedämmungsvorschriften und Mietpreisbremsen beschnitten. Wer nicht ordentlich zahlt, fliegt ohne viel Federlesens beim nächsten Stichtag raus aus dem Depot – wozu dann auch keine Räumungsklage nötig ist.

Zweitens fällt bei Wertpapieren keine Instandhaltung an, und auch der Verwaltungsaufwand ist marginal. Analysieren, ordern, abheften, kassieren – dafür muss man nicht einmal im Lande sein. Denn weder rufen Aktien nachts an, weil ein Wasserrohr geplatzt ist, noch streiten sie miteinander, wer die Treppe putzen muss.

Drittens plant man zwar auf lange Sicht, aber wie sagte schon der britische Ökonom John Maynard Keynes so treffend: »In the long run, we are all dead.« Wobei nicht gleich das Schlimmste eintreten muss. Es reicht ja schon, dass die Lebensumstände sich ändern und Kohle, die eigentlich auf ewig und drei Tage investiert sein sollte, doch schon nach drei Jahren wieder gebraucht wird. Praktisch, wenn man in so einer Situation einfach aufs Knöpfchen drücken kann und schwuppdiwupp flüssig ist – anstatt erst mal einen Käufer zu suchen und einen Überbrückungskredit zu beantragen.

Und viertens gibt's Aktien schon in kleiner Dosierung. Mit 10.000 Euro kann man das Risiko schon auf zehn verschiedene Firmen verteilen. Eine anständig ausgestattete Eigentumswohnung, die nicht gerade *in the middle of nowhere* liegt, kostet hingegen einen sechsstelligen Betrag – weshalb Otto Normalanleger sich davon meist nur eine leisten kann. Und wenn dann ausgerechnet diese Bude von Mietnomaden heimgesucht wird, kriegt man eine sehr plastische Vorstellung davon, was es mit dem *Klumpenrisiko* auf sich hat.

17

Jenseits des Tellerrands

Bleibe im Lande und nähre dich redlich, rät der Volksmund – und der Deutsche hält sich dran, zumindest in Gelddingen. Beim Urlaub und beim Essen mag man es gern exotisch, aber investiert wird zuhause. Wer überhaupt Aktien kauft, hat primär DAX-Konzerne im Depot, daneben vielleicht noch ein paar Spezialwerte mit Erinnerungswert (»Beim Hermle hodd dr Vaddr sei Lehr gmachd!«) oder irgendwelche Leichen vom Neuen Markt, die sich mit Verlusten von 99 Prozent prima als Mahnmal machen: Bei jedem Blick auf den Depotauszug wird man erinnert, wie blöd man war, auf einen solchen Mist hereinzufallen.

Schon deshalb ist die Lust auf Experimente wenig ausgeprägt. In diese Kategorie fällt für manchen Penunzen-Patrioten sogar ein Fonds auf den EURO STOXX 50 – obwohl der Index zu immerhin einem Drittel aus deutschen Firmen besteht. Doch sonst: 35 Prozent Frankreich, Wiege des *Savoir Vivre*, aber bräsig wie Deutschland in der Endphase der Ära Kohl. Zehn Prozent Spanien, Sehnsuchtsort der Sonnenanbeter, aber noch 2013 ein Fall für den Euro-Rettungsschirm. Und sieben Prozent Italien, wo nicht nur die Zitronen blühen, sondern auch Korruption und Schattenwirtschaft. Nein, danke! Wenn schon Aktien, dann lieber noch ein paar Qualitätstitel aus dem Land der Exportweltmeister.

Home Bias nennen Wissenschaftler diese Form der Heimatliebe, die dafür sorgt, dass private Portfolios hierzulande kräftig Schlagseite haben. Fast ein Drittel der 250 wichtigsten deutschen Börsenfirmen lebt von Investitionsgütern. Maschinen, Autos, Hightech-Anlagen, Baustoffe – eben alles, was man gemeinhin mit *Made in Germany* verbindet und womit sich gutes Geld verdienen lässt, solange die Weltwirtschaft brummt.

Doch wenn der Konjunkturmotor mal stottert, brauchen deutsche Aktionäre gute Nerven, denn defensive Sektoren sind auf dem Frankfurter Parkett ziemlich unterrepräsentiert. Gegessen und getrunken wird auch in schlechten Zeiten – zu dumm, dass es zwischen Rhein und Oder keinen einzigen börsennotierten Nahrungsmittel-Konzern oder Getränkehersteller von internationalem Format gibt. In der vom konjunkturellen Auf und Ab ebenfalls eher unabhängigen Pharmaindustrie mischt nur Bayer in der Weltspitze mit; bei den nicht-zyklischen Konsumgütern sind es Henkel und Beiersdorf, die einsam die schwarz-rot-goldene Fahne hochhalten.

Alles andere als defensiv, aber genauso dünn besetzt ist die Finanzbranche. Unter unseren 250 Top-Werten befinden sich gerade einmal fünf Kreditinstitute, was für die drittgrößte Wirtschaftsmacht der Erde eigentlich ein Armutszeugnis darstellt. Der Kurszettel liefert indes nur ein Spiegelbild des äußerst fragmentierten Bankensektors, in dem selbst der *nationale Champion* global nur in der zweiten Liga spielt – gemessen am Börsenwert ist die Deutsche Bank bloß die Nummer 45 der Welt. Und *last but not least* gibt es in unserem wunderschönen, aber leider rohstoffarmen Land natürlich auch keine reinrassigen Öl-, Gas-, Kohle- oder Minenaktien. In den vergangenen Jahren musste man die zwar sowieso nicht unbedingt im Depot haben, aber die Zeiten werden sich auch wieder ändern.

Gründe genug also, endlich über den Tellerrand der heimischen Grenzen zu blicken. Das haben wir in diesem Buch ja bislang nur punktuell getan, denn bestimmte Zusammenhänge lassen sich nun einmal einfacher nachvollziehen, wenn wenigstens das Umfeld vertraut ist. Doch alles, was wir anhand von Beispielen aus Deutschland zum magischen Viereck der Dividendenqualität ausgeführt haben, trifft auch im Ausland zu – beispielsweise in Österreich.

Die Alpenrepublik ist (vielleicht abgesehen von Mallorca) sozusagen das natürliche Ziel, wenn man sich in der Fremde daheim fühlen möchte. Für Dividendenjäger gilt das indes nur eingeschränkt. Denn dass 1919 der Adel abgeschafft und durch allerlei Berufs- und Ehrentitel ersetzt wurde, scheint auch auf das Ausschüttungsverhalten der österreichischen Aktiengesellschaften durchgeschlagen zu haben: Ernsthafte Versuche, in den Stand der Dividenden-Aristokraten aufzusteigen, kann man keinem Ösi-Unternehmen attestieren. Am nächsten dran ist Do & Co, wobei auch der Edel-Caterer frühestens 2034 in den Adelsstand erhoben wird – Ende 2015 stehen nämlich erst sechs Anhebungen hintereinander zu Buche, so dass bis zu den magischen 25 noch 19 fehlen.

Immerhin gönnt der umtriebige Firmengründer Attila Doğudan sich und seinen Mitaktionären bereits seit dem *Going Public* Ende der 1990er-Jahre immer eine Ausschüttung, die nie gesenkt wurde und seit 2008 stufenweise steigt. Das macht unter dem Strich 17 Jahre ohne Dividendenkürzung, was am Schottenring, wo die Wiener Börse residiert, bereits für den dritten Platz in der Zuverlässigkeitsstatistik reicht. Rang zwei geht an die Verpackungskünstler von Mayr Melnhof, die ihre Ausschüttung – bereinigt um Sonderdividenden – in den vergangenen 19 Jahren nie gesenkt und insgesamt 14-mal erhöht haben. Doch es geht noch besser: Bei der Oberbank gab's zwar nicht ganz so oft eine Aufstockung, dafür hat das Linzer Kreditinstitut seinen Anteilseignern schon seit über einem Vierteljahrhundert keine Kürzung mehr angetan.

Hinzu kommen mit dem Feuerwehrausstatter Rosenbauer und der Zuckerfabrik Agrana zwei weitere Unternehmen, die schon mindestens zehn Jahre ohne Abstriche bei der Ausschüttung auskommen – und die wie Do & Co, Mayr Melnhof und die Oberbank nicht zu den 20 Mitgliedern des Leitindex ATX gehören. Entsprechend gering sind die Börsenumsätze: Im täglichen Durchschnitt wechseln bei den glorreichen Fünf nur Aktien im Gegenwert zwischen 30.000 Euro (Oberbank) und 700.000 Euro (Do & Co) den Besitzer. Wer hier ohne enges Limit ordert, kann sein Geld auch gleich verbrennen.

WKN	Unternehmen	Branche	Dividende nicht gesenkt seit...	Dividenden-Wachstum
854018	*Oberbank	Bank	25 Jahren	2,5% p.a.
890447	*Mayr Melnhof	Verpackung	19 Jahren	11,2% p.a.
915210	Do & Co	Catering/Restaurants	17 Jahren	15,7% p.a.
892502	Rosenbauer	Feuerwehrgeräte	14 Jahren	16,0% p.a.
779535	Agrana	Zucker/Nahrungsmittel	13 Jahren	6,2% p.a.
A0JML5	*Österr. Post	Logistik/Zustelldienst	9 Jahren	8,7% p.a.
A0F5L6	*ATHOS	Immobilien	8 Jahren	5,2% p.a.
874341	OMV	Öl/Tankstellen	6 Jahren	3,8% p.a.
878279	EVN	Versorger	6 Jahren	2,2% p.a.
907391	SBO Equipment	Öl-Förderequipment	5 Jahren	24,6% p.a.

Österreich Dividenden 50/10: Aktienauswahl für 2016

Ohnehin ist der österreichische Aktienmarkt eher putzig. Mit knapp 60 Mrd. Euro brachten die ATX-Werte Ende 2015 in Summe (!) etwa denselben Börsenwert wie BASF auf die Waage. Bereits das zeigt: Aus deutscher Sicht ist Wien in erster Linie als Destination für ein verlängertes Wochenende interessant. Nur wer schon über ein breit gestreutes Portfolio verfügt und nun auf der Suche nach ein paar Schmankerln ist, kann über ein Engagement nachdenken. Eine mehrstufige Aktienauswahl nach dem Vorbild unserer deutschen Rendite- oder Wachstums-Strategien lässt sich dabei mangels Masse kaum umsetzen, weshalb wir uns auf die Verlässlichkeit fokussieren – und immer zum Jahresanfang darauf achten, dass unser Portfolio die zehn Titel enthält, die am längsten ohne Dividendenkürzung ausgekommen sind.

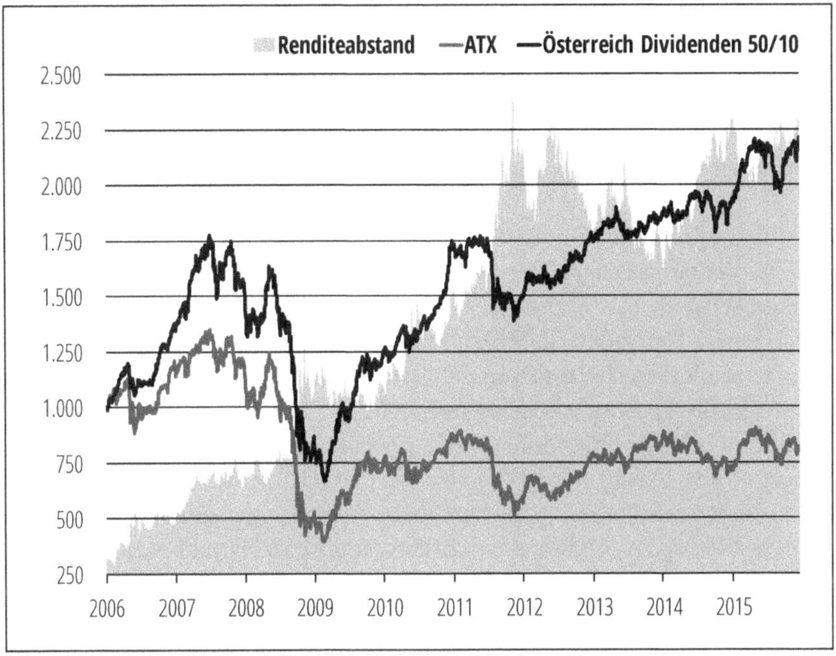

Österreich Dividenden 50/10 vs. ATX: Total Return 2006 - 2015

Praktischerweise müssen im Schnitt nur drei Aktien pro Jahr umgeschichtet werden. Der Aufwand ist also sehr überschaubar – hat man Oberbank, Mayr Melnhof & Co. erstmal im Depot und setzen diese Firmen ihre Ausschüttungspolitik fort, sind das Investments für die Ewigkeit. Und diese Kontinuität zahlt sich aus: Für die zehn Jahre zwischen Anfang 2006 und Ende 2015 kommt unsere Zehner-Selektion inklusive reinvestierter Dividenden auf ein Plus von 120 Prozent.

Der Zuwachs ist damit deutlich geringer als bei den Deutschland-Depots, doch das ist ein generelles Problem der Wiener Börse. Die kurze Blüte, die der Schottenring im Zuge der EU-Osterweiterung ab 2002 erlebt hat, ist längst wieder vorbei. Stattdessen leidet der ATX auch sieben Jahre nach dem Lehman-Debakel noch unter den Nachwirkungen der Finanzkrise und dümpelt rund ein Viertel unter den alten Höchstständen vor sich hin. Für ältere Investoren ist das ein *Déjà-vu*: Während die 1990er-Jahre an den meisten Börsen eine einzige Party waren, kamen österreichische

Aktien nicht vom Fleck und sahen die kurz nach dem Fall des Eisernen Vorhangs bezahlten Preise erst eineinhalb Jahrzehnte später wieder. Insofern ist die Performance unserer Dividendentitel mehr als respektabel – und erneut ein Beweis dafür, dass nachhaltige Ausschüttungsqualität ein vortreffliches Instrument ist, um gute Aktien von schlechten zu trennen.

Nichtsdestotrotz gibt es westlich von Österreich ein weitaus besseres Revier für Dividendenjäger. Der Schweizer Aktienmarkt ist nicht nur deutlich größer, sondern kann zumindest auf Sicht mit einem Aristokraten-Quartett glänzen: Der Pharmakonzern Roche zahlt bereits seit mehr als 25 Jahren kontinuierlich steigende Ausschüttungen und mit den Baseler Kollegen von Novartis (21 Jahre) sowie dem Chocolatier Lindt & Sprüngli (20 Jahre) und dem Lebensmittel-Multi Nestlé (19 Jahre) steht der Nachwuchs-Adel schon in den Startlöchern. Alle vier Titel sind auch für deutsche Anleger interessant, wobei ein Stückchen Schweizer *Schoggi* eine ziemlich teure Versuchung ist – Ende 2015 kostete eine Lindt-Namensaktie mehr als 70.000 Franken und selbst die stimmrechtslosen Partizipationsscheine waren im Jahresverlauf nie für weniger als 5.000 Franken zu haben.

WKN	Unternehmen	Branche	Dividende nicht gesenkt seit...	Dividenden-Wachstum
855167	Roche Holding	Pharma	25 Jahren	16,3% p.a.
870503	*Lindt & Sprüngli	Schokolade	25 Jahren	13,2% p.a.
A0Q4DC	Nestlé	Lebensmittel	25 Jahren	10,1% p.a.
904278	Novartis	Pharma	21 Jahren	20,0% p.a.
914326	*Straumann Holding	Zahntechnik	17 Jahren	20,1% p.a.
A0MQWG	*Geberit	Sanitäranlagen	16 Jahren	16,9% p.a.
A0CA16	PSP Swiss Property	Immobilien	15 Jahren	8,8% p.a.
580854	Syngenta	Agrochemie	14 Jahren	22,3% p.a.
927016	Swiss Prime Site	Immobilien	14 Jahren	7,3% p.a.
893484	Sonova Holding	Hörgeräte	13 Jahren	24,4% p.a.

Schweiz Dividenden 50/10: Aktienauswahl für 2016

Apropos Franken: Der ist für viele ausländische Investoren nach wie vor ein wesentlicher Grund, sich an der Züricher Börse zu engagieren. Während Euro, Dollar, Pfund und Yen sich einen über die Notenpresse finanzierten Abwertungswettstreit liefern, gilt die eidgenössische Währung als Hort der Stabilität. Deshalb wird das kleine Land seit Jahren regelrecht mit Kapital geflutet. Eine Zeitlang hat die Schweizerische Nationalbank versucht, den Wechselkurs bei 1,20 *Fränkli* je Euro einzufrieren. Außer einer aufgeblähten Bilanzsumme und immensen Buchverlusten hat das allerdings nichts gebracht, so dass der Franken Anfang 2015 wieder freigegeben wurde. Seitdem pendelt er in Sichtweite der Euro-Parität hin und her.

In Summe hat der Franken gegenüber dem Euro seit Anfang 2008 mehr als 50 Prozent gewonnen. Doch was den deutschen Aktionären der Schweizer Firmen einen kräftigen Rendite-Zuschlag eingebracht hat, wird für die Gesellschaften selbst zunehmend zum Problem – die feste Währung macht die ohnehin nicht billigen Produkte der *Confoederatio Helvetica* auf dem Weltmarkt noch teurer. Vor allem Exporteure wie das Luxus-Konglomerat Richemont, zu dem u.a. die legendären Uhrenmarken Jaeger-LeCoultre, Piaget und Vacheron Constantin zählen, hoffen deshalb weiter auf eine fundamental ohnehin überfällige Abwertung der quietschbunten Eidgenossen-Scheine.

Anzeichen dafür gibt es durchaus. Aber weil Wechselkursprognosen so seriös sind wie eine Wettervorhersage fürs nächste Jahr, beteiligen wir uns nicht an Spekulationen, sondern weisen nur auf die Risiken hin: Falls der Franken wirklich einmal nachhaltig schwächeln sollte, dürften die Währungsverluste zumindest kurz- bis mittelfristig kaum durch steigende Dividenden und höhere Aktienkurse kompensiert werden. Wer hingegen ein paar Notgroschen in die Schweiz schaffen und auf diese Weise für eine neuerliche Eskalation der Euro-Krise gewappnet sein will, ist mit eidgenössischen Dividendentiteln auf jeden Fall besser bedient als mit einem quasi zinslosen Franken-Konto – zumal das Bankgeheimnis inzwischen löchrig ist wie Emmentaler Käse.

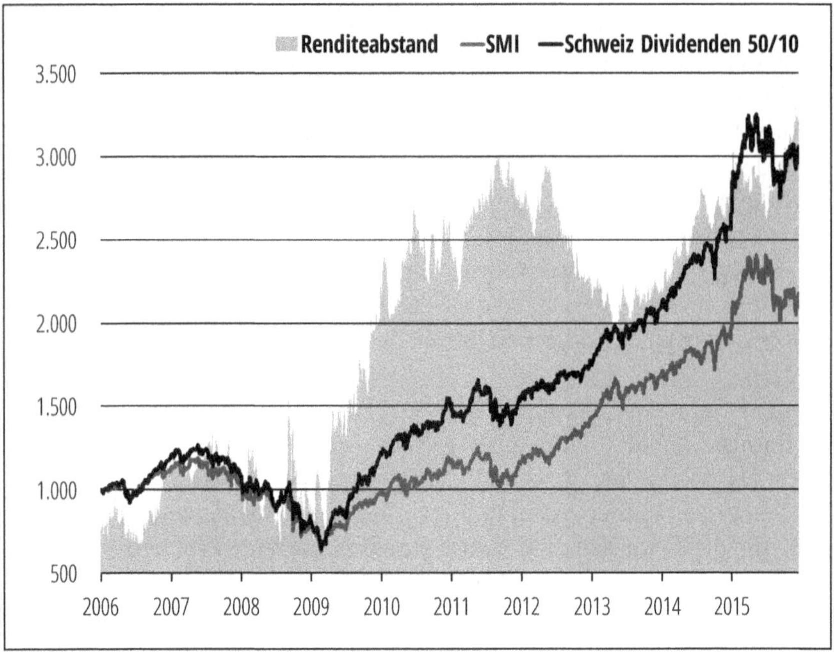

Schweiz Dividenden 50/10 vs. SMI: Total Return in Euro 2006 - 2015

Dabei verfolgen wir dieselbe Strategie wie in Österreich und haben immer die zehn Aktien im Depot, bei denen die letzte Dividendenkürzung am längsten zurückliegt. Grundgesamtheit für diese Auslese der Verlässlichkeit sind die 50 liquidesten Titel der Züricher Börse. Dadurch fallen zwar ein paar Preziosen wie die Immobiliengesellschaft Pax oder der Versicherer Vaudoise durch den Rost. Doch Handelbarkeit geht vor und ohnehin ist Ausschüttungsqualität im Lande Wilhelm Tells eher eine Sache der größeren Firmen. Die Gesamtrendite kann sich trotzdem sehen lassen: In Euro gerechnet hat sich unser Dividenden-Depot in den zehn Jahren bis Ende 2015 etwa verdreifacht, während die Total Return-Variante des SMI Swiss Market Index nur auf ein Euro-Plus von 115 Prozent kommt.

Allein schon wegen der Wechselkursproblematik bleibt die Schweiz dennoch ein sehr spezieller Markt. Vielmehr sollte für die breite Masse der Investoren allen Bedenken zum Trotz die Eurozone erste Wahl sein, wenn es um Anlagen im Ausland geht. Denn die gegenwärtige Identitätskrise Europas und das jämmerliche Bild, das die EU-Institutionen in den vergangenen Jahren bisweilen abgegeben haben, können nicht davon ablenken, dass es in allen Ländern der Währungsgemeinschaft erfolgreiche Unternehmen gibt, die unbeeindruckt von politischen Possen erfolgreich wirtschaften – und regelmäßig Dividende zahlen.

Mit L'Oréal verfügt *Euroland* zwar nur über einen einzigen echten Aristokraten, doch selbst außerhalb Deutschlands haben immerhin zwölf der 500 wichtigsten Börsenfirmen ihre Ausschüttung schon seit 25 Jahren nicht mehr gesenkt. Darüber hinaus ist das Angebot an ordentlichen Dividendentiteln so breit, dass auch unser siebenstufiger Wachstums-Filter aus Kapitel 14 endlich wieder zum Einsatz kommen kann: in den vergangenen fünf Jahren eine kumulierte Rendite von mindestens einem Prozent p. a., keine Kürzung und kein Ausfall – dafür mindestens zwei Dividendenerhöhungen (eine davon auf jeden Fall im Vorjahr) sowie eine Ausschüttungsquote, die über drei Jahre geglättet zwischen 33 und 75 Prozent des Gewinns beträgt.

WKN	Unternehmen	Branche	Land	Dividende erhöht / nicht gesenkt seit...	Dividenden-Wachstum in 5 Jahren
893113	Renault	Autohersteller	FR	1/5 Jahren	58,6% p.a.
590932	InBev	Brauerei	BE	6/6 Jahren	56,8% p.a.
938914	Airbus	Luftfahrt/Rüstung	FR	5/5 Jahren	52,8% p.a.
575626	Orpea	Pflegeeinrichtungen	FR	7/7 Jahren	41,7% p.a.
909765	Melexis	Halbleiter	BE	6/6 Jahren	34,1% p.a.
A0B6Q3	Azimut Holding	Beteiligungen	IT	3/5 Jahren	32,9% p.a.
592587	Luxottica	Brillen	IT	6/6 Jahren	32,7% p.a.
895874	Brembo	Autozulieferer	IT	3/6 Jahren	28,9% p.a.
A1CXN0	Amadeus IT	Software	ES	5/5 Jahren	23,3% p.a.
870547	Amer Sports	Sportartikel	FI	6/6 Jahren	23,0% p.a.

Eurozone ex Deutschland 500/10 Wachstum: Aktien-Auswahl für 2016

Diese Bedingungen erfüllen per Ende 2015 gut und gerne vier Dutzend Firmen, aus denen wir nun – genau wie bei unserer Deutschland-Strategie – die zehn aussieben, die ihre Ausschüttung in den vergangenen fünf Jahren am stärksten angehoben haben. Dabei richtet sich unser Blick natürlich auch wieder auf die Klumpenrisiken: Mehr als drei Unternehmen pro Land wollen wir nicht im Portfolio sehen. Deutschland bleibt sowieso unberücksichtigt, schließlich haben wir für die Heimat ja schon eine separate Auslese. Was die Branchenkonzentration angeht, schauen wir auf die Klassifizierung nach dem *Bloomberg Industry Classification Standard.* Diese Typisierung sortiert jede Firma in eine von 63 *Industry Groups* wie Automobilhersteller, Getränke oder Kosmetik ein. – und zu unserer Euro-Selektion hat pro Industriegruppe nur eine Aktie Zutritt.

Auf diese Weise entsteht jedes Jahr aufs Neue ein Depot, das mit zehn Titeln sehr übersichtlich ausfällt, gleichzeitig aber eine breite Risikostreuung ermöglicht. Auch hier machen wir natürlich die Probe aufs Exempel. Wir schauen auf die Wertentwicklung der vergangenen zehn Jahre – und stellen fest: Unser simples Regelwerk funktioniert nicht nur in Deutschland, sondern auch in Europa. Während der EURO STOXX in zehn Jahren selbst inklusive reinvestierter Dividenden nur rund 30 Prozent zugelegt hat, kommt unsere Methodik auf eine Gesamtrendite von 170 Prozent und auch das Alpha vermag zu gefallen.

Sich ein paar sorgfältig ausgewählte Einzelaktien gleichgewichtet ins Depot zu legen, ist auf längere Sicht also weitaus lukrativer als die Einheitskost, die uns Anlegern von den Index-Anbietern vorgesetzt wird. Das gilt natürlich nur unter der Bedingung, dass man die Papiere auch zu fairen Preisen erwerben kann. Bei Standardwerten wie Renault und InBev, die auch in Deutschland recht liquide gehandelt werden, ist das kein Problem. Anders sieht das bisweilen bei Titeln aus der zweiten Reihe aus. Für den französischen Pflegeheim-Betreiber Orpea beispielsweise – der mit einem Börsenwert von 4,2 Mrd. Euro beileibe keine Klitsche ist – werden zwar auch in Frankfurt und Berlin Kurse gestellt. Diese liegen aber beim Kauf deutlich über und beim Verkauf deutlich unter den Preisen an der Heimatbörse, der Euronext. Bevor Sie dort ordern, sollten Sie sich allerdings bei Ihrer Bank nach den Kosten erkundigen, denn mitunter werden für Orders an den Auslandsbörsen saftige Zuschläge erhoben, die bei kleinen Volumina schnell eine ganze Jahresdividende aufzehren können.

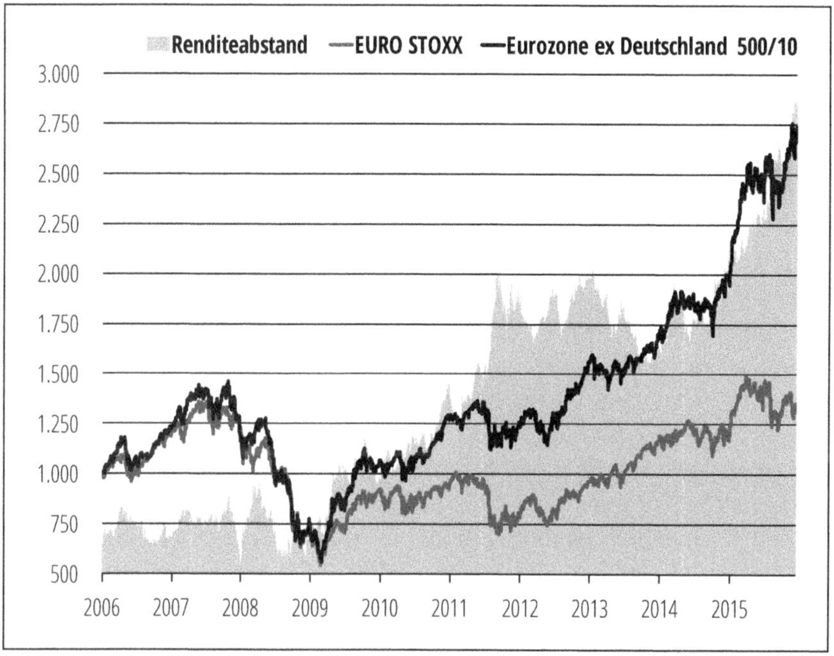

Eurozone ex Deutschland 500/10 Wachstum vs. EURO STOXX: Net Total Return 2006 - 2015

Das gilt natürlich nicht für die großen Online-Broker und in der Filiale lassen sich Gebühren gerne mal nachverhandeln. Frech kommt weiter, lautet die Marschroute. Und wenn Sie bei der einen oder anderen Aktie aus unserem Zehnerpäckchen trotzdem nicht zu fairen Konditionen zum Zuge kommen, nehmen Sie einfach den nächstplatzierten Titel. Denn neben Dönekes und Diagrammen enthält dieses Buch auch nackte Fakten, nämlich einen Anhang mit den aktuellen Auswahl-Tabellen. Darin listen wir für die gängigen Investment-Regionen zunächst die jeweils 25 Dividendenzahler mit der saubersten Historie auf. Hinzu kommen die 25 Firmen, die zum Ende 2015 unseren siebenstufigen Qualitätsfilter passiert und in den vergangenen fünf Jahren ihre Ausschüttung am stärksten angehoben haben. So entsteht ein Werkzeugkasten, mit dem Sie nun in den nächsten Wochen und Monaten Ihre eigenen Dividendenstrategien zusammensetzen können – bis wir, sofern Gott uns lässt, spätestens am zweiten Montag des nächsten Jahres auf unserer Website dividendenadel.de ein *Update* per Ende 2016 veröffentlichen.

Zu den Ländern, die wir auf diese Weise abdecken, zählen natürlich auch die Euro-Verweigerer, womit neben der Schweiz vor allem Großbritannien gemeint ist. Auf der Insel werden traditionell ebenso hohe wie stetige Dividenden gezahlt. Diese unterliegen aus deutscher Sicht selbstredend einem Währungsrisiko. Über die letzten 40 Jahre – also wenn man die Historie der Deutschen Mark mit der 1999 eingeläuteten Euro-Ära verknüpft – oszilliert die Währungsrelation um einen Wert von 0,70 Britischen Pfund je Euro. Dabei lagen die Extrempunkte gemessen an Monatsdurchschnitten knapp unter 0,55 Pfund bzw. knapp über 0,90 Pfund.

Als dieser Text Anfang 2016 entstanden ist, war nach einer mehr als fünfjährigen Euro-Abwertung wieder einmal die Mitte dieser Bandbreite in Sicht. Gleichwohl ist es müßig, über die künftige Tendenz zu diskutieren, weshalb auch hier gilt: Die Dosis macht's. In begrenztem Umfang, der unserer Meinung nach – in Abhängigkeit von anderen Fremdwährungspositionen – zwischen fünf und fünfzehn Prozent betragen kann, ist das Pfund-Risiko langfristig durchaus vertretbar. Überdies ist mit der Wechselkursschwankung ja auch eine Chance auf zusätzliche Erträge verbunden, die sich gerade die Euro-Skeptiker unter Ihnen sicherlich nicht entgehen lassen wollen.

Wenig halten wir hingegen von einer Währungssicherung mit Optionsscheinen oder sonstigen Derivaten. Mit den Möglichkeiten, die für Privatanleger zugänglich sind, geht ein solcher *Currency Hedge* langfristig ziemlich ins Geld. Wer kurzfristig-opportunistisch agiert, tappt nur allzu schnell in die Psychofallen, die wir in Kapitel 15 erörtert haben. Risiken, die man nicht tragen will, sollte man schlichtweg vermeiden – gerade weil es ja noch andere Gelegenheiten gibt, abseits des Euro in Westeuropa zu investieren: Auch in Skandinavien winkt Dividendenjägern fette Beute.

Dabei haben wir vor allem Schweden und Dänemark im Visier, deren Währungen sich in einem relativ engen Korridor bewegen, während die Norwegische Krone stark vom Ölpreis beeinflusst wird und entsprechend stärker schwankt. Als bekannteste Kauf-Kandidaten aus dem hohen Norden drängen sich der schwedische Klamotten-Krämer H&M sowie der auf Diabetes-Medikamente spezialisierte dänische Pillendreher Novo Nordisk auf. Beide Firmen haben ihre Ausschüttung seit mehr als 25 Jahren nicht gekürzt.

Bleibt noch der Rest der Welt, allen voran natürlich die USA als *Must Have* für jedes auf Dividendenerträge ausgerichtete Depot. Im Mutterland des Ausschüttungsadels liegt die Herausforderung primär darin, die kaum zu überblickende Zahl infrage kommender Firmen auf eine investierbare Selektion einzudampfen. Dabei beziehen wir auch noch die kanadische Börse in unser insgesamt 1.000 Werte umfassendes Analyse-Universum für Nordamerika ein. Wenn man daraus nun ein läppische zehn Aktien umfassendes Privat-Portfolio destilliert, ist immer eine Prise Zufall im Spiel.

Dennoch leistet unsere bewährte Methode selbst unter diesen extremen Bedingungen ordentliche Dienste: Für die jedes Jahr siebenfach gefilterte Auslese aus den Unternehmen mit dem höchsten Dividendenwachstum steht von Anfang 2006 bis Ende 2015 auf Euro-Basis eine Verdreifachung zu Buche, während der Ihnen aus Kapitel 11 bestens bekannte S&P Dividend Aristocrats Index ein Plus von umgerechnet 165 Prozent erreicht. Immerhin gelingt es uns also, sogar das Adels-Barometer zu übertreffen, wenngleich der Vorsprung nicht gerade üppig ist und das Alpha sich reichlich mau entwickelt.

WKN	**Unternehmen**	**Branche**	**Land**	**Dividende erhöht / nicht gesenkt seit…**	**Dividenden-Wachstum in 5 Jahren**
886256	Agrium	Agrochemie/ Düngemittel	CA	5/12 Jahren	98,7% p.a.
895305	Webster Financial	Bank	US	5/6 Jahren	86,0% p.a.
A0Q8BY	IAC Inter-ActiveCorp	Internet-Holding	US	5/5 Jahren	83,5% p.a.
851292	Helmerich & Payne	Öl- und Gasbohrungen	US	16/25 Jahren	65,7% p.a.
A0MU9M	Macquarie Infrastructure	Infrastruktur	US	5/5 Jahren	63,9% p.a.
872136	Harman International	Klangtechnik	US	5/5 Jahren	61,5% p.a.
886286	Royal Caribbean	Kreuzfahrtlinie	US	5/5 Jahren	61,2% p.a.
867900	Amgen	Biotechnologie/ Pharma	US	5/5 Jahren	54,1% p.a.
878841	Cisco Systems	Telekom-Infrastruktur	US	5/5 Jahren	46,1% p.a.
A1C0EH	First American Financial	Versicherung	US	6/6 Jahren	40,9% p.a.

Nordamerika Dividenden 1000/10 Wachstum: Aktienauswahl für 2016

Insofern hat dieser Zehnerpack sicherlich keinen Alleinvertretungs-Anspruch für den Nordamerika-Anteil Ihres Depots. In Kombination mit ein paar klassischen Aristokraten vom Schlage Johnson & Johnson oder Procter & Gamble kann die Wachstumsstrategie mit ihrem bunten Branchenmix jedoch durchaus eine bereichernde Ergänzung sein. Denn Firmen wie der Biotech-Riese Amgen oder die Internet-Holding IAC, zu der u.a. die derzeit schwer angesagte *Dating-App* Tinder gehört, sind gerade für US-Verhältnisse eben (noch) keine typischen Dividenden-Titel. Ansonsten gilt mit Blick auf den US-Dollar natürlich dasselbe, was wir schon zum Pfund ausgeführt haben: Ein Wechselkursrisiko ist immer auch eine Chance. Weil zudem der *Greenback* nun einmal auf absehbare Zeit die Weltleitwährung bleiben wird, erscheint ein Dollar-Anteil von bis zu

25 Prozent durchaus vertretbar. In Summe sollte freilich nicht mehr als die Hälfte des Depots außerhalb der Eurozone investiert sein.

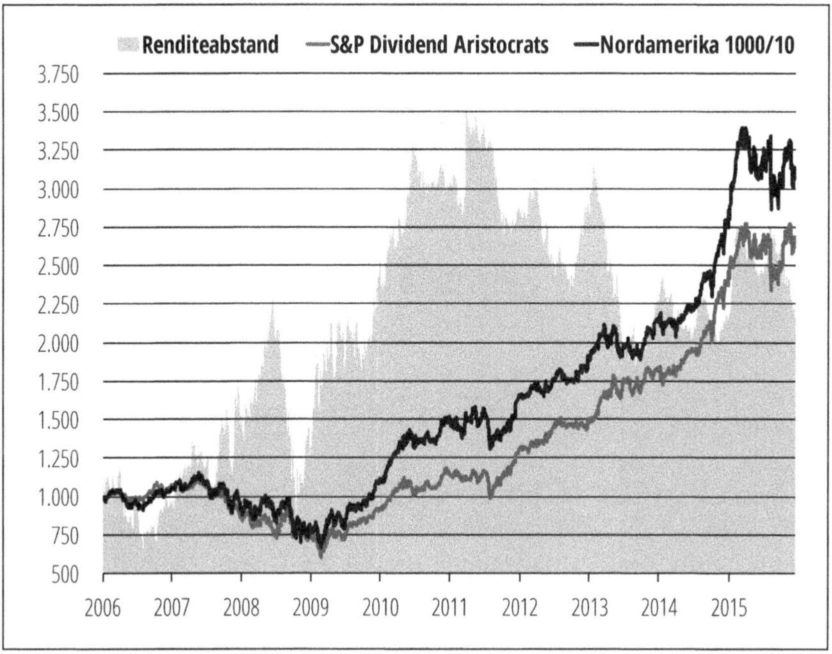

Nordamerika Dividenden 1000/10 vs. S&P Aristocrats: Total Return in Euro 2006 - 2015

Und dabei wollen wir es auch bewenden lassen. Im Anhang finden Sie zwar auch noch eine Auswahlliste mit Dividendentiteln aus der Pazifik-Region. Diese haben wir aber eigentlich nur der Vollständigkeit halber ins Buch hineingenommen. Die meisten japanischen und australischen Aktien, die uns rein fundamental in den Kram passen, können Sie als Privatanleger hierzulande nicht zu Konditionen erwerben, die wir noch als fair bezeichnen würden. Der direkte Handel in Tokio oder Sydney kann sehr teuer werden. Dasselbe gilt für Schwellenländer wie Südafrika oder Brasilien, wo man ebenfalls entweder gar nicht oder über Fonds investiert. Was Einzeltitel angeht, konzentrieren wir uns jedenfalls auf Deutschland, die Eurozone, das übrige Westeuropa sowie Nordamerika. Wer es nicht schafft, an diesen etablierten Börsen auskömmliche Renditen einzufahren, wird an den Exotenmärkten ohnehin Schiffbruch erleiden.

18

Das böse S-Wort

Rund 200 Seiten haben wir nun schon gefüllt mit Gedanken und Geschichten übers Geldanlegen und dabei ein leidiges Thema konsequent ausgeblendet – die Steuern. Ganze achtmal steht das böse S-Wort bislang im Manuskript und das hat einen guten Grund. Im Gegensatz zum Fiskus wissen wir nämlich fast nichts über Sie. Gut, wenn Sie es hierhin geschafft haben, sind Sie vermutlich sowohl des Lesens als auch der deutschen Sprache mächtig. Überdies dürften Sie ein paar Kröten auf dem Konto haben, denn rein aus Daffke kauft niemand so ein Buch. Aber sonst: Investieren Sie Privat- oder Betriebsvermögen? Haben Sie vielleicht noch irgendwo Verlustvorträge herumliegen? Sind Sie überhaupt in Deutschland steuerpflichtig oder schon längst ins Ausland geflüchtet? Und was ist mit der Kirche?

Sobald die Steuern ins Spiel kommen, wird's nicht nur verzwickt, sondern auch sehr persönlich. Unsere Beispiele sollten jedoch möglichst allgemeingültig sein, und deshalb haben wir stets auf Brutto-Basis gerechnet – was ja auch sonst gängige Praxis ist: In der Annonce für ein Zinshaus wird die Mietrendite immer nur vor Steuern angegeben und beim DAX-Performance-Index tut die Deutsche Börse ebenfalls so, als könnte man die Dividenden ohne Abzüge gleich wieder in die jeweilige Firma reinvestieren.

Überdies gerät man schnell auf ideologisch vermintes Terrain, wenn es um private Kapitalerträge und Steuern geht. Skandal, schreien die einen, denn während Arbeitseinkommen in Deutschland schon jenseits von 53.665 Euro mit 42 Prozent besteuert wird, gibt der Fiskus sich bei Zinsen, Dividenden und Kursgewinnen schon mit einem Viertel zufrieden. Unanständig, tönt es aus der anderen Ecke zurück, dass Vater Staat die Früchte der Geldanlage überhaupt anknabbert – schließlich resultieren diese Einkünfte in aller Regel aus einem Vermögen, das man entweder erarbeitet oder ererbt, auf jeden Fall aber bereits mindestens einmal versteuert hat.

Die Wahrheit liegt wohl irgendwo dazwischen. Wer 25 Prozent Abgeltungsteuer auf Dividenden für zu niedrig hält, sollte nicht vergessen, dass die Ausschüttungen aus Gewinnen stammen, auf die unternehmensseitig bereits Körperschaft- und Gewerbesteuer gezahlt wurden – während Zinsen aus Sicht einer Aktiengesellschaft sogar steuermindernd wirken. Gerecht ist das nicht. Doch es könnte noch weitaus schlimmer kommen, etwa wenn auf Kapitaleinkünfte auch noch Sozialabgaben fällig würden. Auch die Wiederbelebung der in Deutschland seit 1997 aufgrund verfassungsrechtlicher Bedenken ausgesetzten, international hingegen ziemlich verbreiteten Vermögensteuer wäre ein herber Schlag: Das eine Prozent, das seinerzeit jedes Jahr von der über den Freibetrag von 120.000 DM hinausgehenden Substanz einkassiert wurde, hätte im heutigen Nullzins-Umfeld weitaus dramatischere Auswirkungen.

Jammern wir also mal lieber nicht allzu laut über den steuerlichen *Status quo*. Außerdem wird man vom Fiskus ja nicht ohne Grund zur Kasse gebeten, sondern weil man Geld verdient hat. Steuern auf Kursgewinne und Dividenden zu zahlen, macht auf alle Fälle mehr Spaß, als Verluste anrechnen zu lassen. Wobei es natürlich schon schade ist, dass Aktionäre seit Einführung der Abgeltungsteuer im Jahr 2009 keine Werbungskosten mehr geltend machen können. Wer also darüber nachdenkt, anlässlich der Hauptversammlung von Axel Springer einen fröhlichen Frühlings-Trip nach Berlin zu unternehmen, sollte das zwar unbedingt tun, muss Anreise, Hotel und Verpflegung allerdings aus versteuertem Geld zahlen.

Dafür ist die Abgeltungsteuer nahezu idiotensicher. Wenn Sie in Deutschland unbeschränkt steuerpflichtig sind und ihr Depot bei einer inländischen Bank unterhalten, werden von allen Dividenden, die deutsche Aktiengesellschaften Ihnen überweisen, automatisch 25 Prozent Kapitalertragsteuer abgezogen. Vom Steuerbetrag werden außerdem noch 5,5 Prozent Solidaritätszuschlag sowie gegebenenfalls acht oder neun Prozent Kirchensteuer fällig. Da sowohl der *Soli* als auch die Konfessions-Kollekte sich nur auf den Steuerbetrag und nicht auf die Dividende beziehen, liegt die fiskalische Belastung insgesamt bei 26,375 Prozent für Freigeister bzw. je nach Bundesland 27,819 oder 27,995 Prozent für Kirchenmitglieder. Dieselben Sätze sind auch auf realisierte Kursgewinne fällig, wobei die Bank standardmäßig eine Verrechnung mit eventuell bestehenden Verlustvorträgen vornimmt. Mit dem Fiskus geteilt werden muss also nur der saldierte Vermögenszuwachs. Einziger Schönheitsfehler: Aktienverluste können steuerlich nur durch Aktiengewinne kompensiert werden, nicht jedoch durch Dividenden oder Zinsen.

Das klingt fast schon zu simpel, um wahr zu sein. Und tatsächlich bestehen gerade bei der Verlustverrechnung einige Gestaltungsspielräume, die aber vom konkreten Fall abhängen und deshalb eher Gegenstand eines Gesprächs mit Ihrem Steuerberater als Thema eines Buches sein sollten – anders als etwa die Sache mit den steuerfreien Ausschüttungen. Ja, richtig gelesen, nicht immer greift das Finanzamt sofort zu, wenn Dividenden auf ihrem Konto landen: Sofern eine Aktiengesellschaft die Bescherung der Aktionäre aus dem sogenannten steuerlichen Einlagenkonto nach § 27 Körperschaftsteuergesetz stemmen kann, gibt's ganz legal brutto für netto *Cash in die Täsch.*

Im Jahr 2015 haben sich knapp zwei Dutzend deutsche Unternehmen diesen Bilanzkniff zunutze gemacht. Darunter sind auffallend viele Firmen, die Sie schon aus unseren Auswahllisten kennen – etwa Freenet, KPS oder Washtec. Ebenfalls leer ausgegangen ist der Fiskus bei der Deutschen Telekom, der Deutschen Post und Infineon. Doch bevor sie das Buch zuklappen und zum Telefon eilen, um sich vor der Dividendensaison schnell noch einzudecken, müssen wir Sie gleich wieder enttäuschen: Wirklich geschenkt kriegen Sie nichts. Die Steuerschuld wird lediglich gestundet, bis Sie Ihre Aktien verkaufen. Im selben Moment, in dem die Dividende gutgeschrieben wird, setzt die Buchhaltung der Bank nämlich den steuerlichen Einstandskurs herunter und entsprechend höher fällt der Kursgewinn aus, der dann der Abgeltungsteuer unterliegt.

Beispiel Freenet: Wer Anfang 2015 zum Preis von 23,60 Euro eingestiegen ist, durfte sich am 22. Mai über eine steuerfreie Ausschüttung von 1,50 Euro freuen. Schon Ende Juni hatte die Aktie den Dividendenabschlag wettgemacht. Wer lieber kurzfristig spekuliert als langfristig investiert, hatte damals durchaus Gelegenheit, zu Kursen um 31,60 Euro wieder zu verkaufen. Unter normalen Umständen wäre ein Gewinn von 8,00 Euro angefallen, auf den ein konfessionsloser Anleger 2,11 Euro Kapitalertragsteuer und Solidaritätszuschlag gezahlt hätte. Wegen des ominösen § 27 KStG wird der steuerliche Anschaffungspreis indes um den Dividendenbetrag auf 22,10 Euro reduziert, so dass die fiskalische Bemessungsgrundlage nun 9,50 Euro und der Steuerabzug 2,51 Euro beträgt. Das vermeintliche Präsent ist also nur ein zinsloser Kredit vom Finanzamt – nicht schlecht, aber auch nicht das Trara wert, das manche Medien um die »steuerfreien« Ausschüttungen veranstalten.

Verglichen damit, was Aktionären im Ausland blühen kann, ist Deutschland ohnehin fast ein Steuerparadies. So gibt es noch immer keine Finanztransaktionssteuer, während die Regierungen in Paris und Rom schon seit einigen Jahren als Wegelagerer auf dem Börsenparkett unterwegs sind. Wer Aktien von Großkonzernen mit einer Kapitalisierung von 500 Mio. bzw. einer Milliarde Euro kauft, muss in Italien und Frankreich bis zu 0,2 Prozent vom Kurswert an den Staat abdrücken – auf diese Weise einen Beitrag zu den volkswirtschaftlichen Kosten der Finanzkrise zu leisten, so die offizielle Begründung, die auch hierzulande oft ertönt, wenn Kapitalanleger als Melkkühe herhalten sollen.

Dabei sind wir durchaus nicht gegen eine generelle 0,25-prozentige Börsenumsatzsteuer, wie es sie in Deutschland bis 1991 gab. Zusammen mit einer Wiedereinführung der 2008 abgeschafften Spekulationsfrist, die Kursgewinne ab einer Haltedauer von einem Jahr steuerfrei gestellt hat, wäre eine solche Abgabe ein starkes ordnungspolitisches Signal gegen kurzfristige Zockerei und für eine nachhaltige Aktienkultur, in sozialdemokratischen Kreisen gerne auch »Beteiligung der Arbeitnehmer am Produktivvermögen« genannt. Diskutiert wird aktuell jedoch das genaue Gegenteil. Nach französischem Vorbild soll Otto Normalanleger brav zahlen, während Hedgefonds, Hochfrequenzhändler und *Heavy Trader* nahezu ungeschoren davonkommen – andernfalls würde der europäische Finanzsektor Schaden nehmen, heißt es in Brüssel und Berlin. Viel kann da ja nicht mehr kaputt gehen, möchte man mit Blick auf Institute wie die Deutsche Bank hinzufügen, deren Aktie damals, als Opa Wilhelm noch Börsenumsatzsteuer berappen musste, doppelt so hoch notierte wie Ende 2015.

Das eigentliche Problem, wenn deutsche Privatanleger wie im letzten Kapitel angeraten über den Tellerrand blicken und an fremden Börsen auf Shoppingtour gehen, sind jedoch die Ausschüttungen, um die sich gleich zwei Finanzminister kloppen. Wolfgang Schäuble sowieso, aber daneben halt noch sein für den Dividendenzahler zuständiger Amtskollege, der ja nicht weiß, wo und wie die Empfänger der schönen Bescherung ihre Steuern zahlen. Vorsichtshalber behalten die Behörden lieber gleich mal etwas ein, bevor das Geld ihr Land auf Nimmerwiedersehen verlässt. *Quellensteuer* heißt dieser Obolus, der sich beispielsweise in der Schweiz, wo das Leben schon immer ein bisschen teurer war, auf volle 35 Prozent beläuft.

Von den 8,00 Franken, die der Baseler Dividendenaristokrat Roche 2015 ausgeschüttet hat, kommen bei Ihrer Bank also schon mal nur 5,20 Franken an. Aber auch die landen natürlich nicht zur Gänze auf Ihrem Konto, schließlich fordert das deutsche Finanzamt ebenfalls noch seinen Tribut, der eigentlich bei 2,11 Franken liegen müsste: 25 Prozent von 8,00 Franken plus 5,5 Prozent Solidarzuschlag daraus. Von dem, was der Pillendreher aus der Schweiz an Geld losgeschickt hat, würden also nur 3,09 Franken übrig bleiben – deutlich weniger als die Hälfte.

Doch so gierig und gemein zu sein, das bringt nicht einmal der Fiskus übers Herz, weshalb Deutschland mit den meisten Staaten *Doppelbesteuerungsabkommen* abgeschlossen hat. Das von Berlin und Bern unterzeichnete *DBA* sieht vor, dass die in der Schweiz abgeführte Quellensteuer in Höhe von 15 Prozent auf die deutsche Steuerschuld anrechenbar ist. Für Sie als Anleger heißt das zweierlei: Erstens zieht Ihre hiesige Depotbank nur zehn Prozent der Brutto-Dividende ab, nämlich die Differenz zwischen dem deutschen Satz von 25 Prozent und den aus der Schweiz angerechneten 15 Prozent – in unserem Fall also 0,80 Franken plus Soli (0,04 Franken). Ihrem Konto gutgeschrieben wird mithin ein Betrag von (5,20 - 0,80 - 0,04 =) 4,36 Franken, selbstverständlich zum jeweiligen Tageskurs in Euro umgerechnet. Und zweitens haben Sie gegenüber der Eidgenössischen Steuerverwaltung obendrein noch einen Anspruch auf Erstattung der 20 Prozent nicht anrechenbaren Quellensteuer, also 1,60 Franken.

Ein Anspruch ist natürlich immer nur so gut wie die Chance, ihn auch durchzusetzen. Aber die Schweiz ist ja keine Bananenrepublik und die Behörden sind zuverlässig wie ein Uhrwerk – vorausgesetzt, man stellt den Erstattungsantrag in der gebotenen Form. Ob mit Klebebildchen verzierte oder gar parfümierte Briefe auch zum Ziel führen, ist uns nicht bekannt. Auf jeden Fall ziemlich zügig bearbeitet wird unserer Erfahrung nach das Formular 85 »Rückerstattung der schweizerischen Verrechnungssteuer«, das auf der Website *estv.admin.ch* heruntergeladen werden kann. Das Ausfüllen kriegen sogar wir hin (was durchaus etwas heißen will). Und ein paar Wochen später wird die zu viel gezahlte Quellensteuer dann zurückgezahlt. Damit sind Sie sind quasi genauso gestellt, als wäre die Ausschüttung nicht von Roche aus Basel, sondern von Bayer aus Leverkusen gekommen.

Vom Prinzip her läuft's in den meisten anderen Ländern genauso, wobei die Quellensteuern zwar unterschiedlich hoch sind, die magische Grenze aber bei 15 Prozent liegt. Alles, was darüber hinausgeht, wird vom deutschen Fiskus nicht mehr angerechnet, sondern muss aus dem Ausland zurückgefordert werden. Und genau da liegt der Hase im Pfeffer: Zwar bietet das Bundeszentralamt für Steuern auf seiner Website *bzst.de* unter dem Menüpunkt »Steuern International« einen recht brauchbaren Überblick über ausländische Quellensteuersätze und Erstattungsformulare. Im Kampf mit den zuständigen Behörden ist man dann jedoch allein auf weiter Flur.

In Italien ist es – wer hätte das gedacht – nur der Faktor Zeit, über den man sich ärgert. Bisweilen gehen mehrere Jahre ins Land, bis die Anträge bearbeitet und die Überweisungen nach Deutschland veranlasst sind. In Frankreich wiehert derweil der Amtsschimmel, denn vom Anleger selbst eingereichte Formulare wandern im *Centre des impôts des non-résidents* gleich in den Reißwolf. Im Hexagon besteht man darauf, dass die Erstattungsersuchen über die Depotbanken eingereicht werden – die sich ihre Hilfe gerne fürstlich entlohnen lassen. Manche Institute rufen für ein paar Stempel und Unterschriften tatsächlich Pauschalen von 50,00 bis

100,00 Euro auf, weshalb viele Investoren die 15 Prozent erstattungsfähige Quellensteuer von vornherein in den Wind schreiben.

Genau das ist wohl auch das Kalkül hinter dem bürokratischen Hürdenlauf, den gottlob nicht alle Länder veranstalten. Zumeist läuft die Sache zwar nicht ganz so flott, aber ähnlich entspannt wie in der Schweiz. Am einfachsten zu handhaben sind indes britische Dividenden. Das *Empire* erhebt keine Quellensteuer und folglich ist kein Papierkrieg fällig, sondern nur ganz normal das deutsche Abgeltungsviertel plus Soli. Auch mit den datensammelwütigen US-Behörden müssen Dividendenjäger sich nicht unbedingt herumschlagen. Wer sein Portfolio bei einer ordentlichen Bank unterhält, die beim *Internal Revenue Service* als sogenannter *Qualified Intermediary* akkreditiert ist, zahlt statt der üblichen 30 Prozent nur die halbe Quellensteuer. Und diese 15 Prozent sind wiederum voll anrechenbar, so dass der deutsche Fiskus sich mit weiteren zehn Prozent zufrieden gibt. Im Zweifelsfall also einfach mal beim Bankberater oder bei der Hotline nachfragen, bevor man an der Wall Street aktiv wird, denn die Abgabe einer US-Steuererklärung macht ungefähr so viel Spaß wie Fußpilz.

Insgesamt sind Dividenden also wahrlich kein Steuersparmodell. Stattdessen macht der Fiskus auch die possierlichsten Schlupflöcher dicht. Erfahren haben das vor ein paar Jahren die Aktionäre des Berliner Zoos. Inhaber der zuletzt knapp 4.000 Euro teuren Liebhaber-Papiere, von denen jeden Monat nur ein paar Stücke gehandelt werden, durften früher nach Herzenslust durch die Menagerie im Westen der Hauptstadt wandeln – bis das lebenslange Recht aufs kostenlose Tieregucken von den Steuerbehörden plötzlich als Dividende angesehen wurde. Ein gemeinnütziges Unternehmen wie die Zoologischer Garten Berlin AG darf jedoch überhaupt nicht ausschütten und so kam es, dass die Tierfreunde für ihre immerhin vererbbare Dauerkarte (gültig für den Aktionär und zwei Angehörige) nun nochmal 575 Euro hinblättern müssen.

Auch bei »richtigen« Aktiengesellschaften hat die Steuerkeule namens geldwerter Vorteil dafür gesorgt, dass es hierzulande kaum noch *Naturaldividenden* gibt. Die Flipflops, die der Schuhversender Zalando seinen Anteilseignern mitgegeben hat, waren tatsächlich schon einer der Höhepunkte der HV-Saison 2015. Etwas besser ist die Versorgung in der Schweiz, wo der Fiskus beide Augen zudrückt, wenn Lindt & Sprüngli alljährlich im April die berühmten blauen Koffer unter die Leute bringt – prall gefüllt mit knapp vier Kilo Kostproben aus dem Sortiment des *Maître Chocolatier.* Im Laden würde diese Kalorienbombe um die 150 Franken kosten, wobei aber nur die Inhaber der im oberen fünfstelligen Bereich gehandelten Namensaktien ein Anrecht auf das *Bhaltis* haben. Nicht lumpen lässt sich auch der andere eidgenössische Schoko-Riese. Bei Barry Callebaut, wo man sich Ende 2015 schon für gut 1.000 Franken einkaufen konnte, gibt's anlässlich der zumeist schon Ende Februar stattfindenden Generalversammlung neben einem formidablen Buffet eine Pralinentüte im Gegenwert von immerhin 30 Franken.

Die höchste Naturalrendite winkt indes bei Carnival. Der britisch-amerikanische Kreuzfahrt-Konzern, zu dem neben Luxuslinern wie der *Queen Mary 2* auch die Kussmund-Flotte des deutschen Marktführers AIDA Cruises gehört, spendiert seinen Aktionären Bordguthaben. Wer mindestens 100 Aktien hält, bekommt etwa für eine 14-tätige Reise 200 Euro gutgeschrieben, die man dann auf dem Schiff verfressen, versaufen oder für Landausflüge auf den Kopf hauen kann. Bezogen auf die rund 4.500 Euro, die man Ende 2015 für das Aktienpaket in die Hand nehmen musste, beläuft sich der Vorteil also auf rund 4,5 Prozent – wahrhaft kein Pappenstiel, vor allem weil man auch öfter als nur einmal im Jahr auf Carnival-, Cunard-, Costa- oder AIDA-Dampfern über die Weltmeere schippern und dabei immer den *Shareholder Benefit* einstreichen kann. Hinzu kommt übrigens auch noch eine klassische Barausschüttung: Seit 2011 hat Carnival jedes Jahr mindestens einen Dollar je Aktie gezahlt.

19

Einheitsfraß oder Sternetempel

Wertpapiere auswählen, Orders aufgeben, Dividendenbelege prüfen, Quellensteuer zurückfordern – komplett arbeitsfrei ist das Aktionärseinkommen nicht. Wenn Sie sich an unseren Strategien orientieren und Aktien als mobile Sachwerte mit laufenden Erträgen begreifen, hält sich der Stress zwar in Grenzen. Ein bisschen Zeit müssen Sie dennoch aufbringen. Aber das kriegen Sie schon hin: Wer im Job jede Woche 40, 50 oder 60 Stunden volle Leistung bringt, der wird ja ab und an mal eine halbe Stunde erübrigen können, um dafür zu sorgen, dass sein Geld genauso hart arbeitet.

Trotzdem bleibt die Frage, ob man sich das antun muss, alles selbst zu machen. Es lernt ja auch nicht jeder kochen, nur um gelegentlich ein leckeres Mahl zu genießen. Und im Restaurant ist's nicht nur bequem und gesellig, man hat obendrein auch noch eine Riesen-Auswahl. Also, warum nicht ein paar Fondsanteile statt des *Do-it-yourself*-Depots, zumal das Finanzportal *onvista.de* in der Kategorie »Dividendenstrategie« gleich 240 Investmentfonds listet: Da müsste doch etwas Brauchbares dabei sein.

Ohne Zweifel ist so ein Fonds eine charmante Sache. Statt auf eigene Faust am Aktienmarkt aktiv zu werden, beteiligt man sich zusammen mit vielen anderen Anlegern an einem von Berufs-Börsianern verwalteten Portfolio-Pool. Analysieren, abwägen, kaufen, verkaufen – all das erledigen die Profis, auch das lästige Eintreiben der Steuern, sogar in Italien und

Frankreich. Hinzu kommt die Risikostreuung: Für ein Depot mit 25 Titeln braucht man als Einzelkämpfer mindestens 25.000 Euro, sonst schlagen selbst die günstigen Spesen-Flatrates der Online-Broker überproportional ins Kontor. Fondsanteile hingegen werden teilweise gebührenfrei angeboten und sind vielfach für weniger als 100 Euro zu haben, so dass man schon für kleines Geld Teil einer großen Sache ist. Weniger als 25 Aktien hält kaum ein Fonds, 50 bis 100 Papiere sind guter Durchschnitt. Manch globaler Gigant gebietet gar über eine vierstellige Anzahl an Positionen.

Für Anleger, die (noch) kein Vermögen besitzen, sondern dieses erst sukzessive aufbauen wollen, sind Fonds ohnehin alternativlos. Jeden Monat 100 Euro in einzelne Aktien zu stecken, das funktioniert schon technisch nicht – wogegen Fonds sogar in Bruchteilen abgerechnet werden und damit Wertpapier-Sparpläne überhaupt erst ermöglichen. Bei einem Preis von 65,25 Euro erhält man 1,5326 Anteile; wenn der Kurs vier Wochen später auf 60,23 Euro gefallen ist, wandern entsprechend mehr Anteile ins Depot (nämlich exakt 1,6603). Klettert die Notierung danach auf 64,84 Euro, werden nur noch 1,5422 Stücke eingebucht. In Summe hat man für 300 Euro dann 4,7351 Anteile zum Durchschnittspreis 63,36 Euro eingesammelt. Damit hat man das ausgenutzt, was im Fachjargon *Cost-Average-Effekt* heißt: Bei rückläufigen Preisen gibt's für dasselbe Geld mehr Anteile und sobald es wieder aufwärtsgeht, ist man überproportional mit dabei.

Gleichwohl sind die Vorteile von Fonds nicht aufs Ansparen beschränkt. Auch bei der Wiederanlage von Dividenden können die Investment-Töpfe punkten. Denn was wir in unseren Beispielen im Einklang mit der DAX-Methode unterstellt haben, nämlich dass Ausschüttungen sofort wieder in die jeweilige Firma investiert werden, ist leichter gesagt als getan. Angenommen, Sie haben hundert BMW-Vorzugsaktien im Depot, für die Sie Anfang 2015 immerhin rund 6.700 Euro hinblättern mussten. Im Mai durften Sie sich dann über insgesamt 292,00 Euro Dividende freuen, wovon aber nach 26,375 Prozent Steuern (Abgeltungsviertel plus Soli) nur 214,99 Euro gutgeschrieben wurden. Beim damaligen Kurs von 77,00 Euro hätte das für genau 2,7920 zusätzliche Anteilsscheine gereicht. Doch Aktien werden nun einmal nicht in Bruchteilen gehandelt. Sie hätten also entweder ein bisschen draufzahlen müssen oder nur zwei

Stücke kaufen können. Beim *Flatfee*-Broker wäre das sogar kostenmäßig vertretbar gewesen, doch die Frage ist: Hätten Sie sich die Mühe gemacht?

In den USA ist man auch diesbezüglich viel weiter. Viele Firmen offerieren ihren Aktionären so genannte *DRIPs* (*Dividend Reinvestment Plans*), die sämtliche Ausschüttungen automatisch in neue Anteile umwandeln. Hierzulande setzt sich dieser Service erst ganz allmählich durch. Zuletzt hatte man u. a. bei der Deutschen Telekom und beim Hamburger Solarpark-Betreiber Capital Stage die Wahl zwischen Bar- und Aktiendividende. Der bürokratische Aufwand für die Unternehmen ist allerdings nicht zu unterschätzen, und deshalb wird die Wiederanlage bis auf weiteres eine Domäne der Fonds bleiben: Wenn ein Hundert-Millionen-Euro-Portfolio zu einem Prozent in BMW investiert ist, reden wir über mehr als 15.000 Aktien und eine Dividendensumme von gut 45.000 Euro – dafür kann man schon mal auf die Kaufen-Taste drücken.

Darüber hinaus ist die Wiederanlage nicht nur bei Dividenden ein Thema, sondern auch bei Umschichtungen im Portfolio. Denn so paradox das klingt: Wenn Sie als Einzelkämpfer Gewinne realisieren, werden Sie zunächst einmal ärmer. Auch dazu ein Beispiel: Einer der zehn Titel unserer Rendite-Strategie für den deutschen Aktienmarkt war 2015 das auf den Finanzsektor fokussierte Systemhaus GFT Technologies, dessen Kurs sich im Jahresverlauf verdoppeln konnte. Wer 5.000 Euro investiert hatte, sah nun 10.000 Euro im Depot blinken. Weil GFT seine Dividende jedoch nicht weiter erhöht hat, war Anfang 2016 unserem Regelwerk entsprechend die Zeit des Abschieds gekommen. Aber jeder Gewinn ruft halt den Fiskus auf den Plan – und nachdem der von den 5.000 Euro Plus seine 26,375 Prozent (also 1.318,75 Euro) abgezwackt hatte, standen für die Wiederanlage statt der 10.000 Euro vom Depotauszug nur noch 8.681,25 Euro zur Verfügung.

Das Fondsvermögen hingegen ist für die langen Finger des Finanzamts tabu. Die Besteuerung findet beim Anteilseigner statt und das heißt: Solange Sie sich nicht von Ihren Fondsanteilen trennen, schaut Vater Staat in die Röhre. Erst wenn Sie verkaufen, unterliegt die Differenz zwischen Veräußerungs- und Einstandspreis der Abgeltungsteuer. Ausschüttungen müssen zwar schon zwischendurch mit dem Fiskus geteilt werden, aber dennoch ist der Wiederanlage-Vorteil vor allem auf lange Sicht immens.

Einen Eindruck davon gibt Ihnen unsere Graphik, für die wir der Einfachheit halber davon ausgehen, dass Sie mit einem Startkapital von 10.000 Euro Jahr für Jahr Kursgewinne von 7,5 Prozent erzielen. Das ist zwar eine Modell-Annahme, aber immerhin entspricht sie dem durchschnittlichen Plus des US-amerikanischen Dow Jones Industrial Average in den letzten 25 Jahren. Werden diese Kursgewinne immer zum Jahresende realisiert, darf man im Privat-Portfolio für die Wiederanlage nur mit einem Wertzuwachs von 5,52 Prozent kalkulieren: 7,5 Prozent abzüglich 26,375 Prozent Steueranteil. Der Fonds hingegen wirtschaftet mit den vollen 7,5 Prozent weiter, und erst beim Ausstieg wird vom dem Vermögen, das über die ursprünglich eingezahlten 10.000 Euro hinausgeht, die Steuer abgezogen.

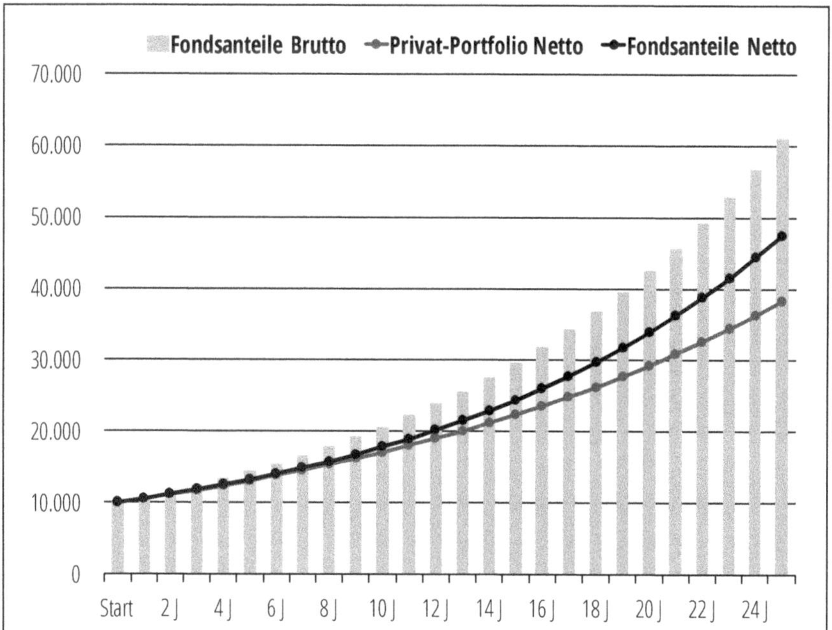

Modellrechnung Wiederanlage bei Kursgewinnen von 7,5 Prozent p.a.

Auf diese Weise weist das jährlich vom Fiskus heimgesuchte Einzelkämpfer-Depot nach zehn Jahren einen Wert von 17.117 Euro auf. Nicht schlecht, doch der Gegenwert der Fondsanteile beläuft sich auf 20.610 Euro, wovon beim Verkauf jetzt noch 2.798 Euro abgezogen werden müssen – 26,375 Prozent Steuern auf die 10.610 Euro Gewinn. Netto verbleiben also 17.812 Euro, gute 700 Euro mehr als wenn man dieselben 7,5 Prozent Brutto-Jahresertrag auf eigene Faust erwirtschaftet. Auf lange Sicht kommt der Wiederanlage-Vorteil des Fonds natürlich noch mehr zum Tragen: Nach 25 Jahren steht unser selbst verwaltetes Portfolio bei 38.332 Euro, während die Fondsanteile selbst nach Steuern 47.537 Euro wert sind.

Grundsätzlich gilt: Je länger der zeitliche Horizont, je häufiger die Umschichtungen und je höher die Rendite, desto attraktiver wird es, Anlagestrategien in einem Fonds zu verpacken – anstatt sie händisch im eigenen Depot umzusetzen. Der mit der steuerfreien Wiederanlage innerhalb des Portfolios verbundene Renditekick ist dem Fiskus natürlich ein Dorn im Auge. Wahrscheinlich wird sich die steuerliche Handhabung von Fonds genau deshalb noch im Laufe des Jahres 2016 ändern. Betroffen davon sind allerdings nur in Deutschland aufgelegte Produkte, nicht jedoch die in Luxemburg domizilierten Investment-Vehikel, die sowieso das Gros der hierzulande zum Vertrieb zugelassenen Fonds darstellen. Überdies könnten die steuerlichen Änderungen bei Fonds auch Zertifikate wieder stärker ins Blickfeld rücken lassen – vor allem, weil der Zertifikate-Mantel unter Umständen sogar die Dividendenbesteuerung nach hinten verschieben kann.

Sobald Zertifikate ins Spiel kommen, ist gleichsam klar: Jede Finanz-Verpackung hat ihren Preis. Bei Zertifikaten ist das zuvorderst das *Emittentenrisiko*. Geht die Bank hinter dem Produkt wie einst Lehman Brothers pleite, versumpft Ihr Geld in der Konkursmasse und ist damit wohl futsch, egal wie gut sich das unterliegende Aktienportfolio auch entwickelt haben mag. Fonds sind hingegen *Sondervermögen*. Wenn die Fondsgesellschaft eine Pleite hinlegt, dann ist das zwar jammerschade, muss Sie als Anleger aber nicht sonderlich jucken: Auf die Aktien hat der Insolvenzverwalter keinen Zugriff, Sie müssen sich lediglich einen neuen Fondsmanager suchen. Also alles wie bei Ihrem Mehrfamilienhaus, das ja auch Ihres bleibt und nicht unter den Hammer kommt, wenn der Hausmeister sein Hab und Gut versäuft.

Doch selbstredend haben auch Fonds Nachteile und das nicht zu knapp. Zum Beispiel erscheint auf dem Depotauszug nur der Fonds, die zig enthaltenen Aktien jedoch sehen Sie an dieser Stelle nicht. Da kann's im Magen schon mal flau werden – so viel Geld in einem einzigen Wertpapier!? Man muss sich dann gleich vor Augen führen: Der Fonds ist nur die äußere Hülle für ein Portfolio, in dem zumeist viel mehr Firmen präsent sind als man eigenhändig kaufen könnte. Immerhin sind die meisten Fondsgesellschaften inzwischen vom Service her so weit, dass die aktuelle Zusammensetzung des Portfolios vielleicht nicht jede Woche, zumindest jedoch einmal monatlich im Internet veröffentlicht wird.

Das ist freilich nicht annähernd dasselbe wie wenn man 20, 40 oder noch mehr Dividendenzahler im eigenen Depot hat und ständig von irgendwo her etwas überwiesen bekommt – was unweigerlich passiert, sobald US-Unternehmen mit von der Partie sind, denn die bescheren ja quartalsweise. Dieser monetäre Nieselregen macht vielleicht ein bisschen Arbeit, fühlt sich aber verdammt gut an. Und glauben Sie uns, sich vom hektischen Auf und Ab der Kurse zu lösen und auch in schwierigen Jahren wie 2008 oder 2011 cool zu bleiben, fällt viel leichter, wenn man regelmäßige Zahlungseingänge sieht. Deshalb ist es rein psychologisch durchaus problematisch, dass dieser Spaß bei Fonds ziemlich komprimiert wird. Manche behalten alles ein (was steuerlich mühsam werden kann). Die meisten packen alles in eine jährliche Zahlung. Und nur ganz wenige leisten sich immerhin alle drei Monate eine Ausschüttung – wie etwa der stark in Deutschland und den USA engagierte Patriarch Classic Dividende 4 Plus.

Daneben hat Fleiß natürlich wie im richtigen Leben seinen Preis. Die Fondsstruktur kostet Geld und das nicht zu knapp. Portfoliomanagement, Depotführung, Risikoüberwachung, Steuerreporting und Wirtschaftsprüfer sind nur einige der Aufwandspositionen, die dem Fondsvermögen entnommen – also von Ihrem Geld bezahlt – werden. Diese Kosten zehren gleichsam an dem Vorsprung, der dadurch entsteht, dass Kursgewinne auf Ebene des Fonds nicht besteuert werden. Dieser Vorteil summiert sich in unserem an die langfristige historische Aktienrendite angelehnten Beispiel auf rund zwei Prozentpunkte, und bei zwei Prozent p.a. liegt in unseren Augen auch die absolute Obergrenze für die Gesamtkostenquote eines Fonds. Alles darüber müffelt nach Mittelalter – Wegelagerei oder

Raubrittertum – und auch von 1,5 Prozent jährlicher *Total Expense Ratio* (TER) können alle Beteiligten noch ganz gut leben. Man darf ja nicht vergessen: Die Kosten gehen direkt zu Lasten der Rendite und zwar in guten wie in schlechten Zeiten.

Ungleich mehr als die Kosten stört uns indes ein anderer, sozusagen systemimmanenter Nachteil von Fonds: Die Souveränität über das Vermögen geht flöten. Sobald man Geld gegen Fondsanteile getauscht hat, ist man nur noch Beifahrer und kann über Richtung, Weg und Tempo zwar lauthals meckern, daran aber nichts mehr ändern. Durchhalten oder aussteigen, ein klassisches Dilemma – oder, wie 1995 die damals noch kraftstrotzende Deutsche Bank in ihren von der Werbeagentur BBDO ersonnenen Imagefilmchen feststellte: Vertrauen ist der Anfang von allem.

Sofern Ihnen das »Malen nach Zahlen«, die konsequent regelbasierte Herangehensweise unserer Strategien gefallen hat, werden Sie Ihr Vertrauen eher nicht einem Fondsmanager schenken, der sich fröhlich lachend über die Plauze und sich dabei seines Bauchgefühls rühmt, das ihn in 30 Berufsjahren noch nie wirklich im Stich gelassen hat. Eher schon können Sie sich wahrscheinlich, so wie wir, für intelligente Indexkonzepte erwärmen – und nicht umsonst hatten wir bei der Annäherung an die Idee des Ausschüttungs-Adels bereits erwähnt, dass es den S&P 500 Dividend Aristocrats Index auch als börsengehandelten Indexfonds gibt.

Dem ist auch so, aber leider nur in den USA und nicht in Deutschland. Ordentlich zugelassen ist hierzulande nur ein etwas übergewichtiger Verwandter unseres adeligen Lieblings: Der SPDR S&P US Dividend Aristocrats ETF hat 107 (statt 52) Mitglieder. Denn einerseits reichen schon 20 (statt 25) Anhebungen für die Aufnahme in den Adelsstand, und andererseits wird nicht aus dem S&P 500 ausgewählt, sondern aus dem dreimal so umfangreichen S&P 1500. Dieses Aufweichen der Kriterien bekommt den Aristokraten nicht. Für die zehn Jahre bis Ende 2015 steht in Euro umgerechnet ein Gesamtertrag von 107 Prozent zu Buche – fast aufs Komma genau der gleiche Wertzuwachs wie beim schnurzpopeligen S&P 500 und bedeutend weniger als beim klassisch definierten Dividendenadel, der auf 165 Prozent Plus kommt. Da nutzt es wenig, dass der Fonds mit einer Gesamtkostenquote von 0,35 Prozent p.a. ein echter Billigheimer ist.

Auch hinter der Euroland-Variante des Konzepts steht ein Fragezeichen. Da es in unserem Währungsraum mit L'Oréal bekanntermaßen nur einen einzigen echten Aristokraten gibt, müssen die Anforderungen hier natürlich drastisch gesenkt werden. Als adelig gilt bereits, wer seine Ausschüttung zehn Jahre nicht gesenkt hat. Der SPDR S&P Euro Dividend Aristocrats ETF bildet allerdings nicht alle Firmen ab, die diese Hürde nehmen. Mit von der Partie sind nur die 40 Aktien mit der höchsten Dividendenrendite – womit wir nicht so glücklich sind, denn kalkuliert wird die Rendite natürlich nicht wie bei unseren Strategien als Fünf-Jahres-Durchschnitt, sondern als Stichtagswert. Deshalb mag es wenig verwundern, dass die Wertentwicklung eher mau aussieht: Mit einem Total Return von 35 Prozent seit Juli 2006 (länger gibt es den Indes noch nicht) schneiden die Euro-Aristokraten nur unwesentlich besser ab als der EURO STOXX, dessen Gesamtergebnis für denselben Zeitraum bei plus 30 Prozent liegt.

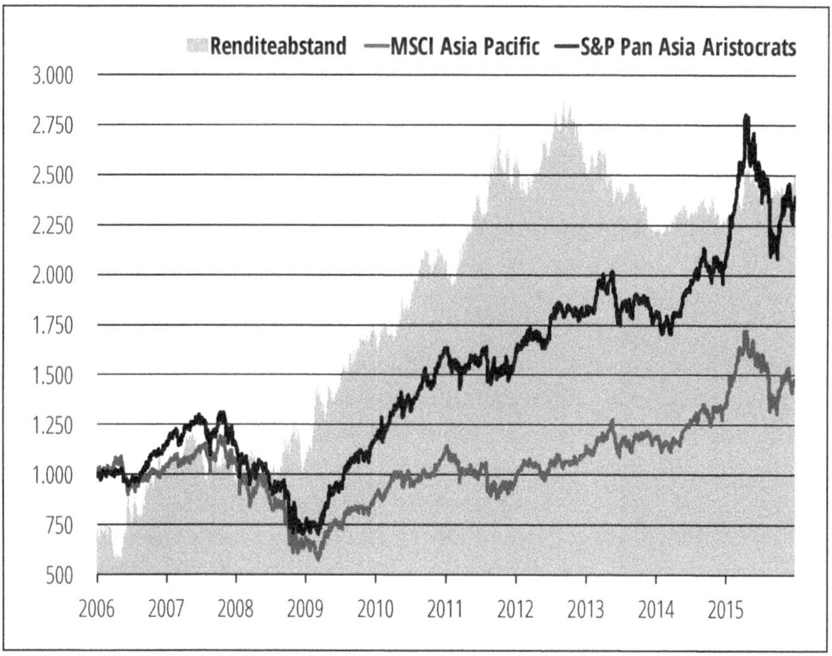

S&P Pan Asia Aristocrats vs. MSCI Asia Pacific: Net Total Return in EUR 2006 - 2015

Einen bemerkenswerten Vorsprung liefern die Spinnen – die Fonds mit dem ursprünglich mal für *Standard & Poor's Depositary Receipts* stehenden SPDR-Etikett werden an der Wall Street *Spiders* genannt – nur für den asiatisch-pazifischen Raum. Dort wird auch nicht mit der Dividendenrendite herumexperimentiert. Stattdessen wählt der SPDR S&P Pan Asia Dividend Aristocrats ETF aus den mehr als einer Milliarde US-Dollar schweren Firmen einfach diejenigen aus, die ihre Ausschüttung mindestens sieben Jahre in Folge angehoben haben. Derzeit erfüllen immerhin 62 Firmen diese Bedingung, die nebenbei für eine angenehme geographische Streuung sorgt: 30 Prozent Japan, 30 Prozent China/Hongkong/Taiwan und 20 Prozent Australien, der Rest verteilt auf kleinere Länder wie Indonesien oder Thailand.

Mit diesem Mix lässt der asiatische Ausschüttungs-Adel den Marktdurchschnitt ziemlich alt aussehen. Während der MSCI Asia Pacific Index für die Zeit zwischen Anfang 2006 und Ende 2015 auf Euro-Basis nicht einmal 50 Prozent Gesamtertrag vorweisen kann, steht beim Dividenden-Barometer unter dem Strich ein Plus von knapp 140 Prozent. Doch nicht nur deshalb ist der Asia Aristocrats ETF ein Index-Fonds nach unserem Geschmack. Mindestens genauso wichtig wie die ausgezeichnete Leistungsbilanz ist der effiziente Zugang zu einer Region, die wir auf eigene Faust zu diesen Konditionen niemals im Portfolio abbilden könnten: 0,55 Prozent jährliche Gesamtkosten sind mehr als fair. Dass immerhin halbjährlich ausgeschüttet wird, ist ein weiterer Pluspunkt.

Daneben gibt es an der Börse Frankfurt natürlich noch ein paar Dutzend weitere Index-Fonds, die ausschüttungsstarke Aktien ins Visier nehmen. Wirklich vom Hocker reißen kann uns jedoch keines dieser Produkte. Wenn wir uns für einen USA- oder Euro-Fonds entscheiden müssten, würde unsere Wahl am Ende doch auf die Aristokraten fallen. Unter den Blinden ist der Einäugige eben König: Bei den Wettbewerbern dreht sich fast alles um die Dividendenrendite. Obendrein sind viele Indizes für unseren Geschmack zu einseitig auf *Large Caps* ausgerichtet, die Aktien der Konzern-Kolosse. Doch das passiert geradezu zwangsläufig, denn aus Sicht der Anbieter sind Kostenquoten zwischen 0,3 und 0,6 Prozent p. a. nur sinnvoll, wenn die Fonds sich auf Milliardenvolumina aufpumpen lassen – und dafür braucht es eben hochliquide Aktien.

Insofern sind die börsengehandelten Index-Fonds ein bisschen wie Systemgastronomie. Nicht unbedingt *Fast Food* à la McDonald's oder Subway, eher schon Essen mit Anspruch wie bei der Pasta-Kette Vapiano oder beim Burger-Brater Hans im Glück: Sättigende und durchaus leckere Mahlzeiten zu einem sehr kompetitiven Preis. Aber auf die Dauer wird der massentaugliche Einheitsgeschmack halt ziemlich fad. Die Frage ist bloß, ob man sich im Sternetempel zwangsläufig wohler fühlt. Damit wären wir bei den klassischen Fonds angelangt, die nicht passiv an einem Index kleben, sondern aktiv von einem Fondsmanager aus Fleisch und Blut verwaltet werden.

Da könnte man jetzt eigentlich das übliche Fass aufmachen und aus zahllosen mehr oder weniger wissenschaftlichen Arbeiten zitieren, dass es über längere Zeit nicht einmal einem Drittel der professionellen Geldverweser gelingt, ihren Vergleichsindex zu schlagen. Aber *sorry*, dieses Thema haben wir schon vor 15 Jahren in Studien, Büchern und Vorträgen durchgekaut und irgendwann wird's einfach langweilig, genau wie das ewige Lamento über die viel zu hohen Kosten. Was uns viel mehr umtreibt, ist stattdessen die Frage, ob ein Fondsmanager wirklich dasselbe kann wie Sie und wir – nämlich cool bleiben und Dividenden kassieren!?

Zumindest sind Zweifel angebracht. Denn um frisches Kapital anzulocken, brauchen die Berufs-Börsianer möglichst gute Noten. Und wenn Agenturen wie Morningstar oder €uro Advisor Services ihre begehrten Fonds-Ratings erstellen, spielen vor allem zwei Faktoren eine Rolle: einerseits die Gesamtrendite, also die Summe aus Kursgewinnen und Ausschüttungen; andererseits die Volatilität, sprich die Schwankungen des Portfolios. Möglichst hohe Renditen bei möglichst niedriger Volatilität, lautet das Ziel. Das aber ist mit unserem Ansatz, Aktien wie Immobilien zu sehen, schlichtweg nicht kompatibel: Fondsmanager, die auf laufende Erträge und langfristige Wertsteigerung setzen, sich aber nicht wirklich um die kurz- bis mittelfristige Kursentwicklung scheren, haben unter diesem Regime keine Chance auf eine Top-Platzierung.

Überdies wollen die meisten Investoren lieber weniger Risiko als mehr Rendite. Verständlich deshalb, dass viele Manager ihren Tag damit verbringen, die Volatilität ihres Portfolios zu optimieren. Mit Stoppkursen,

Trendfolgemodellen, Derivaten und allerlei anderem Hokuspokus wird versucht, die Schwankungen in den Griff zu kriegen. Doch auch Fondsmanager sind nur Menschen. Sie laufen deshalb Gefahr, in dieselben Psychofallen zu tappen, die wir in Kapitel 15 skizziert haben. Mithin ist die ganze Mühe am Ende für die Katz und häufig schneidet der Fonds dann sogar schlechter ab als simple Aktien-Barometer wie der DAX. Alles nur, weil den Geld-Profis der Mut fehlt, ihren Kunden die Wahrheit zu sagen: Aktien schwanken, und wer diese Schwankungen nicht aushält, hat am Aktienmarkt nichts verloren oder muss seine Aktienquote zumindest so weit herunterfahren, dass er mit den Schwankungen leben kann.

Eine zusätzliche Herausforderung entsteht dadurch, dass Anleger bei offenen Investmentfonds jeden Tag ohne Vorwarnung Kapital einzahlen oder abziehen können. Mittelzuflüsse sind dabei nicht so das Problem, da neues Geld in der Regel stetig hineintröpfelt und in Ruhe investiert werden kann. Kritisch wird's in die andere Richtung, wenn an der Börse Panik herrscht und alle gleichzeitig zum Ausgang rennen. Die Cash-Reserve, die ein Fonds für gewöhnlich vorhält, ist in Zeiten wie nach der Lehman-Pleite im Herbst 2008 oder während der Euro-Krise im August 2011 schnell verbraucht. Um die ausstiegswilligen Investoren auszahlen zu können, muss der Manager also – ob er will oder nicht – in den ohnehin fallenden Markt hinein Aktien verkaufen. Und wer verkaufen muss, kriegt bekanntlich immer die schlechtesten Preise.

Sinnvoller wäre es, einen Fonds in gewissen Extremsituationen einfach dicht zu machen, bis die Lage sich normalisiert hat. Diese Blöße möchte sich jedoch keine Investmentgesellschaft geben. Schließlich ist die jederzeitige Anteilsrücknahme ein tolles Marketing-Argument. Und so nimmt man halt in Kauf, dass Fondsmanager genau dann, wenn ihr Know-how und ihre Erfahrung am meisten gefragt wären, eben nicht mehr souverän agieren können, sondern von einer anonymen Masse zu unglücklichen Entscheidungen getrieben werden – die am Ende alle Anteilseigner teuer zu stehen kommen.

Als Privatanleger, der auf niemanden Rücksicht nehmen muss außer auf sich selbst, sind Sie da in einer deutlich komfortableren Situation. Wenn Sie Ihren Aktienanteil richtig dosiert haben, können Sie diese Phasen, in denen es drüber und drunter geht, einfach aussitzen. Oder Sie sind richtig mutig und machen es wie das Geld-Genie aus Omaha. »Be greedy when others are fearful«, lautet eine der Erfolgsregeln von Warren Buffett, der dann konsequenterweise im Herbst 2008, als Angst noch eine reichlich nüchterne Beschreibung für die Stimmung an der Wall Street war, zu Spottpreisen US-Bankaktien gekauft hat. Dazu hat uns zwar die Courage gefehlt, doch auch den einen oder anderen Dividenden-Aristokraten gab's seinerzeit im Sonderangebot, und das wird auch in der nächsten Krise wieder so sein.

20

Fortsetzung folgt

»Der Worte sind genug gewechselt, lasst mich auch endlich Taten sehn«, heißt es in Goethes Faust im »Vorspiel auf dem Theater«. Und so waren auch die vielen Seiten, die Sie nun tapfer durchgeackert haben, nur ein Prolog – der Auftakt Ihrer Karriere als Dividendenjäger. Wenn Sie das Wissen aus diesem Buch mit Ihrem gesunden Menschenverstand verknüpfen, haben Sie alles beisammen, um sofort durchzustarten.

Zumindest theoretisch, denn bevor sie fröhlich drauflos investieren, sollten Sie sich erst mal einen Plan zurechtlegen. Der wiederum setzt eine ehrliche Bestandsaufnahme voraus: Wie hoch ist denn Ihr Gesamtvermögen? 5.000 Euro? Die sollten Sie lieber bei einer seriösen Bank aufs Tagesgeld-Konto packen, so dass Sie jederzeit darüber verfügen können: Das Leben hält immer wieder Überraschungen bereit, vom Getriebeschaden am Auto über den berufsbedingten Umzug ans andere Ende der Republik bis zum nicht immer geplanten Nachwuchs. Und cool bleiben hin oder her, Sie wollen Ihr Kind ja wohl nicht in einer Bananenkiste schlafen lassen, weil das ganze Geld in Aktien steckt?!

Der erste Baustein Ihres Vermögens ist deshalb eine Liquiditätsreserve von zwei, besser drei Nettomonatseinkommen. Wenn Sie sich ein solches Polster zugelegt haben, folgt als nächste Stufe ein Fondssparplan. Wer beispielsweise als 25-jähriger Berufsanfänger monatlich 150 Euro zurücklegt, diesen Betrag um jährlich fünf Prozent aufstockt und auf sein Vermögen einen durchschnittlichen Ertrag von acht Prozent p.a. erzielt, ist mit 66 Jahren Millionär – und diese Rendite ist ganz sicher nicht mit Zinsen machbar, sondern nur mit dividendenstarken Aktien. An dieser Stelle kommen dann wieder die Aristokraten-ETFs ins Spiel, die sicher nicht der Weisheit letzter Schluss sind, Ihnen aber bei der Vermögensbildung mehr nutzen werden als Sparbücher, Sparbriefe oder Kopfkissen (was von der Verzinsung her ja fast identisch ist).

Doch auch falls Ihr Kontostand fünf-, sechs- oder siebenstellig ist, heißt das beileibe nicht, dass Sie nun mit der kompletten Kohle an der Börse auf Shoppingtour gehen dürfen. Für Aktieninvestments in Betracht kommt nur das Kapital, auf das Sie nach halbwegs vernünftigem Ermessen mindestens fünf Jahre verzichten können – und zwar mit der Option, notfalls weitere fünf Jahre zu warten, um eventuelle Schwächephasen der Finanzmärkte auszusitzen. Rücklagen für Steuernachzahlungen, die bald fällige Hochzeit des Töchterleins oder den in drei Jahren auf den Markt kommenden neuen 5er BMW sind in Aktien schlecht aufgehoben: Zu groß ist das Risiko, dass die Kurse ausgerechnet dann schwächeln, wenn Sie ans Geld ranmüssen. Und Feiern an der Pommesbude sind zwar witzig, doch beim Heiraten verstehen die meisten Mädels ja keinen Spaß.

Ein Jahrzehnt sollte dann aber auch wirklich als Anlagehorizont reichen. Diesen Schluss legt zumindest die Nachkriegshistorie des Dow Jones Industrial Average nahe. Zwischen 1945 und 2015 hat der Oldtimer unter den Aktienindizes mehr als 90 Prozent aller Zehn-Jahres-Perioden mit Gewinn abgeschlossen. Und sofern es per saldo doch mal Kursverluste gab, hatte man ja immer noch die Dividenden in der Hand. Dass die Zeit zumindest an der Börse nahezu alle Wunden heilt, hilft allerdings wenig, wenn die Schmerzen Ihnen den Schlaf rauben – sprich, wenn Sie die kurzfristigen Schwankungen Ihres Vermögens aller Empirie zum Trotz nicht ausblenden können. Doch auch dagegen gibt es eine probate Beruhigungspille, die wir Ihnen schon in Kapitel 15 verschrieben haben: Die Aktienquote vorsichtig dosieren und erst mal nur die Hälfte oder nur ein Drittel des Kapitals investieren, das Sie eigentlich am Markt unterbringen wollen.

Und dann kann's endlich losgehen. Na ja, es könnte eigentlich, so im Prinzip, aber … jetzt ist halt ein ganz unglücklicher Zeitpunkt, raunen die Crash-Propheten. Allein während der Entstehung dieses Buches, zwischen November 2015 und Februar 2016, ist der DAX von 11.000 auf 9.500 Punkte gefallen – mehr als zehn Prozent Minus, der schlechteste Jahresauftakt der Börsengeschichte, ein ganz schlimmes Omen. Der Ölpreis kollabiert, China wackelt, Europa zerbröselt, Amerika hadert mit sich selbst. Dazu der Terror des IS, das russische Großmachtstreben, die Schwäche der Schwellenländer. Es riecht also wieder richtig schön nach Weltuntergang, deshalb lieber mal ein bisschen warten und den richtigen Augenblick abpassen.

Schon gut, das glauben Sie natürlich nicht ernsthaft. Denn sonst wäre ja das ganze Buch für die Tonne gewesen. Der richtige Moment für Dividendentitel ist immer – oder nie!

Anhang A

Top Dividendenhistorie

Die nachfolgenden Tabellen geben für verschiedene Länder und Regionen einen Überblick über die Unternehmen mit der nachhaltigsten Dividendenhistorie. Als Indikator dafür dient die Anzahl der aufeinanderfolgenden Jahre ohne Dividendenkürzung – mit Ausnahme Nordamerikas, wo die Anzahl der Jahre mit kontinuierlicher Dividendenerhöhung verwendet wird.

Der ausgewiesene Maximalwert liegt – auch für Unternehmen mit längerer Historie – bei 25 Jahren. Ergänzend wird das durchschnittliche Dividendenwachstum während des jeweiligen Zeitraums ausgewiesen.

Ein Sternchen (*) vor der Firmierung eines Unternehmens zeigt an, dass die Dividendenhistorie nicht die während dieses Zeitraums angefallenen Sonderausschüttungen berücksichtigt, da die angegebene Anzahl an Jahren ansonsten kleiner ausgefallen wäre (vgl. dazu Seite 135ff.)

Die in der linken Spalte angegebene Wertpapierkennnummer (WKN) dient nur der eindeutigen Identifikation des Unternehmens und bedeutet nicht zwangsläufig, dass die Aktie in Deutschland handelbar ist.

Stichtag für sämtliche Angaben ist der 31. Dezember 2015.

Deutschland – Top Dividendenhistorie

WKN	Unternehmen	Branche	Dividende nicht gesenkt seit ...	Dividenden-Wachstum
716460	*SAP #	ERP-Software	25 Jahren	19,5% p.a.
843002	Münchener Rück #	Rückversicherung	25 Jahren	15,6% p.a.
604843	Henkel Vz. #	Haushaltswaren	25 Jahren	9,0% p.a.
723610	*Siemens #	Industrie	25 Jahren	8,5% p.a.
520000	*Beiersdorf #	Kosmetik	25 Jahren	8,3% p.a.
747404	Paul Hartmann	Medizinprodukte	25 Jahren	6,7% p.a.
608340	Hornbach Holding	Baumärkte	25 Jahren	5,2% p.a.
578560	*Fresenius #	Gesundheit	23 Jahren	18,6% p.a.
519406	*BayWa	Agrarhandel	22 Jahren	7,4% p.a.
608440	Hornbach Baumarkt	Baumärkte	22 Jahren	5,6% p.a.
648300	*Linde #	Industriegase	21 Jahren	8,1% p.a.
330410	*Gerry Weber	Mode	20 Jahren	34,4% p.a.
578580	Fresenius Medical Care #	Gesundheit/Dialyse	18 Jahren	9,4% p.a.
601300	Hamborner REIT	Immobilien	18 Jahren	3,5% p.a.
744600	*Takkt	Pharma-Großhandel	16 Jahren	13,2% p.a.
A0H52F	MVV Energie	Versorger	16 Jahren	3,4% p.a.
579043	Fuchs Petrolub Vz. #	Schmierstoffe	15 Jahren	17,6% p.a.
515870	*Bechtle #	Hardware/Software	15 Jahren	11,9% p.a.
748020	Deutsche Euroshop #	Shoppingcenter	14 Jahren	2,8% p.a.
570653	Eurokai	Hafen-Terminal	13 Jahren	21,4% p.a.
550135	Axel Springer #	Medien/Verlag	13 Jahren	19,3% p.a.
577220	Fielmann #	Optiker	13 Jahren	14,8% p.a.
A161N3	Grenkeleasing	Leasing	13 Jahren	13,1% p.a.
STRA55	Stratec Biomedical	Laborgeräte	12 Jahren	34,6% p.a.
577330	Fraport #	Flughafen	12 Jahren	10,7% p.a.

Grundgesamtheit für die Auswahl sind die 250 größten börsennotierten Aktiengesellschaften Deutschlands, wobei mit # gekennzeichnete Unternehmen zu den 100 wichtigsten gehören.

Österreich – Top Dividendenhistorie

WKN	Unternehmen	Branche	Dividende nicht gesenkt seit ...	Dividenden-Wachstum
854018	*Oberbank	Bank	25 Jahren	2,5% p.a.
890447	*Mayr Melnhof Karton	Verpackungen	19 Jahren	11,2% p.a.
915210	Do & Co	Catering/Restaurants	17 Jahren	15,7% p.a.
892502	Rosenbauer	Feuerwehrgeräte	14 Jahren	16,0% p.a.
779535	Agrana	Zucker/Nahrungsmittel	13 Jahren	6,2% p.a.
A0JML5	*Österreichische Post #	Logistik/Zustelldienst	9 Jahren	8,7% p.a.
A0F5L6	*ATHOS Immobilien	Immobilien	8 Jahren	5,2% p.a.
874341	OMV #	Öl/Tankstellen	6 Jahren	3,8% p.a.
878279	EVN	Versorger	6 Jahren	2,2% p.a.
907391	Schoeller-Bleckmann #	Öl-Förderequipment	5 Jahren	24,6% p.a.
919964	Palfinger	Lkw-Aufbauten	5 Jahren	24,0% p.a.
852735	UBM Development	Immobilien	5 Jahren	20,3% p.a.
897200	Voestalpine #	Stahl	5 Jahren	14,9% p.a.
852894	Wienerberger #	Baustoffe/Zement	5 Jahren	10,7% p.a.
874182	RHI #	Baustoffe	5 Jahren	10,7% p.a.
A0ET17	Vienna Insurance Group #	Versicherung	5 Jahren	9,2% p.a.

Grundgesamtheit für die Auswahl sind die 50 größten börsennotierten Aktiengesellschaften Österreichs, wobei mit # gekennzeichnete Unternehmen im Leitindex ATX enthalten sind.

Schweiz – Top Dividendenhistorie

WKN	Unternehmen	Branche	Dividende nicht gesenkt seit ...	Dividenden-Wachstum
855167	Roche Holding #	Pharma	25 Jahren	16,3% p.a.
870503	*Lindt & Sprüngli	Schokolade	25 Jahren	13,2% p.a.
A0Q4DC	Nestlé #	Lebensmittel	25 Jahren	10,1% p.a.
904278	Novartis #	Pharma	21 Jahren	20,0% p.a.
914326	*Straumann Holding	Zahntechnik	17 Jahren	20,1% p.a.
A0MQWG	*Geberit #	Sanitäranlagen	16 Jahren	16,9% p.a.
A0CA16	PSP Swiss Property	Immobilien	15 Jahren	8,8% p.a.
580854	Syngenta #	Agrochemie/ Düngemittel	14 Jahren	22,3% p.a.
927016	Swiss Prime Site	Immobilien	14 Jahren	7,3% p.a.
893484	Sonova Holding	Hörgeräte	13 Jahren	24,4% p.a.
A0NJPK	Sulzer	Maschinenbau	13 Jahren	15,8% p.a.
853020	Baloise Holding	Versicherung	12 Jahren	23,4% p.a.
252066	Galenica	Pharma	12 Jahren	13,4% p.a.
928619	Lonza Group	Chemie/Pharma	11 Jahren	6,1% p.a.
916234	*Swisscom #	Telekommunikation	11 Jahren	5,0% p.a.
864151	*Flughafen Zürich	Flughafen	10 Jahren	33,5% p.a.
919730	ABB #	Automatisierungstechnik	10 Jahren	22,0% p.a.
A0JJY6	Partners Group	Private Equity	9 Jahren	15,7% p.a.
A1H81M	*Swiss Re #	Rückversicherung	6 Jahren	86,8% p.a.
A1W5CV	Richemont #	Luxuswaren/Uhren	6 Jahren	32,2% p.a.
938427	Givaudan #	Kosmetik	6 Jahren	32,0% p.a.
593186	*EMS Chemie	Chemie/Pharma	6 Jahren	12,2% p.a.
579919	Zurich #	Versicherung	6 Jahren	7,5% p.a.
901219	Helvetia Holding	Versicherung	6 Jahren	4,9% p.a.
922031	Adecco SA #	Personaldienstleistung	5 Jahren	22,9% p.a.

Grundgesamtheit für die Auswahl sind die 50 größten börsennotierten Aktiengesellschaften der Schweiz, wobei mit # gekennzeichnete Unternehmen im Leitindex SMI enthalten sind.

Eurozone ex Deutschland – Top Dividendenhistorie

WKN	Unternehmen	Branche	Land	Dividende nicht gesenkt seit ...	Dividenden-Wachstum
A1C7HA	Colruyt #	Supermärkte/ Lebensmittel	BE	25 Jahren	15,8% p.a.
853888	L'Oréal #	Kosmetik	FR	25 Jahren	14,9% p.a.
859386	Publicis #	Werbung	FR	25 Jahren	13,5% p.a.
886291	Kerry Group #	Nahrungsmittel	IR	25 Jahren	12,2% p.a.
870935	Sodexo #	Catering	FR	25 Jahren	12,0% p.a.
863195	Essilor International #	Augenoptik	FR	25 Jahren	11,6% p.a.
850133	Air Liquide #	Industriegase	FR	25 Jahren	9,2% p.a.
A0J2R1	Wolters Kluwer #	Medien/Verlag	NL	25 Jahren	9,1% p.a.
851194	Danone #	Nahrungsmittel	FR	25 Jahren	8,7% p.a.
862948	SEB	Kuchengeräte	FR	25 Jahren	7,2% p.a.
852448	Sofina	Beteiligungen/ Private Equity	BE	25 Jahren	5,3% p.a.
856200	Solvay #	Chemie/ Kunststoffe	BE	25 Jahren	3,2% p.a.
852366	Vicat	Baustoffe	FR	24 Jahren	10,8% p.a.
852738	UCB #	Pharma	BE	24 Jahren	9,5% p.a.
866786	*Lagardère #	Medien/Verlag	FR	23 Jahren	7,9% p.a.
886670	*Hermès #	Luxusgüter	FR	22 Jahren	19,5% p.a.
883123	Christian Dior #	Luxusgüter	FR	22 Jahren	11,0% p.a.
853292	LVMH #	Luxusgüter	FR	22 Jahren	10,8% p.a.
869057	Ackermans & van Haaren	Beteiligungen	BE	21 Jahren	11,8% p.a.
A1H5AN	D'Ieteren	Autohandel/-reparaturen	BE	21 Jahren	10,7% p.a.
895806	*IMA	Automatisierungstechnik	IT	20 Jahren	14,5% p.a.
A0Q163	Arcadis	Ingenieurdienstleistungen	NL	20 Jahren	11,2% p.a.
901295	*Dassault Systemes #	Software	FR	20 Jahren	10,5% p.a.
853152	Casino Guichard Perrachon #	Supermärkte/Lebensmittel	FR	20 Jahren	8,5% p.a.
853095	Rubis	Gas	FR	20 Jahren	8,3% p.a.

Grundgesamtheit für die Auswahl sind die 500 größten börsennotierten Aktiengesellschaften der Euro-Staaten Belgien, Deutschland, Finnland, Frankreich, Griechenland, Irland, Italien, Luxemburg, Niederlande, Österreich, Portugal und Spanien. Mit # gekennzeichnete Unternehmen gehören zu den 250 wichtigsten der Eurozone.

Westeuropa ex Eurozone – Top Dividendenhistorie

WKN	Unternehmen	Branche	Land	Dividende nicht gesenkt seit ...	Dividenden-Wachstum
872318	Hennes & Mauritz #	Mode/Einzelhandel	SE	25 Jahren	27,0% p.a.
A0MZ15	*Capita #	Dienstleistung	UK	25 Jahren	23,8% p.a.
A1XA8R	Novo Nordisk #	Pharma	DK	25 Jahren	22,3% p.a.
855167	Roche Holding #	Pharma	CH	25 Jahren	16,3% p.a.
A0RMZD	Greggs	Bäckerei	UK	25 Jahren	15,5% p.a.
870503	*Lindt & Sprüngli #	Schokolade	CH	25 Jahren	13,2% p.a.
A0EALE	Cobham #	Rüstung/Luftfahrt	UK	25 Jahren	12,4% p.a.
864042	*Orkla ASA #	Nahrungsmittel	NO	25 Jahren	12,1% p.a.
874082	*Close Brothers	Brokerage	UK	25 Jahren	11,1% p.a.
884647	Spectris #	Präzisionsinstrumente	UK	25 Jahren	10,7% p.a.
897679	Derwent London #	Immobilien	UK	25 Jahren	10,2% p.a.
A0Q4DC	Nestlé #	Lebensmittel	CH	25 Jahren	10,1% p.a.
A0LAV3	PZ Cussons	Hygieneartikel	UK	25 Jahren	9,3% p.a.
865048	Meggitt #	Elektrotechnik	UK	25 Jahren	7,6% p.a.
779551	Next #	Mode/Einzelhandel	UK	24 Jahren	28,3% p.a.
858266	Pearson #	Medien/Verlag	UK	24 Jahren	6,9% p.a.
874849	RPS Group	Consulting	UK	23 Jahren	16,6% p.a.
908015	RPC Group #	Verpackungen/Plastik	UK	23 Jahren	15,4% p.a.
870728	Croda International #	Spezialchemie	UK	23 Jahren	10,0% p.a.
890808	Keller Group	Bauunternehmen	UK	22 Jahren	20,6% p.a.
872503	Clarkson	Logistik/Schifffahrt	UK	22 Jahren	17,5% p.a.
870306	Amec Foster Wheeler	Anlagenbau	UK	22 Jahren	13,8% p.a.
A1KAGC	*Coloplast #	Medizinprodukte	DK	21 Jahren	26,1% p.a.
904278	Novartis #	Pharma	CH	21 Jahren	20,0% p.a.
A1J2BZ	WPP #	Werbung	UK	21 Jahren	19,5% p.a.

Grundgesamtheit für die Auswahl sind die 500 größten börsennotierten Aktiengesellschaften aus den Nicht-Euro-Ländern Dänemark, Großbritannien, Norwegen, Schweden und Schweiz. Mit # gekennzeichnete Unternehmen gehören zu den 250 wichtigsten der Grundgesamtheit.

Nordamerika – Top Dividendenhistorie

WKN	Unternehmen	Land	Branche	Dividende erhöht seit ...	Dividenden-Wachstum
880206	Cardinal Health #	US	Pharma	25 Jahren	21,0% p.a.
859545	Lowe's #	US	Baumärkte	25 Jahren	18,0% p.a.
860853	Wal-Mart Stores #	US	Supermärkte	25 Jahren	17,5% p.a.
870967	*T Rowe Price Group #	US	Finanzdienstleistungen	25 Jahren	17,3% p.a.
851918	*Nucor #	US	Stahl	25 Jahren	16,9% p.a.
856958	McDonald'srp #	US	Systemgastronomie	25 Jahren	16,1% p.a.
853081	Aflac #	US	Versicherung	25 Jahren	15,4% p.a.
854161	Archer-Daniels-Midland #	US	Getreide/Samen	25 Jahren	14,5% p.a.
870315	*Franklin Resources #	US	Investments/ Rohstoffe	25 Jahren	14,1% p.a.
A12HJF	Walgreens Boots Alliance #	US	Drogeriemärkte	25 Jahren	14,1% p.a.
856243	Target Corp #	US	Supermärkte	25 Jahren	12,6% p.a.
856365	Valspar	US	Chemie	25 Jahren	12,3% p.a.
853260	Johnson & Johnson #	US	Pharma	25 Jahren	12,3% p.a.
857675	Becton Dickinson #	US	Medizintechnik	25 Jahren	12,2% p.a.
857498	WW Grainger #	US	Industriebedarf	25 Jahren	11,8% p.a.
854545	Ecolab #	US	Hygieneartikel	25 Jahren	11,7% p.a.
850875	Hormel Foods	US	Fleischprodukte	25 Jahren	11,6% p.a.
851995	PepsiCo #	US	Erfrischungsgetränke	25 Jahren	11,3% p.a.
856050	Sherwin-Williams #	US	Chemie/Baustoffe	25 Jahren	11,2% p.a.
858250	McCormick	US	Gewürze/Aromen	25 Jahren	11,0% p.a.
850667	Colgate-Palmolive #	US	Haushaltswaren	25 Jahren	10,9% p.a.
850663	Coca-Cola #	US	Erfrischungsgetränke	25 Jahren	10,9% p.a.
883524	Leggett & Platt	US	Möbel	25 Jahren	10,5% p.a.
857621	VF Corp #	US	Outdoor-Bekleidung	25 Jahren	9,9% p.a.
878440	Cincinnati Financial	US	Versicherung	25 Jahren	9,8% p.a.

Grundgesamtheit für die Auswahl sind die 1.000 größten börsennotierten Aktiengesellschaften Nordamerikas (USA und Kanada), wobei mit # gekennzeichnete Unternehmen zu den 500 wichtigsten gehören.

Asien/Pazifik – Top Dividendenhistorie

WKN	Unternehmen	Branche	Land	Dividende nicht gesenkt seit ...	Dividenden-Wachstum
864318	Santen Pharmaceutical #	Pharma	JP	25 Jahren	13,6% p.a.
859650	*Ono Pharmaceutical #	Pharma	JP	25 Jahren	12,3% p.a.
853055	Canon #	Elektronik/Kameras	JP	25 Jahren	12,3% p.a.
859118	Shin-Etsu Chemical #	Chemie	JP	25 Jahren	11,4% p.a.
856273	*Astellas Pharma #	Pharma	JP	25 Jahren	11,3% p.a.
858069	Creditison	Zahlungsverkehr	JP	25 Jahren	10,0% p.a.
867202	*Rinnai	Baustoffe	JP	25 Jahren	8,2% p.a.
853764	Asahi Group Holdings #	Brauerei	JP	25 Jahren	7,4% p.a.
853682	*Kirin Holdings #	Brauerei	JP	25 Jahren	6,9% p.a.
873029	*NTT #	Telekommunikation	JP	25 Jahren	5,6% p.a.
874139	*Mabuchi Motor	Elektrotechnik	JP	25 Jahren	5,3% p.a.
862858	Kewpie	Nahrungsmittel	JP	25 Jahren	5,1% p.a.
853681	*Ajinomoto #	Nahrungsmittel	JP	25 Jahren	4,1% p.a.
868112	*Toho	Filmstudie	JP	25 Jahren	3,6% p.a.
858464	Osaka Gas #	Versorger/Gasnetze	JP	25 Jahren	2,9% p.a.
864706	Odakyu Electric Railway	Bahn/Personenverkehr	JP	25 Jahren	2,7% p.a.
857297	Nippon Express	Logistik	JP	25 Jahren	2,1% p.a.
857331	*Yamazaki Baking	Bäckerei	JP	25 Jahren	1,9% p.a.
889074	Nitori Holdings #	Möbel/Einrichtung	JP	24 Jahren	19,7% p.a.
857623	Mitsubishi Tanabe Pharma	Pharma	JP	24 Jahren	7,7% p.a.
867002	*Keisei Electric Railway	Bahn/Personenverkehr	JP	24 Jahren	1,7% p.a.
886853	Woolworths #	Supermärkte/Lebensmittel	AU	23 Jahren	15,4% p.a.
887942	*East Japan Railway #	Bahn/Personenverkehr	JP	23 Jahren	7,6% p.a.
907458	Computershare	HV-Dienstleistung	AU	22 Jahren	23,4% p.a.
909081	Sonic Healthcare	Gesundheit/Dienstleistung	AU	22 Jahren	18,4% p.a.

Grundgesamtheit für die Auswahl sind die 500 größten börsennotierten Aktiengesellschaften Japans, Australiens, Hongkongs und Singapurs, wobei mit # gekennzeichnete Unternehmen zu den 250 wichtigsten gehören.

Anhang B

Top Dividendenqualität

Die nachfolgenden Tabellen geben für verschiedene Anlage-Regionen einen Überblick über Unternehmen, deren Dividendenhistorie sieben Qualitätskriterien erfüllt:

1. Kumulierte Dividendenrendite der vergangenen fünf Jahre >1% p. a.
2. Kein Dividendenausfall in den vergangenen fünf Jahren
3. Keine Dividendenkürzung in den vergangenen fünf Jahren
4. Mindestens zwei Dividendenanhebungen in den vergangenen fünf Jahren
5. Dividende im vergangenen Jahr angehoben
6. Geglättete Ausschüttungsquote der vergangenen drei Jahre <75%
7. Geglättete Ausschüttungsquote der vergangenen drei Jahre >33%

Die Unternehmen, die diese Kriterien erfüllen, werden absteigend nach dem durchschnittlichen Dividendenwachstum der vergangenen fünf Jahre sortiert.

Daneben wird angegeben, wie viele Jahre in Folge ein Unternehmen seine Dividende erhöht bzw. nicht gesenkt hat. Dabei liegt der ausgewiesene Maximalwert auch für Unternehmen mit längerer Historie bei 25 Jahren.

Ein Sternchen (*) vor der Firmierung eines Unternehmens zeigt an, dass die Dividendenhistorie nicht die während dieses Zeitraums angefallenen Sonderausschüttungen berücksichtigt, da die angegebene Anzahl an Jahren ansonsten kleiner ausgefallen wäre (vgl. dazu Seite 135ff.)

Die in der linken Spalte angegebene Wertpapierkennnummer (WKN) dient nur der eindeutigen Identifikation des Unternehmens und bedeutet nicht zwangsläufig, dass die Aktie in Deutschland handelbar ist.

Stichtag für sämtliche Angaben ist der 31. Dezember 2015.

Deutschland – Top Dividendenqualität

WKN	Unternehmen	Branche	Dividende erhöht / nicht gesenkt seit ...	Dividenden-Wachstum in 5 Jahren
556520	Dürr #	Maschinenbau	5/5 Jahren	82,1% p.a.
723132	Sixt	Autovermietung	1/5 Jahren	64,4% p.a.
938914	Airbus #	Flugzeuge	5/5 Jahren	52,8% p.a.
A1A6V4	KPS	IT-Consulting	5/5 Jahren	41,4% p.a.
A1PHFF	Hugo Boss #	Mode	5/5 Jahren	30,4% p.a.
541910	Cancom	IT-Consulting	4/6 Jahren	28,1% p.a.
645290	Nemetschek	CAD-Software	2/6 Jahren	26,2% p.a.
579043	Fuchs Petrolub Vz. #	Schmierstoffe	13/15 Jahren	22,1% p.a.
716563	Sartorius #	Laborinstrumente	5/6 Jahren	20,8% p.a.
620010	Indus Holding	Beteiligungen	2/5 Jahren	19,1% p.a.
523280	Bertrandt	Ingenieurdienstleistungen	5/5 Jahren	19,1% p.a.
660200	GEA Group #	Maschinenbau	2/5 Jahren	18,5% p.a.
A1DAHH	Brenntag #	Brennstoffhandel	5/5 Jahren	17,8% p.a.
623100	Infineon Technologies #	Halbleiter	1/5 Jahren	15,8% p.a.
723610	*Siemens #	Industrie	1/25 Jahren	15,6% p.a.
A0BVU2	USU Software	Software	1/9 Jahren	14,9% p.a.
515870	*Bechtle #	Hardware/Software	5/15 Jahren	14,9% p.a.
659990	Merck #	Pharma	5/5 Jahren	14,9% p.a.
245751	VIB Vermögen	Gewerbeimmobilien	6/9 Jahren	14,1% p.a.
547030	CTS Eventim #	Ticketing/Events	7/10 Jahren	14,0% p.a.
567710	Elmos Semiconductor	Halbleiter	1/5 Jahren	13,3% p.a.
648300	*Linde #	Industriegase	5/21 Jahren	11,8% p.a.
840400	Allianz #	Erstversicherung	2/6 Jahren	10,8% p.a.
A0LD6E	Gerresheimer #	Kunststoffverpackungen	5/5 Jahren	10,7% p.a.
BASF11	BASF #	Chemie/Grundstoffe	5/5 Jahren	10,5% p.a.

Grundgesamtheit für die Auswahl sind die 250 größten börsennotierten Aktiengesellschaften Deutschlands, wobei mit # gekennzeichnete Unternehmen zu den 100 wichtigsten gehören.

Eurozone ex Deutschland – Top Dividendenqualität

WKN	Unternehmen	Branche	Land	Dividende erhöht / nicht gesenkt seit …	Dividenden-Wachstum in 5 Jahren
893113	Renault #	Autohersteller	FR	1/5 Jahren	58,6% p.a.
590932	Anheuser-Busch InBev #	Brauerei	BE	6/6 Jahren	56,8% p.a.
938914	Airbus #	Luftfahrt/Rüstung	FR	5/5 Jahren	52,8% p.a.
575626	Orpea	Pflegeeinrichtungen	FR	7/7 Jahren	41,7% p.a.
909765	Melexis	Halbleiter	BE	6/6 Jahren	34,1% p.a.
A0B6Q3	Azimut Holding #	Beteiligungen	IT	3/5 Jahren	32,9% p.a.
592587	Luxottica #	Brillen	IT	6/6 Jahren	32,7% p.a.
895874	Brembo	Autozulieferer	IT	3/6 Jahren	28,9% p.a.
870752	Ingenico #	Zahlungsverkehr	FR	6/9 Jahren	28,5% p.a.
A0JLZ0	Arkema #	Chemie	FR	5/6 Jahren	26,1% p.a.
A1CXN0	Amadeus IT #	Software	ES	5/5 Jahren	23,3% p.a.
870547	Amer Sports	Sportartikel	FI	6/6 Jahren	23,0% p.a.
889287	Teleperformance #	Software	FR	4/5 Jahren	22,8% p.a.
A0LCVJ	Banca Generali	Bank	IT	3/6 Jahren	16,8% p.a.
A11873	Inditex #	Mode/Einzelhandel	ES	6/14 Jahren	16,5% p.a.
924161	Red Electrica #	Übertragungsnetze	ES	17/17 Jahren	14,9% p.a.
850709	Wendel #	Beteiligungen	FR	5/6 Jahren	14,9% p.a.
897200	Voestalpine #	Stahl	AT	3/5 Jahren	14,9% p.a.
881463	Sampo #	Versicherung	FI	6/6 Jahren	14,3% p.a.
860180	Schneider Electric #	Elektrotechnik	FR	1/5 Jahren	13,4% p.a.
904257	Interpump	Kolbenpumpen	IT	1/5 Jahren	13,1% p.a.
853888	L'Oréal #	Kosmetik	FR	25/25 Jahren	12,5% p.a.
A115DT	Brunel International	Ingenieurdienstleistungen	NL	4/12 Jahren	11,8% p.a.
855705	AXA #	Versicherung	FR	3/6 Jahren	11,6% p.a.
662211	Enagas #	Versorger/Gasnetze	ES	5/5 Jahren	10,7% p.a.

Grundgesamtheit für die Auswahl sind die 500 größten börsennotierten Aktiengesellschaften der Euro-Staaten Belgien, Deutschland, Finnland, Frankreich, Griechenland, Irland, Italien, Luxemburg, Niederlande, Österreich, Portugal und Spanien. Mit # gekennzeichnete Unternehmen gehören zu den 250 wichtigsten der Eurozone.

Westeuropa ex Eurozone – Top Dividendenqualität

WKN	Unternehmen	Branche	Land	Dividende erhöht / nicht gesenkt seit...	Dividenden-Wachstum in 5 Jahren
911164	Bovis Homes	Bauunternehmen	UK	5/5 Jahren	69,0% p.a.
A14SVU	Hexpol #	Kunststoffe	SE	6/6 Jahren	67,7% p.a.
851671	Synthomer	Chemie	UK	6/6 Jahren	65,1% p.a.
869646	Bellway #	Bauunternehmen	UK	6/6 Jahren	50,4% p.a.
873098	Trelleborg #	Reifen	SE	6/6 Jahren	49,6% p.a.
694194	GKN #	Luftfahrt/Automobile	UK	6/6 Jahren	41,5% p.a.
A0YA62	Galliford Try	Bauunternehmen	UK	6/6 Jahren	40,3% p.a.
888460	*St James's Place #	Versicherung	UK	6/17 Jahren	39,9% p.a.
779551	Next #	Mode/Einzelhandel	UK	24/24 Jahren	39,7% p.a.
859768	SEB Banken #	Bank	SE	6/6 Jahren	36,6% p.a.
A1C0S3	Jupiter	Vermögensverwaltung	UK	5/5 Jahren	36,5% p.a.
A1W5CV	Richemont #	Luxuswaren/Uhren	CH	6/6 Jahren	35,5% p.a.
A0RDRL	Bodycote	Metallverarbeitung	UK	5/6 Jahren	33,0% p.a.
A1CVN6	EMIS Group	Software	UK	6/6 Jahren	28,7% p.a.
912541	Elementis	Chemie	UK	5/13 Jahren	28,0% p.a.
A1XA8R	Novo Nordisk #	Pharma	DK	19/25 Jahren	27,2% p.a.
890459	JM	Bauunternehmen	SE	6/6 Jahren	26,2% p.a.
A0M90Q	Rightmove #	Immobilienportal	UK	10/10 Jahren	25,9% p.a.
850517	BP #	Öl/Tankstellen	UK	5/5 Jahren	24,9% p.a.
539971	Big Yellow Group	Immobilien	UK	6/6 Jahren	23,9% p.a.
851584	Legal & General Group #	Versicherung	UK	6/6 Jahren	23,8% p.a.
922031	Adecco SA #	Personaldienstleistung	CH	2/5 Jahren	22,9% p.a.
A0MUFY	Laird	Elektrotechnik	UK	5/5 Jahren	22,2% p.a.
870728	Croda International #	Spezialchemie	UK	23/23 Jahren	22,0% p.a.
A0LGPG	Rank Group	Glücksspiel	UK	6/6 Jahren	21,8% p.a.

Grundgesamtheit für die Auswahl sind die 500 größten börsennotierten Aktiengesellschaften aus den Nicht-Euro-Ländern Dänemark, Großbritannien, Norwegen, Schweden und Schweiz. Mit # gekennzeichnete Unternehmen gehören zu den 250 wichtigsten der Grundgesamtheit.

Nordamerika – Top Dividendenqualität

WKN	Unternehmen	Branche	Land	Dividende erhöht / nicht gesenkt seit …	Dividenden-Wachstum in 5 Jahren
886256	Agrium	Agrochemie/Düngemittel	CA	5/12 Jahren	98,7% p.a.
895305	Webster Financial	Bank	US	5/6 Jahren	86,0% p.a.
A0Q8BY	IAC InterActiveCorp	Internet-Holding	US	5/5 Jahren	83,5% p.a.
851292	Helmerich & Payne	Öl- und Gasbohrungen	US	16/25 Jahren	65,7% p.a.
A0MU9M	Macquarie Infrastructure	Infrastruktur	US	5/5 Jahren	63,9% p.a.
878149	Potash Skatchewan #	Agrochemie/Düngemittel	CA	5/16 Jahren	62,1% p.a.
872136	Harman International #	Klangtechnik	US	5/5 Jahren	61,5% p.a.
886286	Royal Caribbean #	Kreuzfahrtlinie	US	5/5 Jahren	61,2% p.a.
A0CAN7	First Horizon National	Finanzdienstleistungen	US	1/5 Jahren	56,5% p.a.
867900	Amgen #	Biotechnologie	US	5/5 Jahren	54,1% p.a.
857949	Wells Fargo #	Bank	US	5/5 Jahren	49,1% p.a.
878841	Cisco Systems #	Telekom-Infrastruktur	US	5/5 Jahren	46,1% p.a.
A1C0EH	First American Financial	Versicherung	US	6/6 Jahren	40,9% p.a.
A0H1FP	*Fidelity National #	Zahlungsverkehr	US	4/13 Jahren	39,1% p.a.
913070	Marriott #	Hotels	US	6/6 Jahren	35,6% p.a.
864371	Church & Dwight	Haushaltswaren	US	19/25 Jahren	34,0% p.a.
888353	Macerich #	Immobilien	US	6/6 Jahren	33,6% p.a.
A0NEQZ	Ingersoll-Rand #	Industrie	US	5/5 Jahren	32,9% p.a.
854618	Equifax	Inkasso	US	6/13 Jahren	32,9% p.a.
851413	International Paper #	Verpackungen	US	6/6 Jahren	32,6% p.a.
853121	Cummins #	Motoren	US	10/23 Jahren	32,0% p.a.
A1JQ41	J2 Global	Cloud-Kommunikation	US	5/5 Jahren	31,6% p.a.
860036	Newell Rubbermaid #	Haushaltswaren	US	5/5 Jahren	30,6% p.a.
884437	Starbucks #	Cafés	US	6/6 Jahren	30,5% p.a.
932483	Packaging of America	Verpackungen	US	5/6 Jahren	29,7% p.a.

Grundgesamtheit für die Auswahl sind die 1.000 größten börsennotierten Aktiengesellschaften Nordamerikas (USA und Kanada), wobei mit # gekennzeichnete Unternehmen zu den 500 wichtigsten gehören.

Über die Autoren

Sie haben Anleger-Magazine gegründet und Wachstumsfirmen beim Going Public begleitet, einen der ersten Online-Börsenbriefe Deutschlands lanciert und zur interaktiven Community ausgebaut, für internationale Investmentbanken Mandate über mehr als 400 Mio. Euro betreut, einen heute global tätigen Index-Provider aus der Taufe gehoben, das eigene Unternehmen erst an die Börse gebracht und dann an Europas größtes Zeitungshaus veräußert: Seit gut zwei Jahrzehnten betrachten, erleben und gestalten Christian W. Röhl (Jahrgang 1976) und Werner H. Heussinger (Jahrgang 1970) die Finanzwelt aus den verschiedensten Blickwinkeln. Als Entrepreneure und Portfolio-Manager, als

Analysten und TV-Experten. Vor allem aber als Investoren, die mit ihrem privaten Vermögen an den Kapitalmärkten agieren – selbstbestimmt, eigenverantwortlich und frei.

Von dieser Expertise profitieren nicht nur die Leser ihrer Bücher und Kolumnen, sondern auch die Teilnehmer ihrer Anleger-Events und Berater-Schulungen: In den vergangenen 15 Jahren haben Röhl und Heussinger auf Einladung führender Medien- und Finanzunternehmen – darunter Capital, die WELT-Gruppe, die Deutsche Bank, der genossenschaftliche FinanzVerbund sowie die Börsen Frankfurt und Stuttgart – mehr als 350 Seminare und Keynotes mit insgesamt über 50.000 Besuchern gehalten.

Unter der Marke ROEHL HEUSSINGER entwickelt und realisiert das in Berlin und im Allgäu ansässige Duo auch Aktienmarkt-Strategien und Vermögensmanagement-Programme für andere Unternehmer, Family Offices und institutionelle Investoren. In Zusammenarbeit mit Partnern wie der Commerzbank entstehen überdies Anlage-Lösungen für Privatkunden.

Weitere Informationen erhalten Sie im Internet:
www.roehlheussinger.de

Stichwortverzeichnis

D

E

F

G

H

I

J

K

L

M

N

O

P

Q

R

S

T

U

V